講説 民法総則

江口幸治　久々湊晴夫　木幡文德　髙橋　敏
田口文夫　野口昌宏　山口康夫

不磨書房

〔執筆分担〕

野口　昌宏（大東文化大学教授）　第1章，7章

久々湊晴夫（北海道医療大学教授）　第2章，3章

山口　康夫（流通経済大学教授）　第4章

髙橋　　敏（國士舘大学教授）　第5章，6章

木幡　文德（専修大学教授）　第8章，9章

江口　幸治（埼玉大学専任講師）　第10章

田口　文夫（専修大学助教授）　第11章

（執筆順）

はしがき

　本書は，不磨書房の教科書『講説民法（総則）』(1998年)の改訂新版である。前書発行後に，民法総則に関連して成年後見制度が創設されるなど，民法の一部が改正されたために前書を改訂し，新たに『講説民法総則』として刊行した。

　多くの法学部では，学生が大学に入学して法律を学び始める時，その科目の1つに民法があるが，通常は民法総則から学び始めるであろう。民法総則は，民法とくに物権法，債権法の総則的規定であるから，専門用語の説明が抽象的であることから，民法総則の抽象的規定が具体的な生活の中でどのように問題となるかといったことが理解できないまま，年間の授業が終ってしまうことがある。

　学生にとって，法律を学ぶことは難しいといわれることがある。それは，法律あるいは法律的なものの考え方が，高校までの教育でほとんど学ばれることがなかったことに原因している。そのために，法律そのものが難しいというより，法律が対象としている具体的社会生活の中で，多くの経験をしていないために法律の理解が難しいということであろう。このことは私的生活関係を規律する民法においても同様である。社会生活の多くを経験していないことによって，民法が規定していることと実際の社会生活とを結びつけて学び理解することが難しいということであり，たとえば，実際の不動産売買契約や相続など民法が規定する法律関係を経験していれば，民法に対する興味や理解の仕方が違ってくるであろう。

　そこで，本書は，民法総則の基本的諸概念の理解について，具体的事例を用いて問題点とそれに対する規定をイメージして理解できるような分かりやすい教科書を目指した。民法を初めて学ぶ者にとっては，具体的社会生活の場面を教科書という文章を通じてイメージすることは至難であり，民法を学ぶ者にとって民法の諸概念を具体的生活との関連で理解できないまま暗記するということを，できるだけ避けることを目的とした。すなわち，民法に規定されている

制度や権利・義務関係が，われわれの具体的生活の中で，どのような問題として現われ，その解決がどのような考え方にもとづいて規定されているかを理解しつつ，その問題点と解決のあり方を頭の中でイメージできるような構成を目指した。とくに民法総則は，はじめて民法を学ぼうとする者が対象となることから，できるだけ具体的事例を用いて問題点をイメージさせて，基本的な概念を理解できるように解説を加えるという方法で論述し，次に基本的理解を深めるために判例や通説に立脚した解釈論の解説を加えることを目指した。

民法学は，社会の進展にともなって顕在化する新しい問題に対応するために常に理論形成の努力をし，これまでの理論も新しい進展を見せている。本書も今後とも民法学における新しい問題点を積極的に取り上げて，それに対応するための理論を積極的に取り上げる努力を続けて行きたい。

本書の企画から出版にいたるまで，不磨書房の稲葉文彦氏の努力に支えられたことを多とするものであり，執筆者一同，深甚の感謝を表すものである。

2003年3月

執筆者一同

目　次

はしがき

第1章　序　論 … 1
第1節　民法の意義 … 1
1　私法の一般法としての民法 … 1
2　民法典 … 3
3　一般法としての民法と特別法 … 4
第2節　民法の法源 … 5
1　法源の意義 … 5
2　法律以外の法源（裁判基準） … 6
第3節　民法の適用と解釈 … 9
1　民法の適用 … 9
2　民法の解釈 … 10
3　解釈の技術・方法 … 11
第4節　民法の効力 … 13
1　時に関する効力 … 13
2　人に関する効力 … 14
3　場所に関する効力 … 15
第5節　民法総則の内容と通則性 … 15
1　民法総則の内容 … 15
2　民法総則の通則性 … 17

第2章　民法上の権利（私権） … 19
第1節　私権の意義・種類 … 19
1　私権の意義 … 19
2　私権の種類 … 19
第2節　私権の社会性 … 21
1　民法の基本原理 … 21
2　基本原理の修正 … 22

3　公共の福祉の原則 …………………………………… 22
　　4　信義誠実の原則 ……………………………………… 24
　　5　権利濫用禁止の原則 ………………………………… 27
　　6　解釈の基準 …………………………………………… 31
　第3節　私権の実現 ……………………………………… 31
　　1　実現の方法 …………………………………………… 31
　　2　自力救済の禁止 ……………………………………… 33

第3章　人（自然人）………………………………………… 35
　第1節　権利能力 ………………………………………… 35
　　1　権利能力の意義 ……………………………………… 35
　　2　権利能力の発生 ……………………………………… 35
　　3　権利能力の消滅 ……………………………………… 37
　第2節　行為能力 ………………………………………… 38
　　1　行為能力の意義 ……………………………………… 38
　　2　未成年後見制度 ……………………………………… 40
　　3　成年後見制度（法定後見制度）…………………… 43
　　4　「任意後見契約に関する法律」（任意後見契約法）… 48
　　5　「後見登記等に関する法律」（後見登記法）……… 50
　　6　制限能力者の相手方の保護 ………………………… 51
　第3節　住　所 …………………………………………… 53
　　1　住　所 ………………………………………………… 53
　　2　居　所 ………………………………………………… 55
　　3　仮住所 ………………………………………………… 55
　第4節　失　踪 …………………………………………… 55
　　1　失　踪 ………………………………………………… 55
　　2　不在者の財産管理 …………………………………… 55
　　3　失踪宣告 ……………………………………………… 56
　　4　同時死亡の推定 ……………………………………… 58

第4章　法人（私権の主体） …… 61

第1節　法人 …… 61
1. 法人とは …… 61
2. 法人の種類 …… 62

第2節　法人の設立 …… 64
1. 法人設立の立法主義 …… 64
2. 社団法人の設立 …… 64

第3節　法人の能力 …… 65
1. 権利能力 …… 65
2. 行為能力 …… 66
3. 不法行為能力 …… 67

第4節　法人の機関 …… 69
1. 理事 …… 69
2. 監事 …… 71
3. 社員総会 …… 71

第5節　法人の登記と監督 …… 72
1. 法人の登記と監督とは …… 72
2. 登記 …… 72
3. 法人の監督 …… 72

第6節　法人の解散 …… 72
1. 解散事由 …… 72
2. 清算法人 …… 73

第7節　権利能力なき社団 …… 74
1. 権利能力なき社団とは …… 74
2. 権利能力なき社団と組合 …… 74
3. 権利能力なき社団の財産関係 …… 74

第8節　外国法人 …… 76
1. 外国法人とは …… 76
2. 外国法人の権利能力 …… 76
3. 外国法人の登記 …… 76

第5章　物 … 77

第1節　物の意義 … 77
1. 権利の客体 … 77
2. 物の意義 … 77
3. 物の種類 … 79

第2節　不動産と動産 … 79
1. 不動産 … 80
2. 動産 … 81

第3節　主物と従物 … 82
1. 従物の要件 … 82
2. 効果——従物の随伴性 … 83

第4節　元物と果実 … 83
1. 天然果実 … 84
2. 法定果実 … 84

第6章　法律行為 … 87

第1節　法律行為の意義 … 87
1. 権利の変動と法律行為 … 87
2. 法律行為自由の原則とその修正 … 89

第2節　法律行為の種類 … 90
1. 単独行為・契約・合同行為 … 90
2. 債権行為・物権行為・準物権行為 … 91
3. 要式行為・不要式行為 … 92
4. 有因行為・無因行為 … 92
5. 有償行為・無償行為 … 92
6. 生前行為・死後行為 … 93

第3節　法律行為の解釈 … 93
1. 法律行為の解釈の意義 … 93
2. 法律行為の解釈の基準 … 94

第4節　法律行為の目的に関する有効要件 … 97

1　目的の確定性 …………………………………………98
　　2　目的の実現可能性 ……………………………………98
　　3　目的の適法性 …………………………………………99
　　4　目的の社会的妥当性 …………………………………102

第7章　意思表示………………………………………………107
　第1節　意思表示の意義と構造………………………………107
　　1　意思表示の意義 ………………………………………107
　　2　意思主義と表示主義 …………………………………110
　　3　意思と表示の不一致 …………………………………110
　第2節　意思の欠缺 …………………………………………111
　　1　心裡留保 ………………………………………………111
　　2　虚偽表示 ………………………………………………115
　　3　錯　誤 …………………………………………………121
　第3節　瑕疵ある意思表示 …………………………………128
　　1　詐欺による意思表示 …………………………………129
　　2　強迫による意思表示 …………………………………132
　第4節　意思表示の到達と受領 ……………………………134
　　1　意思表示の効力発生時期 ……………………………134
　　2　公示による意思表示 …………………………………136
　　3　意思表示の受領能力 …………………………………137

第8章　代　理…………………………………………………139
　第1節　代理の意義 …………………………………………139
　　1　代理制度の意義・性質 ………………………………139
　　2　代理の認められる範囲 ………………………………141
　　3　代理類似の制度 ………………………………………142
　　4　代理の種類 ……………………………………………143
　第2節　代理権 ………………………………………………144
　　1　代理権の意義・性質 …………………………………144

2 代理権の発生原因……………………………………………145
        3 代理権の範囲………………………………………………147
        4 代理権の制限………………………………………………148
        5 代理権の消滅………………………………………………150
        6 復代理………………………………………………………152
    第3節 代理行為……………………………………………………153
        1 代理行為の意義・法的性質………………………………153
        2 代理意思の表示――顕名主義……………………………154
        3 代理人の能力………………………………………………156
        4 代理行為に瑕疵があった場合……………………………157
    第4節 表見代理……………………………………………………158
        1 表見代理の意義……………………………………………158
        2 代理権授与の表示による表見代理（109条）……………161
        3 代理権超越による表見代理（110条）……………………162
        4 代理権消滅による表見代理（112条）……………………166
        5 表見代理の効果――本人と相手方………………………167
    第5節 無権代理……………………………………………………168
        1 契約の無権代理……………………………………………168
        2 単独行為の無権代理………………………………………173

第9章 無効・取消………………………………………………………175
    第1節 無効・取消制度の意義・目的……………………………175
        1 無効・取消制度とは………………………………………175
        2 無効と取消の比較…………………………………………176
    第2節 無　効………………………………………………………177
        1 無効とは……………………………………………………177
        2 無効行為の効果……………………………………………178
        3 無効行為の追認……………………………………………179
        4 無効行為の転換……………………………………………180
    第3節 取　消………………………………………………………181

1　取消とは——無効，撤回との差異 …………………………………181
　　2　取消の当事者 …………………………………………………………182
　　3　取消の方法 ……………………………………………………………183
　　4　取消の効果 ……………………………………………………………183
　　5　取り消し得べき行為の追認 …………………………………………183

第10章　条件・期限・期間 ………………………………………………187
第1節　条　件 ………………………………………………………………187
　　1　法律行為の付款 ………………………………………………………187
　　2　条件の種類と条件付法律行為の効力 ………………………………187
　　3　条件が成否未定の間における効力 …………………………………189
　　4　仮装条件 ………………………………………………………………191
　　5　条件に親しまない法律行為 …………………………………………193
第2節　期　限 ………………………………………………………………193
　　1　期限の意義 ……………………………………………………………193
　　2　期限の種類 ……………………………………………………………193
　　3　期限付法律行為の効力 ………………………………………………194
　　4　期限の利益 ……………………………………………………………195
第3節　期　間 ………………………………………………………………196
　　1　期間の意義 ……………………………………………………………196
　　2　期間の計算法 …………………………………………………………197

第11章　時　効 ……………………………………………………………201
第1節　序　説 ………………………………………………………………201
　　1　時効の意義と時効制度の構造 ………………………………………201
　　2　時効制度の存在理由 …………………………………………………203
　　3　時効観の対立——実体法説と訴訟法説 ……………………………205
第2節　時効の認められる権利 …………………………………………206
　　1　取得時効について ……………………………………………………206
　　2　消滅時効について ……………………………………………………208

第3節　時効完成の要件 …………………………………… 210
　　　1　取得時効完成の要件 …………………………………… 210
　　　2　消滅時効完成の要件 …………………………………… 215
　　　3　時効の中断 ……………………………………………… 219
　　　4　時効の停止 ……………………………………………… 223
　　第4節　時効完成の直接的効果 …………………………… 224
　　　1　時効の援用 ……………………………………………… 224
　　　2　時効利益の放棄 ………………………………………… 228
　　第5節　時効の本体的効果 ………………………………… 230
　　　1　権利の得喪 ……………………………………………… 230
　　　2　時効の遡及効 …………………………………………… 232
　　第6節　消滅時効類似の制度 ……………………………… 232
　　　1　除斥期間 ………………………………………………… 232
　　　2　権利失効の原則 ………………………………………… 235

索　引……………………………………………………………… 237

【参考文献】

五十嵐清他・民法講義1総則（改訂版）（大学双書）（1995年　有斐閣）
幾代通・現代法律学全集5・民法総則（1969年　青林書院）
石川利夫・民法の知識（1981年　評論社）
石田喜久夫他編・民法総則（青林法学双書）（1993年　青林書院）
石田穣・民法総則（1992年　悠々社）
伊藤進編・ホーンブック民法1民法総則（1997年　北樹出版）
内田貴・民法Ⅰ（総則・物権総論）（1994年　東京大学出版会）
遠藤浩編・基本法コンメンタール民法総則〔第5版〕（2000年　日本評論社）
遠藤浩ほか編・民法(1)総則〔第4版増補補訂2版〕（2002年　有斐閣）
遠藤浩＝水本浩編・民法総則（改訂版）（青林教科書シリーズ）（1993年　青林書院）
遠藤浩＝良永和隆・入門民法総則（2001年　日本評論社）
近江幸治・民法講義Ⅰ民法総則〔第3版〕（2001年　成文堂）
大村敦志・基本民法Ⅰ（総則・物権総論）（2001年　有斐閣）
川島武宜・民法Ⅰ（総論・物権）（1960年　有斐閣）
篠塚昭次編・条解民法Ⅰ（総則・物権法）（改訂版）（1987年　三省堂）
篠塚昭次編・判例コンメンタール3・民法Ⅰ（総則・物権）（1977年　三省堂）
篠塚昭次・民法口話1民法総則（1985年　有斐閣）
四宮和夫・能見善久・民法総則〔第5版〕（1999年　弘文堂）
四宮和夫・民法総則（新版）（1976年　弘文堂）
末川先生古希記念・権利の濫用（上・中・下）（1974年　有斐閣）
鈴木禄弥・民法総則講義（1984年　創文社）
玉田弘毅・図解民法講義（1984年　住宅新報社）
椿寿夫・民法総則（プリマシリーズ4）（1995年　有斐閣）
野村豊弘・民法Ⅰ序論・民法総則（2002年　有斐閣）
原田慶吉・日本民法典の史的素描（1981年　創文社）
林良平編・民法総則（基本法学双書）（1986年　青林書院）
星野英一・民法論集1巻（1970年　有斐閣）
星野英一・民法概論Ⅰ（序論・総則）（1980年　良書普及会）
星野英一編集代表・民法講座1（民法総則）（1984年　有斐閣）

星野英一・民法判例百選1（第5版）（別冊ジュリスト）（2001年　有斐閣）
水本浩・平井一雄編・日本民法学史・通史（1997年　信山社）
水本浩編・民法Ⅰ（総則(1)・(2)）（注解法律学全集10）（1995年　青林書院）
三和一博編・演習ノート・民法総則・物権法（1981年　法学書院）
山田卓生他・民法1総則（Sシリーズ）（1987年　有斐閣）
山本敬三・民法講義Ⅰ総則（2001年　有斐閣）
山本進一他編・民法総則（青林双書）（1980年　青林書院）
米倉明・民法講義・総則(1)（1984年　有斐閣）
我妻栄・新訂民法総則（1968年　岩波書店）
我妻栄・新訂民法総則（1968年　岩波書店）
我妻栄・民法研究Ⅱ（総則）（1985年復刻版　有斐閣）
我妻栄編・戦後における民法改正の経緯（1956年　日本評論社）
我妻栄=有泉亨・清水誠補訂・コンメンタール民法総則（新版）（1996年　日本評論社）

講説 民法総則

第1章　序　　論

第1節　民法の意義

1　私法の一般法としての民法

「社会あるところに法がある」という言葉がある。われわれは社会の一員として生活し、法の規律を受けて生活している。それは、われわれが社会生活を営む際に他の人との間でさまざまな関係を持って生活していることから、人と人との関係において一定の秩序を維持するためには、何らかの規範が必要となる。人は限りない欲望を有するから、われわれの社会が一定の秩序で維持されるためには、各人の欲望は社会的に制御されなければならないことになる。そこでこの秩序を維持するために人為的な法が必要となる。

われわれの生活を規律するものを社会規範というが、それは法だけではなく、道徳、宗教、慣習、流行などによっても規律を受けている。しかし、これらの社会規範の中で、現実に社会の秩序を維持する最も力の大きなものは、強制力を伴う法である。

われわれの生活関係は、大きく2つに分けると、国家間の問題や国民として選挙権を行使したり税金を納めるというように国家と国民との生活関係の面と、契約とか結婚というように市民と市民との間に生ずる生活関係とに分けることができる。前者を規律する法律を「公法」といい、後者を規律する法律を「私法」とよんでいる。さらに今日ではこの両者の中間的な法として労働法や独占禁止法など「社会法」と呼ばれるものがある。このような区分の中で、民法は、私法、すなわち私的生活関係を規律する法として市民間に生ずる法律問題に対処するための原則的な法（一般法）である。

そこで民法とはどのような法かというと、民事、すなわち私人間の法律関係を規律する最も身近な法律であるといえる。たとえば、Aは、Bの所有するパ

ソコンが最新モデルのパソコンだと思って売ってくれるように頼みBと売買契約をしたが，実は2年前の低機能のパソコンだった。そこでAはその契約をとりやめにしたいが可能か。また，C男はD女と結婚することになり結納もすませたが，その後D女は，結婚する意思がなくなりさまざまな理由をつけて結婚を引き延ばしているが，C男はD女に結婚を強制できるか。前例は，錯誤（95条）の問題であり，後者は婚約不履行の問題である。このように，われわれの生活関係の中の売買や婚姻など私人間における財産的，家族的な関係を規律する法が民法である。

また，民法は，権利を中心に体系化されており，私人にどのような権利を承認するか，またその権利の行使・不行使は個人が決定し，他人がみだりに干渉すべきではないという自由主義の考え方に立っている。権利とは，国家がその享受を認めた生活上の利益をいい，たとえば，先の例では，勘違いして低機能のパソコンを買ったAは，契約を無効にして代金を払う義務を免れるか，逆にBには代金を請求する権利が認められるか，また婚約したC男はD女に対して結婚を強制する権利が認められるか，他方D女は婚約した以上は結婚する義務あるいは損害賠償の義務があるかというように，私人間の紛争を権利と義務の関係で規律するのが民法である。

このように見てくると，民法がどのような法であるかというと，われわれの毎日の日常生活のいたるところで民法という法律とかかわっていることが分かる。電気製品を買ったら商品に欠陥があって交換してもらいたいとか，アパートを借りるときやマンションを購入するとき，どのような契約をしなければならないのかといった，日常生活で生じるさまざまな法律問題の解決に必要な法律の基本が民法である。

また，民法を学ぶということは，たとえば，契約を取り消すとはどういうことか，債権とは何を意味しているか，どのような原因で権利が発生したり消滅したり変更したりするのか，交通事故にあったらどのような手順で解決したらよいのかというように，身近に起こった法律問題に対して何をどのように考えたらよいのかというようなことについて，民法を学びながら社会生活における思考の手順を学ぶことができる。このように，民法の理解は日常生活を行ううえでも大切な法律だといえる。

2　民法典

　民法は，私的生活関係を規律する法として市民間に生ずる法律問題に対処する原則的な法（一般法）であるといったが，第一次的には裁判を行うにあたっての裁判官の判断の基準である。これを裁判規範という。すなわち私人間でトラブルが起こったとき，紛争当事者間の話し合いで解決できず，訴訟となった場合に民法の規定が解決のための判断の基準とされる。この場合には，民法は裁判官に向けられているといってよい。そこでこれらのことを前提にわれわれは，実際の社会生活においても，他人とのトラブルをさけるために，民法を社会生活を行う上での行為の基準としてこれに従って行為することになる。これを社会規範という。

　民法という語は，2つの意味に使われる。1つは，狭義の意味の民法典（明治29年法律89号と明治31年法律9号）をいうが，これを形式的意義における民法という。しかし，民法を実質的に見れば，不動産に関する権利の登記手続を規定した不動産登記法や土地や建物の賃貸借に関する借地借家法など，私法一般の性質をもつ法律はすべて民法であるということができる。したがって，民法の特別法を含めた法は実質的意義における民法であり，一般には特別法を含めた法体系を民法ということが多い。

　わが国における近代的な法律制度が整備されたのは明治維新以後である。明治維新をきっかけに，近代的法制度の必要を感じた明治政府は，明治3年（1870年）8月に太政官に制度局を設けて，江藤新平を長官に任じ，フランス民法の翻訳を命じていたが，その後フランスの学者であるパリ大学のボアソナード教授を招いて日本民法を起草させた。この民法は，明治23年（1890年）に公布され，明治26年（1893年）1月1日から施行される予定になっていた。しかし，この民法は，わが国の慣習法などを調査したものの，形式の上でも内容の上でもフランス民法典に倣ったものであったために，帝国議会でわが国の醇風美俗に合わないとして，保守派による民法典の近代的個人主義に対する批判が生じ，法典の実施の延期が唱えられた。争いの原因は，家族法の性格をめぐって，穂積八束の「民法出デテ忠孝亡ブ」という言葉が示すように，外国法典の直輸入の性格が強く，わが国の家族制度を無視するなど国情に合わないとしてその施行を延期すべしとする派と，この程度の内容はわが国の近代化のため

には必要であるとする断行派との間に見解の相違があったといわれる。結局，延期派の勝利に帰した。そこで明治26年（1893年）に，新たに法典調査会が作られ，当時すでに公にされていたドイツ民法第一草案を参照して，明治26年から2年余りの間に別の民法典が起草され，明治29年（1896年）4月に民法典の財産法の部分（第1編～第3編）が公布され，明治31年（1898年）に家族法の部分（第4編，第5編）が公布され，ともに明治31年7月から施行された。

民法典は，総則，物権，債権，親族，相続の5編からなり，第1条から数えて，枝条文（何条ノ2とか3となっているもの）を加えて千数十カ条に及ぶ。

民法の5編のうち，第1編総則，第2編物権，第3編債権までを「財産法」といい，資本主義経済社会の取引秩序を規律する。したがって，この資本主義経済社会を反映して（ここでいう資本主義社会とは，19世紀の資本主義発展期の経済社会といってもよい），①所有権の保障として，所有者は所有物を自由に使用・収益・処分できること（206条），②契約自由の原則により，当事者は経済取引において内容的にも手続的にも自由に契約ができること，③過失責任の原則として，当事者の活動により他人に損害が生じても当事者に過失がない限り損害賠償責任は生じない，ことを基本思想とした。しかし，この思想は，資本主義社会における強者を保護する法的手段に転化しつつある面もあり，その修正・制約が多くの法律によって行われ，所有権の制限，契約自由の原則の制限，無過失責任主義が法律によって多く採用されてきた。

これに対して，第4編親族法，第5編相続法は「家族法」といい，昭和22年に全面的に改正された。憲法24条は両性の本質的平等と個人の尊厳を規定したことに伴い，改正された家族法は，それまでの「家」制度を廃止し，夫婦と未成年の子を家族の基本単位とすると共に，夫婦間の本質的平等と子の福祉を基本思想として規定している。

3　一般法としての民法と特別法

民法の問題を解決するにあたって，第1によりどころとされるのは民法典である。民法が一般法であるということの意味は，民法が地域，人，物，事項などで限定されない，一般的な私的生活関係を規律しているということである。これに対して，特別法とは，一般法に対して地域，人，物，事項などが限定されて適用される法である。たとえば，商法は，商取引という特殊な事項であり，

商人という特殊な人について規定しているから民法の特別法だということができる。民法が制定を予定していた特別法として，不動産登記法，戸籍法，供託法，遺失物法などがあり，これらは民法の規定の不足を補うという意味で補充法とも呼ばれる。

　民法は，すでに100年の歴史を持つ法典であるが，依然として，私的生活関係における紛争解決の一般的基準であり，最も重要な基準であることは疑いない。その第1編から第3編は，制定以来ほぼそのまま現在に至っている。民法制定当時の明治時代以来，社会の変遷が激しいにもかかわらず，その規定がなお現代の社会に妥当しているのは，多くの判例と各種の民法の特別法によって補完され修正されて，民法が制定当時に予定していなかった新しい社会的事象に対応しているからである。

　たとえば，賃料を支払って他人の物を借りるという賃貸借契約について，民法は賃貸借の存続期間は20年を超えることはできないと規定しているが（604条），土地の賃貸借については借手側の賃借権強化のために借地借家法は，借地権の存続期間を30年とし，契約でこれより長い期間を定めたときはその期間とすると規定している（借地借家3条）。また，高利の利息で金銭の消費貸借をすることを押さえるために制定された利息制限法，区分所有マンションのための建物区分所有等に関する法律，割賦販売法，自動車損害賠償保障法，仮登記担保契約に関する法律なども，新しく生じた社会的な必要性に対応しようとして制定された特別法である。

　こうして民法は，単なる民法典にとどまらず膨大な特別法を包含する分野となったのであるが，これら一般法と特別法との関係は，特別法は一般法に優先して適用されることになる（「特別法は一般法を破る」という）。したがって，土地の賃貸借の存続期間については，民法の20年ではなく，借地借家法の30年が優先して適用されることになる。

第2節　民法の法源

1　法源の意義

　法源とは，法規範を生み出すもの，すなわち法規範の表現形式をいう。私た

ちの日常生活の活動は，法律によって規律される活動と，道徳や習慣によって規律される活動とがある。たとえば，金を借りたら期限までに返済しなければならないことは法律によって義務が生じ，返済しない場合には財産の差押え・強制競売という国家権力による強制が加えられる。これに対して，電車に座っている若者はお年寄りが乗ってきたときに席を譲るべきだが，とくに法律によって義務づけられているわけではないために，あくまでも道徳上の義務があるにすぎないことになる。このように社会生活を行うに際して，われわれは強制力を有する法の存在や内容をどのようにして知ることができるか。このような問題が法源の問題である。

民法典は，先に述べたように，1000条を超える規定からなる膨大な法典であるが，社会生活では，これらの規定や特別法によってもカバーされえない問題が生じてくる。こうした法の不足を補う民法以外の法源（裁判基準）としては，つぎのようなものがある。

2　法律以外の法源（裁判基準）

（1）慣習法

われわれの社会生活の中で，長い間の積み重ねから自然に人々によってくりかえし行われることがあり，多くの人々がそれに従って行為することによって規範が生ずる。これを慣習と呼ぶ。この慣習が国民の間で法的確信によって支えられている場合，これが法規範として承認され，強行されるようになると慣習法と呼ばれる。

法律の中には，ある事項について法規がない場合，慣習による補充を認めているものがある。法例2条は，慣習が公の秩序，善良の風俗に反しないときは，法令の規定により認めたもの，および法令に規定がない事項に関するものについては，法律と同一の効力を有すると規定している。たとえば，入会権は，法令の規定によって認めた慣習法上の物権であり，263条・294条による。また，228条・236条は，相隣関係についても慣習があればそれを重んずべきであるとしている。また，法令に規定がないものとして，たとえば，温泉の湯を排他的に使用する温泉権は，175条が物権法定主義を規定しているにもかかわらず，旧慣習上の物権として近代的土地支配を阻害しない限り，源泉地の所有権とは分離して物権的権利が認められている。譲渡担保も同様に，法令上何らの根拠

なしに慣習上の権利（担保物権）として認められている。

　慣習が法源として承認されるためには，裁判所での採用を必要とするか否か議論のあるところだが，法が社会の変化から生じる新しい規範定立の要請に，立法によって直ちに充足されるのは難しいために，慣習法がその要請に応え，法発展の先駆的役割を果たすということができよう。

　たとえば，判例は，賃貸借契約における地代，家賃増額について，本来，賃料は契約内容をなしているから合意がないと改定できないが，たとえば，XとYとの借地契約において地価が18倍に，公課が10倍余りに上がり，土地繁栄の度合も著しく加わったために地主Xが，借地人Yに地代値上げを請求した事案について，その土地が繁栄して公租公課の増加，地価の高騰などがあるときは，土地所有者が借地人に相当の地代の値上げを要求できる慣習があるときは，慣習に従って賃料を増額できるとした（大判大正3年10月27日民録20輯818頁）。この慣習は，その後の大正10年の借地法12条，借家法7条で成文化された（現在は借地借家法11条・32条）。

　これとは反対に，不動産売買契約において，売買は諾成契約であるから，売主が財産権を移転することを約し，買主がこれにその対価として代金を支払うことを合意すれば売買契約は成立するとされている（555条）。しかし，不動産の取引実務においては，通常は当事者間で売買の意思が確定すると，買主の「買付証明書」と売主の「売渡承諾書」などの書面を作成して，相互にこれを交換することが広く慣行化されていることから，不動産取引では，契約書を作成し内金（手付金）の授受が慣行であるから，上記の承諾書などの書面を交換しただけでは売買契約は成立しないとしている（東京高判昭和50年6月30日判時790号63頁，大阪高判平成2年4月26日判時1383号131頁など）。したがって，宅地建物取引業法37条2項は，消費者保護の立場から宅地建物取引業者が，媒介して契約が成立したときは，当該契約の当事者に書面の交付を義務づけて，事実上民法の諾成契約性を修正している。

（2）判　例　法

　判例とは，広く裁判例のすべてを指して言われるが，判決は，常に具体的な紛争を解決するために示されるもので，抽象的な法理論を展開することを目的になされるものではない。しかし，ある事件に適用すべき法規がない場合，慣

習によって補充するといってもすべての場合に明確な慣習が存在するわけではない。このような場合に，裁判所は過去の判例（先例）を参考にして裁判することがある。

　英米法では，判例が重要な法源となっているが，わが国では，英米法のように先例拘束性が明確に定められていない。したがって，最高裁判所の判例といえども一般に高等裁判所や地方裁判所などの下級裁判所を拘束するものではない。しかし，実際には，裁判所は，裁判にあたっては，他の裁判所の同種の事件に対してなされた先例的判決を重要な参考資料とする。ことに下級審の裁判所が，最高裁判所の判決と異なる判断をすれば，最高裁判所で破棄されるおそれがあるので，おのずから最高裁判所の判断に沿った判断をするようになる。また，裁判所法10条3号は，最高裁判所が，前になした判決を変更するには大法廷でしなければならない制約を規定している。わが国では，先例拘束性について明確に規定していないが，ある事件によっては同様の判決が繰り返しなされ，それが裁判所の判断の一般的傾向としてとらえられるようになる場合がある。このことが判例法が成立しているといわれることである。

　また，先例とくに最高裁判所の判決は，法規のない場合だけでなく法規の意味の解釈についても，判例法に従うべきものと考えられている。たとえば，判例法の例としては，婚姻意思があり社会生活上夫婦と認められる実質を有しながら，法律上の手続として婚姻届（739条1項）を欠くために法律上夫婦と認められないとされた内縁関係について，これを婚姻に準ずるとして婚姻と同一に取り扱うことを明らかにした判例（大〔連〕判大正4年1月26日民録21輯49頁，最判昭和33年4月11日民集12巻5号789頁など）や，債務者が担保に供しようとする担保物の権利自体を債権者に譲渡し，一定の期間内に債務者が債務を弁済すれば担保物を再び債務者に返還させるという譲渡担保は，売買の形をとる場合には虚偽表示，あるいは流質契約を禁止した349条の脱法行為となるか問題とされたが，判例はこれを信託的譲渡であるとして有効とした（大判大正3年11月2日民録20輯865頁，最判昭和46年3月25日民集25巻2号208頁など）。

(3) 条　　理

　裁判にあたって，適用すべき法規も慣習法もなく，先例的な判例もない場合に準拠すべきものとして，条理があげられる。条理とは，物事の道理とか筋道

という意味で，一般社会人が通常従わなければならないとされている道理（条理）をいう。この条理を民法の法源として認めるかどうか問題となるが，わが国の法制度が整備される前の明治8年太政官布告103号裁判事務心得3条は「民事ノ裁判ニ成文ノ法律ナキモノハ慣習ニ依リ慣習ナキモノハ条理ヲ推考シテ裁判スヘシ」と規定したために，条理を裁判基準と考えるべきであるとされる。しかし，一般に条理そのものが法源であるというより，裁判は法規範を発見し適用して行われるものであり，また条理の存在や内容は客観的にもとらえられうるものであるから，条理を推考して裁判を行うべきものであるとする。したがって，裁判官は法律に規定がないといって裁判を拒否することはできないから，法源というものを広く解して，条理を補充的法源として認めたものと解してよいであろう。このことから，条理に基づく裁判が判例となって判例法を形成することが多い。

第3節　民法の適用と解釈

1　民法の適用

　民法は，民事上の紛争が生じた場合，その紛争を解決するために制定された法規範である。しかし，一般に民法は，抽象的な命題からなる規定であるから，その一般的抽象的な内容を，個々の具体的な紛争事実に当てはめて適用するかどうか，法律的な結論を導き出す作業が民法の適用である。今日，裁判は国家によって行われるが，裁判をする際には，その依るべき基準が必要である。そこであらかじめ裁判規範である法律を作っておいて，具体的な事件が起これば それに基づいて裁判をすることになる。

　民法を適用するためには，民法の適用対象として民事事件である具体的事実関係が存在することが必要であり，他方では民法の適用規定がその事実に当てはまるものでなければならない。民法の規定は，一般に，一定の要件（法律要件）が存在すると，それに対して一定の効果（法律効果）が生ずるという形式で表現されている。すなわち，ある事項について，ある一定の要件が備われば，権利・義務の発生・消滅・変更という効果が生ずる。たとえば，AとBの間の売買契約で，Aの自転車をBが買うという場合に，法律効果としてAのBに対

する代金請求権利と，BのAに対する自転車の引渡請求権利がそれぞれ発生するためには，要件としてBの契約の申込の意思とAの承諾の意思の合致が必要となる（555条）。また，車を運転していたAが，歩行者Bをはねてけがを負わせたという事実が発生した場合には，Bは運転者Aに交通事故による損害賠償を請求できるかという場合に，適用規定である709条は「故意又ハ過失ニ因リテ他人ノ権利ヲ侵害シタル者ハ之ニ因リテ生シタル損害ヲ賠償スル責ニ任ス」と規定しているので，この規定がこの交通事故の事実に当てはまるか検討しなければならない。そこでAの運転中の過失によってBが負傷し，Bの権利が侵害され，Bに物的損害と精神的損害が発生したという事実が認定されると，AはBに損害賠償を支払う義務が生じることになる。

このように私法上の一定の法律効果を生じさせるには，民法が規定する一定の原因である法律要件が必要である。これが民法の適用ということである。

2　民法の解釈

民事上の紛争が生じた場合，法による裁判として民法の適用を検討することになるが，一般的，抽象的な規定を具体的事実に当てはめてゆくには，その規定が何を意味するかというように，法律の意味や内容を確定しなければならない。また，法律は，社会の中で起こりうるすべての場合を予想して予め制定しておくことは不可能であるし，また立法当時予想しえなかった新たな紛争が生じることもあり，いわゆる「法の欠缺」が事実として存在する。そこで民法の意味や内容を明らかにするための作業として民法の「解釈」が必要となる。

民法の解釈とは，単に規定の意味を明らかにするだけではなく，法が社会秩序維持のための規範として，社会的事実や紛争をどう処理することが妥当であるかという立場から，価値判断が加えられることになる。そこには当然に解釈の相違や対立が生じる。たとえば，借地人Aは，借地契約によって土地所有者Bから土地を賃借してその土地の上にAが建物を建てて居住している場合に，Aの借地権を第三者（たとえばBから土地を買い受けた新地主C）に対抗するためには，Aに借地権の登記をしておくことが必要である（605条）。しかし，民法の特別法である借地借家法10条（旧建物保護法1条）は，「借地権は，その登記がなくても，土地の上に借地権者が登記されている建物を所有するときは，これをもって第三者に対抗することができる」と規定する。この場合の「登

記」という意味の解釈で，社会的弱者とされる借地権者の保護という社会法的性格という側面と，土地所有権者と借地権者は法において対等であるとの立場から不動産取引の保護という市民法的性格の利益保護の判断という側面から，土地所有者（地主）と借地人とのどちらをより強く保護するかという価値判断によって解釈の相違や対立が生じる。最高裁判所は，裁判官の9対6の多数意見で，借地人A自身の名義による建物登記が必要だとした（最〔大〕判昭和41年4月27日民集20巻4号870頁。その後，最判昭和47年6月22日民集26巻5号1051頁は，同様に妻名義の建物登記が争われ，同様に裁判官の意見が多数意見と反対意見とに分かれたが，判決は昭和41年の大法廷判決が踏襲され，妻名義では借地権は対抗できないとした）。しかし，大法廷判決での6人の裁判官の反対意見および学説の一部は，A自身の名義に限定する必要はなく，同居の家族の名義であれば長男名義（あるいは妻名義）の建物登記でもよいと主張している。

3　解釈の技術・方法

　民法の解釈の技術・方法には種々の種類がある。異なる解釈技術を用いれば正反対の結果が生じることがありうる。その場合，どの技術を用いるかを決めるのは，解釈する者の恣意的な判断に任せることはできない。その規定の適用される社会的事実をどのように処理するべきかという実質的判断によるのであり，それを理由づけるのに適する解釈方法が用いられる。そして解釈の合理性を測るものさしとして民法の指導原理である「権利能力平等の原則」および「所有権絶対の原則」・「契約自由の原則」・「過失責任の原則」とこれらの修正の原則（私権の社会権化・公共性化など）が重要とされる。

（1）文理解釈

　法文の文字の持つ意味を，通常の言葉の意味に従って国語的に解釈することである。法文が字句・文章によって表現されている以上，まず，文理解釈が法解釈の出発点となる。法文の用語は，社会通念に従って普通の常識的な意味に解するのが原則であるから，たとえば「この橋は，車馬は通行するべからず」という規則がある場合には，文字通り自動車と馬は通行禁止であると解する。しかし，民法の法律用語，たとえば法律行為，善意，悪意，無効，取消，看做す，推定などは，それぞれ使用上の意味に従って解釈しなければならない。

（2）論理解釈

一切の論理を用いて解釈することをいい，一般には価値判断を伴った合目的的解釈のことをいう。法規の文言の足りない点や不明瞭な点を明確にしてゆく方法で，文理解釈の補足として使われる。論理的操作から法規の意味を修正するのであるから何らかの価値観，立法精神を指導理念としているから，法規から離れた自由な解釈はありえない。具体的な方法に次のようなものがある。

　　（a）拡張解釈　　法文の字句の文理解釈では意味が狭すぎるために，法文や文字の意味を広げて解釈することをいう。先の例で「車馬通行止」とある場合に，車馬のような重量物は危険であるために通行できないという目的なら，「馬」の文字を拡張して「牛」も含むと解することをいう。この場合の拡張は，その規定の趣旨からいえばそれが真の文字の意味だともいえる。

　　（b）縮小解釈　　拡張解釈とは逆に，法文や文字の意味を限定して狭く解釈することをいう。「車馬通行止」という場合に，バイクは重い乗り物ではないから除くという解釈をいう。たとえば，A所有の土地がBに売却されて所有権がBに移転した場合に，177条は，Bには登記がなければその所有権を第三者に対抗できないと規定する。この場合の「第三者」の範囲は，A，B以外のすべての第三者ではなく，その土地取引に関して登記の欠缺を主張する正当な利益を有する第三者に限定するのはその例である。

　　（c）反対解釈　　法規の規定されている事項の反面から，規定されていない事項を肯定するのが反対解釈である。「車馬通行止」とある場合に，馬以外の動物は通行できるという解釈をいう。たとえば，胎児の権利能力について，1条ノ3は「私権ノ享有ハ出生ニ始マル」と規定するが，例外の規定（732条・886条・965条）がある場合を除いて，胎児は権利能力を有さないとするのはその例である。

　　（d）類推解釈　　ある事項を直接規定した法規がない場合に，それと類似の性質もしくは関係をもった事項について規定した法規を適用することをいう。「車馬通行止」とある場合に，馬の通行が禁止されることから推して，牛も通行できないのだろうと解釈することをいう。類推解釈がどのような場合に許されるかは難しい問題であるが，両者に同一の法的効果を認めることが必要か否か，目的論的判断に従うことになる。法規が類推解釈を明文で認める場合には，しばしば「準用」という語を用いて立法上の重複をさける場合がある

（たとえば13条・361条・741条など）。

（ｅ）勿論解釈　法規が一定の行為を禁止あるいは許容する場合に，その必要性のより強い行為については，とくに規定がなくてももちろんこれを禁止あるいは許容するものと解する場合である。738条は，「成年被後見人が婚姻をするには，その成年後見人の同意を要しない」と規定することから，それよりも精神障害の程度の軽い者については，もちろん保佐人の同意がなくても婚姻ができると解釈する場合である。

第 4 節　民法の効力

1　時に関する効力

　民法が適用されるということは，社会関係において民法に従った秩序維持を強制するということであり，これを民法の効力という。

　法律は，その法律に別段の定めがない限り，公布の日から起算して満20日を経て施行される（法例 1 条 1 項）。民法は，明治31年勅令第123号によって明治31年 7 月16日から施行と定められた。法律は，原則として，その効力を生じたときから以後に生じた事項について適用される。これを「法律不遡及の原則」という。それは人がある行為をするときには，その法律によって生じる効果を予期し，その法律に従って行為をなすものであるから，法律を遡及して適用されると，ある行為の後に成立した法律によって予期しなかった効果が生じ，当事者に不測の損害を与えるおそれが生じる。これでは人は安心して法律に従うことができなくなるからである。民法についても，民法施行法 1 条がこの旨を定め，民法施行前に生じた事項については，原則として民法の規定を適用しないとしている。

　たとえば，平成 3 年10月 4 日に成立して，平成 4 年 8 月 1 日に施行された借地借家法は，従前の「建物保護ニ関スル法律」（明治42年），「借地法」（大正10年），「借家法」（大正10年）を統合したものであるが，借地や借家契約は長年継続するものであるから，新法である借地借家法成立以前の契約について旧法との関係が問題となる。借地契約について，Ａは土地所有者Ｂから土地を借りてその上にＡが自分の木造建物を建てて住んでいる場合に，契約期間の満了後の

ＡＢ間の借地契約の更新について，旧借地法は，木造家屋の所有を目的とする契約期間は30年とし，法律の規定による更新は前契約と同一の期間（30年間）で更新すると規定しているので（旧借地法6条），借地権者Ａは契約が満了してもさらに30年の期間で契約を更新できることになる。しかし，新法の借地借家法4条は，「当事者が借地契約を更新する場合においては，その期間は，更新の日から10年（借地権設定後の最初の更新にあっては，20年）とする」と規定しているので，この4条の効力が過去の契約に遡ると，Ａは更新後の期間が30年間だと思っていたが最初の更新では20年間ということになり（2度目の更新からは10年間），不測の損害を被りかねないことになる。したがって，借地借家法の附則6条は，わざわざ，この法律は，旧借地法の規定によって生じた契約の更新に関してはその効力を否定するものではないとして，新借地借家法は遡って適用されないことを明定した。

　しかし，立法者が法律の理念を過去に遡ってでも実現したいとする場合には，遡及が例外的に認められることもある。たとえば，昭和22年に行われた民法第4編親族・第5編相続の大改正の際に，附則4条は「新法は，別段の規定のある場合を除いては，新法施行前に生じた事項にもこれを適用する」とした。しかし，それが認められる場合でも当事者の不測の損害を最小限度にとどめるように配慮しなければならないとした（前記の附則4条但書参照）。

　また，旧法が規定した社会関係について，新法が制定されると旧法はその効力を失う。これを「新法は旧法を改廃する」という。しかし，これについても例外がないわけではなく，たとえば，借地借家法は，借地借家関係は相当長期間存続すること，旧法によって厚く保護されていた借地人や借家人の法的地位を保護するために，「なお従前の例による」として旧借地法，旧借家法が適用される場面を広く残した（附則6条～14条参照）。

2　人に関する効力

　民法は，すべての国籍を有する者に対して，その居住する場所にかかわりなく民法の効力が及ぶ。人種，信条，性別，社会的身分，門地などによって区別されることはない（憲41条）。民法がすべての日本人に適用されるということは，国外にいる日本人にも適用されることを意味する。他方，民法は日本国内に居住する外国人にも効力が及ぶ（領土主義）。このような建前は多くの国が

採用するところであるが、そうすると私法関係において、国外に住む日本人や国内に住む外国人にどちらの国の民法が適用されるか問題が生じる。たとえば、アメリカにいる日本人がアメリカ人と結婚したり、逆に日本にいるアメリカ人が日本人と結婚する場合に、どちらの民法が適用されるのか、さらには日本の民法とアメリカの婚姻法とが二重に適用されるというように法規の衝突や矛盾をきたすことにもなる。そこでわが国では、法例3条以下でこの問題についていずれの法に拠るべきか、準拠法を規定している。一般にこの種の問題を扱う部門を国際私法という。

3　場所に関する効力

民法は、日本国の全領土にわたって適用されるのを原則とする。ただ、一定区域のみに適用される法律については、その区域が拡張されたときにも適用されるかについて問題となる。たとえば、かつて旧借地法・旧借家法（現在は借地借家法）が一定の市に施行されていた当時、隣接町村がその市に合併された場合に旧借地法・旧借家法が合併区域に適用されるかについて、判例はこれを肯定した（大判昭和2年12月27日民集6巻734頁）。しかし、一定地域のみに存在する事項で特別の規制を必要とする場合には、その地域のみに効力を及ぼす特別法もある。たとえば、罹災都市借地借家臨時処理法や被災市街地復興特別措置法（平成7年2月26日）は、罹災地または災害市街地というように大規模な火災、地震その他の災害を受けた一定区域を対象として施行区域が限定されている。

第5節　民法総則の内容と通則性

1　民法総則の内容

わが民法はドイツ民法典の形式を参考にして編纂した。すなわち、わが民法もドイツ民法のパンデクテン体系と称される体系に従って、具体的社会関係に妥当する規範から抽象化作業を行うことによって概念の体系を作り上げ、法典化の際には抽象度の高い規範からより具体的な規範へと配列するというシステムをとった。

パンデクテン体系は、論理的に優れた究極的体系といわれるが、民法の規定

上は，実際に営まれている社会的現実が分断されて生活から遊離していると非難されることがある。たとえば，AはB所有の不動産を買おうと思ってBとの間で売買契約をした場合，この1つの契約をめぐって民法の各所に散在する多くの規定を検討しなければならないことになる。すなわち，AはBの詐欺によって契約したときは民法総則の規定（96条）を，BからAへの所有権移転登記は物権総論（175条以下），Aが代金を支払わない場合は債権総論（412条以下），当事者の都合で契約が解除される場合は契約総則（540条以下），Aの買った不動産に瑕疵があった場合は債権各論（560条以下）というように各所の規定を検討しなければならない。このような体系は，一般人には理解しがたいといわれる。しかしながら，1つの事象を論理的に明快に処理するためにはきわめて優れているといわれる。また条文の数を節約できるというメリットも無視できないだろう。

このような体系の中で民法総則は，私権のあり方の基本原則を規定するものであり，権利は誰が持ちうるのか（たとえば，胎児には権利能力が認められるか），権利の成立する対象は何か（所有権の対象は有体物に限るか，著作権などの無体財産にも及ぶか），権利変動の原因は何か（権利・義務の発生について契約のように法律行為に基づく場合と基づかない場合とがある）といったことを規定している。

民法は，第1に，権利を中心に体系化され，総則編に民法の原則的規定を整備することによって，第2編以下の物権法，債権法との重複をさけていること，第2に，論理的に「誰が（権利の主体）」，「何の上に（権利の客体）」，「どのような原因によって（法律行為）」によって権利を取得するか，という順位で配列されている。

民法総則は，6章から成っている。具体的には，最初に総則として，1条および1条ノ2で民法の基本的な立場ないし考え方を示し，続いて以下の6つの章に分けている。

① 第1章　「人」は，われわれ（自然人という）がいつからさまざまな権利を取得し義務を負担するかという，権利能力や行為能力の出発点を定める（権利の主体）。

② 第2章　「法人」は，右の自然人以外に権利を持ち義務を負担する資

格が与えられている者であり（権利の主体），この法人の権利能力や行為能力，設立，組織，活動，責任，消滅などが規定されている。
③　第3章　「物」は，動産や不動産などわれわれの権利が行使される対象を定め，われわれが物権や担保物権を行使する対象について一般的原則を規定する（権利の客体）。
④　第4章　「法律行為」は，権利変動の原因の一つである法律行為について規定する。法律行為の典型例は契約であり，契約を有効にするために重要な要素である意思表示，他人に法律行為を任せる代理制度，法律行為の無効・取消，条件・期限を規定する。民法総則でもっとも中心となる領域である。
⑤　第5章　「期間」は，期間の計算方法に関する規定を置く。
⑥　第6章　「時効」は，時が一定期間経過すると権利を取得したり（取得時効），消滅したりする（消滅時効）という，権利変動の原因である「時効」について規定する。この時効は，権利変動の原因として法律行為に次いで重要である。

2　民法総則の通則性

第1編「総則」は，総則ということから，後続の他の4編（第2編物権以下）を含めて民法全体を通じての共通項を定めた通則的意味があると思われそうだが，民法典は，取引関係が基本にある財産法と，信頼・愛情を基本とする家族法といった基本的な思想の異なる規定を有している。そのために，両者に共通する共通項を通則的に規定することはできない。たとえば，詐欺に関して，債権法上の問題を検討する場合には，共通項を定めた民法総則の詐欺の規定が適用されるが，家族法の問題に対しては民法総則は，共通規則ではない。たとえば，だまされて偽物を買わされたという契約上の詐欺事件には96条が適用されてその契約を取り消すことができるが，ある女性がだまされて結婚した結婚詐欺事件による婚姻の取消は，747条が適用されなければならいことになる。契約の取消の効力は121条によって過去に遡って初めから無効になるが（取消の遡及効），もし結婚の取消に民法総則が適用され取消の効果が過去に遡るとすると，実際に結婚生活が行われたにもかかわらず法律上は結婚の事実などということはなかったことになってしまう。それはかえって事態を混乱させること

になるために，婚姻の解消は将来に向かってだけ消滅させなければならないことになる。

このように民法総則の規定は，家族法には適用されない。したがって，民法総則は，物権法と債権法との関係で共通規則であり，お互いに密接なつながりがあることになる。

第2章　民法上の権利（私権）

第1節　私権の意義・種類

1　私権の意義

たとえば，自由権や平等権あるいは選挙権など，憲法や行政法（公法）上の権利を「公権」という。これに対して，所有権や損害賠償請求権あるいは株主の配当請求権など，民法や商法（私法）上の権利を「私権」という。公権は，個人と国家または地方公共団体とのあいだに発生する権利であるが，私権はもっぱら個人と個人または私企業とのあいだに発生する権利である。

中世の国家（封建主義国家）と違って，近代の国家（資本主義国家）は，国民の私有財産を認め，財産権を基本的人権として保障しているから（憲法29条），公権と私権を区別することにそれほど大きな意味はない。

もっとも，民法は，市民の日常生活におけるさまざまな「権利」を体系化したものであるから，それらの民法上の権利の種類や性質について，理解することは重要であるし，それがすなわち「民法を学ぶ」ということの基本でもある。

民法上の権利は，以下のようにさまざまに分類することができる。これらは，民法を学んでいく過程で自然に身についていく知識であり，ここで無理に覚える必要はないが，民法にはどんな権利があるのか，あらかじめ目を通しておくことは大切である。

2　私権の種類

（1）　財産権・身分権・人格権

私権は，財産権，身分権，人格権の3つに分類することができる。

　　（a）　財産権　　財産権とは，財産に関する権利であり，物権と債権とに大別される。

①　物権　　物権とは，「物」に関する権利である。民法上，「物」は，動産

と不動産に分けられるので，動産（商品）や不動産（土地・建物）に関する権利のことである。所有権，占有権，地上権，質権，抵当権などがある。
② 債権　債権とは，債権者が債務者に対して有する権利のことである。代金支払請求権，土地明渡請求権，損害賠償請求権などがある。
（b）身分権　身分権とは，個人の身分に関する権利である。親族権ともいう。
① 夫婦　婚姻費用分担請求権，財産分与請求権など
② 親子　親権，監護権，認知請求権，面接交渉権など
③ 親族　扶養請求権，相続権，遺留分減殺請求権など
（c）人格権　人格権とは，個人の人格に関する権利をいう。すなわち，個人の生命・身体・自由・名誉等に関する権利である。これらに対する侵害は，損害賠償の対象となる（710条）。
このほかにも，氏名権・肖像権・貞操権，プライバシー権などが判例によって認められている。

（2）支配権・請求権・形成権・抗弁権

私権は，支配権・請求権・形成権・抗弁権に分類することもできる。
（a）支配権　支配権とは，物を直接に支配する権利である。
① 有体物（物権）　所有権，占有権，地上権，質権，抵当権など
② 無体物（無体財産権）　著作権，特許権，商標権など
（b）請求権　請求権とは，人に一定の行為を請求する権利である。
① 債権　代金支払請求権，土地明渡請求権，損害賠償請求権など
② 債権以外の請求権　占有訴権，物権的請求権など
（c）形成権　形成権とは，権利者の一方的な行為によって法律関係を形成できる権利である。
① 権利の発生　追認権，認知権，予約完結権など
② 権利の消滅　取消権，解除権，相殺権など
（d）抗弁権　抗弁権とは，請求権の行使を拒絶し，阻止する権利である。たとえば，催告の抗弁権，検索の抗弁権，同時履行の抗弁権など

第2節　私権の社会性

1　民法の基本原理

19世紀のイギリスの法学者ヘンリー・メイン（1822年〜1888年）は，名著『古代法』（Ancient Law）（1861年）の中で，社会の近代化の過程が「身分から契約へ」という原則に導かれていることを明らかにした。つまり，支配・服従の関係を基調とする封建的・家父長的な身分社会から，自由・平等で独立した個人を基調とする契約社会，すなわち，個人の自由な意思を尊重する近代市民社会（資本主義社会）への移行を見事にとらえた表現であった。民法はまさに，このような近代市民社会の法であり，自由・平等・独立の個人を前提として構成されている。

近代市民法の基本原理として，つぎの4つをあげることができる。

① 　法人格の平等
② 　所有権の絶対
③ 　契約の自由（私的自治の原則）
④ 　過失責任の原則。

（1）　法人格の平等の原則

近代市民社会は，「人は生まれながらに自由で平等である」という理念に基づいて形成された。したがって，民法も自由で平等な法人格を有する個人としての市民を基本としている。なお，「私権ノ享有ハ出生ニ始マル」（1条ノ3）という民法の規定は，単に，私権の享有の始まる時期を示すだけでなく，「人はすべて，生まれながら平等に権利を享有する」という意味をも含んでいる。

（2）　所有権絶対の原則

中世の封建社会では，土地の権利は国王や荘園領主等にあり，個人が自由に取得できるものではなかった。私的所有権の確立は，近代市民革命の成果であり，近代市民法すなわち資本主義法の基本原理である。フランスの『人権宣言』（1789）は，その17条において「所有権の不可侵性」について規定している。たとえ，国家であっても個人の所有権をみだりに侵害することは許されないとしたのである。

（3）契約自由の原則

資本主義社会では、財産は「契約」によってつくられる。つまり資本主義社会は、個人の自由な経済活動（利潤の追求）を尊重し、一人ひとりが経済的に豊かになれば、ひいては社会全体が豊かになるという思想（自由放任主義）が基本理念となっている。すなわち、個人は誰とでも自由に契約を締結することができるし（契約締結の自由）、どんな内容の契約でも締結できる（契約内容の自由）、また、契約の方式にも制限はない（契約方式の自由）。これを、「契約自由の原則」という。

（4）過失責任の原則

過失がなければ責任を負わなくてよいというのが民法の原則である。つまり、注意義務違反がなければ損害賠償をしなくてよいということであり、それによって、自由な経済活動の展開を保障したものと解されている。民法も、故意または「過失」により他人の権利を侵害した者は、損害を賠償する責任を負うと定めて（709条）、過失責任の原則を採用している。

2　基本原理の修正

上記のような近代市民法の基本原理は、20世紀に入ると修正を余儀なくされた。いわゆる「自由放任」の思想は、自由競争の激化から、恐慌などの経済的破綻をもたらし、さらに、資本家と労働者の分離・対立を生み出した。そのため、経済的な独占を規制し、社会的弱者を救済するために、さまざまな法政策が実施されていった。その過程で、民法の基本原理にもしだいに修正が加えられていった。

すなわち、つぎに述べるように、「所有権絶対の原則」は「公共の福祉の原則」や「権利濫用禁止の原則」によって修正を受け、また、「契約自由の原則」も「信義誠実の原則」や「権利濫用禁止の原則」によって修正を受けるようになった。さらに、「過失責任の原則」も交通事故訴訟や公害訴訟などの登場によって、「無過失責任」や「受益者負担」といった観点から見直しを受けるようになったのである。

3　公共の福祉の原則

（1）公共の福祉の原則とは

民法1条1項は、「私権ハ公共ノ福祉ニ遵フ」と定めている。これを、「公共

の福祉の原則」という。私権の行使は、「公共の福祉」（社会全体の利益）のために制限を受けるという意味である。

憲法29条は、「①財産権は、これを侵してはならない。②財産権の内容は、公共の福祉に適合するやうに、法律でこれを定める。③私有財産は、正当な補償の下に、これを公共のために用ひることができる」と規定している。民法の「公共の福祉の原則」は、この憲法の規定に基づいている。

たとえば、国や地方公共団体等が公共事業として道路や港湾、空港あるいは学校や福祉施設などの建設を行う場合に、どうしても私有地を使用する必要が生じた場合、国等は、『土地収用法』にもとづき、土地の所有者等に「補償金」を支払って、土地を収用または使用することができる。これが、「公共の福祉」による私権の制限の典型的な場合である。

（2）所有権と公共の福祉

民法は、所有権の内容に関して、つぎのように規定している。「所有者ハ法令ノ制限内ニ於テ自由ニ其所有物ノ使用、収益及ヒ処分ヲ為ス権利ヲ有ス」（206条）。つまり、今日では所有権といえども絶対ではなく、「法令ノ制限内」においてしか自由に行使できないのである。ちなみに、所有権を制限する法令としては、国土利用計画法、都市計画法、建築基準法、農地法、道路法、森林法、河川法あるいは文化財保護法など、数多く存在する。

たとえば、旧借地法は、借地期間が満了しても、借地人が契約の更新を請求した場合には、土地の所有者に「正当の事由」がない限り、更新を拒絶することができないと規定している（借地法4条）。この規定が、個人の財産権を保障している憲法29条に違反するのではないかと争われた事件で、最高裁は、以下のように判示した。

「財産権、とくに所有権は尊重されなければならないが、今日においては、所有権といえども絶対的なものではなく、その内容は公共の福祉に適合するように法律によって定められるべきことは憲法の要請するところであり、民法も、所有者の権能は法令の制限に服することを明らかにし、また、私権、したがって所有権も公共の福祉に遵うものとしていることにかんがみれば、他人の土地を宅地として使用する必要のある者がなお圧倒的に多く、しかも宅地の不足が甚だしい現状において、借地権者を保護するため、前述のごとくに解される借

地法4条1項の規定により，土地所有者の権能に制限を加えることは，公共の福祉の観点から是認される」（最判昭和37年6月6日民集16巻7号1265頁）。

なお，平成3年に新しく『借地借家法』が制定され，従来の「借地法」や「借家法」は廃止されたが，法律の施行前（平成4年8月1日以前）に設置された借地権や借家権については，旧「借地法」と「借家法」が適用される部分が多い（附則参照）。

（3）　空港の騒音と公共の福祉

空港（大阪国際空港）の騒音に耐えかねた地域住民が，夜間の一定時間について，航空機の離着陸の禁止を要求するとともに，これまで騒音により受けた被害について，空港の設置・管理者である国に対して損害賠償（慰謝料）を請求した事例がある。

第1審（大阪地判昭和49年2月27日）および第2審（大阪高判昭和50年11月27日）は，ともに，住民の請求を全面的に認めた。しかし，最高裁は夜間の空港使用の禁止請求（差止請求）は民事訴訟にはなじまないとして却下したが，損害賠償請求については，「公共性ないし公益上の必要性という理由により，住民に対してその被る被害を受忍すべきことを要求することはできない」として，原審の判断を支持した（最判昭和56年12月16日民集35巻10号1369頁）。

この事例でもわかるように，「公共の福祉」のためであれば，私権（身体権）に対する侵害も許されるということには決してならないのである。

4　信義誠実の原則

（1）　信義誠実の原則

民法1条2項は，「権利ノ行使及ヒ義務ノ履行ハ信義ニ従ヒ誠実ニ之ヲ為スコトヲ要ス」と定めている。これを，「信義誠実の原則」ないし単に「信義則」と呼ぶ。

「公共の福祉の原則」が，個人の利益と社会全体の利益との調整を目的としているのに対して，「信義誠実の原則」は，個人と個人の利害の調整を目的としている。

たとえば，不動産業者Aは，土地売却の仲介を依頼したB（物件の所有者）に対しては契約上の責任を負うが，Bと顧客Cとのあいだで交わされた契約については，責任を負わないはずである。しかし，判例は，直接の委託関係はな

くても，Aの仲介を信頼して取引をしたCに対しても，「信義誠実」を旨とし，権利者の真偽につき格別に注意するなどの業務上の一般的注意義務があるとして，Aに損害賠償の支払いを命じている（最判昭和36年5月26日民集15巻5号1440頁）。

ところで，「信義則」の機能として，学説はつぎの4つをあげている。

①法具体化機能，②正義衡平的機能，③法修正的機能，④法創造的機能

法は，裁判の基準であるが，法の具体的な適用は裁判官の判断（法の解釈）にゆだねられる部分が多い。その際，裁判官は「正義」や「公平」の理念をもとに，当事者の利害を比較衡量して判断を下すことになる。また，法をそのまま適用すると，結果として「妥当性」に欠けるという場合が生じ得る。とくに，社会の変動に法の改正が追いついていないような場合には，法と現実との間にギャップが生じる。これを埋め，具体的に妥当な解決を図る（たとえば，被害者の救済や社会的弱者の救済など），その法的根拠として，「信義則」や「権利の濫用」さらには「公序良俗」（90条）など，いわゆる「一般条項」と呼ばれる規定が存在するのである。

（2） 「権利の行使」と信義誠実の原則

権利の行使が，「信義誠実の原則」に反するとされるのは，権利を行使する態度が不誠実だとみなされる場合に多い。

たとえば，地主Aと借地人Bの間で，賃料（地代）の支払いを3回以上怠ると，催促しないでただちに契約を解除できるという借地契約がなされたが，Bが3回以上支払いを怠り，あとで支払いをしたところ，Aから延滞損害金（額はわずか）が足りないとして受領を拒否され，契約を解除されたという事例で，最高裁は，きわめてわずかな不足があるにすぎないときは，その不足に名をかりて債務の本旨に従った弁済の提供がないものとして，その受領を拒絶することは「信義則」に照らし許されないとしている（最判昭和41年3月29日判時446号43頁）。

（3） 「義務の履行」と信義誠実の原則

義務の履行が，「信義誠実の原則」に反するとされる場合は，民法541条の「催告期間」に関するものが多い。

たとえば，債権者が特約に定められた期間より短い期間を指定して催告をし

た場合でも，催告の時から特約所定の期間を経過し，かつ，その期間が相当と認められるときには，契約を解除することができ，「信義則」上，債務の履行をしない債務者を保護する必要はないというのが判例である（最判昭和44年4月15日判時560号49頁）。

（4）「クリーン・ハンズの原則」と信義誠実の原則

たとえば，共同相続人の一人であるAが，遺産分割が行われる前に，遺産である不動産について単独の登記をし，それを第三者Bに売却した（または，その不動産に第三者Bの抵当権を設定した）という場合，その契約（売買契約ないし抵当権設定契約）はAの相続分についてのみ有効とされ，他の共同相続人は自己の相続分を第三者に対抗（主張）することができるというのが判例である（最判昭和38年2月22日民集17巻1号235頁）。

ところで，このような場合に，もし，Aがこの判例の法理を利用し，みずから自己の相続分を超える部分について無効を主張したらどうなるか。最高裁は，そのような主張は「信義則」に照らし許されないとしている（最判昭和42年4月7日民集21巻3号551頁）。みずから，無効な行為をしておきながら，それを理由に相手を訴えるというのは，あまりにも身勝手であり，「クリーン・ハンズの原則」や「禁反言の原則」に照らしても許されないとされるのである。

（5）有責配偶者の離婚請求と信義誠実の原則

たとえば，愛人と家出するなど，離婚の原因をつくった当人が，みずから離婚の訴えを起こすことを「有責配偶者の離婚請求」という。かつての学説や判例は，このような訴えは「クリーン・ハンズの原則」や「信義則」に反し認められないとしていた。いわゆる『踏んだり蹴ったり判決』として有名な最高裁判決（最判昭和27年2月19日民集6巻2号110頁）は，つぎのように述べて，夫からの離婚の訴えを認めなかった。「夫が勝手に情婦を持ち妻を追い出すという離婚請求が認められるならば，妻は俗にいう踏んだり蹴ったりであり，法はかくのごとき不徳義勝手気侭を許すものではない」。この判決を契機に，学説は積極説（肯定説）と消極説（否定説）とに分かれて対立したが，昭和62年の最高裁判決は，一定の条件を満たす場合には，有責配偶者の離婚請求であっても「信義則」に反せず，離婚を容認できると判示し，従来の態度を改めた（最判昭和62年9月2日民集41巻6号1423頁）。

なお、判決のいう一定の条件とは、①長期間の別居、②未成熟の子がいない、③相手方が離婚により精神的・社会的・経済的に極めて苛酷な状態におかれるようなことがない、などである。

5　権利濫用禁止の原則
（1）　権利濫用禁止の原則

民法1条3項は、「権利ノ濫用ハ之ヲ許サス」と定めている。これを、「権利濫用禁止の原則」または単に「権利の濫用」と呼ぶ。権利の濫用とは、「外形上権利の行使のようにみえるが、具体的の場合に則してみるときは、権利の社会性に反し、権利の行使として是認することのできない行為である」と定義されている（我妻『民法総則』35頁）。

具体的には、権利の行使が、①もっぱら他人に害を与えることを目的とする場合、②不当な利益を得ることを目的とする場合、③相手方に著しい損失が生じる場合、④相手に受忍の限度を超える精神的苦痛を与えた場合などは、「権利の濫用」とみなされ、単に法的な効果を生じないばかりでなく、相手が被った損害を賠償しなければならない。

このうち、①および②は、権利行使の主観的な態様（シカーネ禁止）を重視しているのに対して、③および④は、権利行使の客観的な要素を重視している。

（2）　所有権の濫用

所有権の濫用については、戦前の「宇奈月温泉事件」と戦後の「板付基地事件」が、法理論的に多くのことを考えさせてくれる。

①　「宇奈月温泉事件」（大判昭和10年10月5日民録14巻1965頁）

鉄道会社Yは、湯本から温泉街に温泉を運ぶための木管（引湯管約7,500m）を敷設したが、木管の一部がAの土地の上を無断で通っていた。これを知ったXが、Aからその土地を買い受け、自分の土地とともに、Y会社に高額で買い取るよう要求した。木管が通っている部分はわずか2坪にすぎないのに、Xが買い取るよう要求した土地は約3000坪もあった。Y会社が買取りを拒否すると、Xは、自分の土地から木管を撤去するように求め、所有権に基づく「妨害排除請求の訴」を起こした。

判決は、つぎのように述べて、Xの訴を「権利の濫用」にあたるとした。

「所有権ニ対スル侵害又ハ其ノ危険ノ存スル以上、所有者ハ斯ル状態ヲ除去

又ハ禁止セシムル為メ裁判上ノ保護ヲ請求シ得ベキヤ勿論ナレドモ，該侵害ニ因ル損失云フニ足ラズ而モ侵害ノ除去著シク困難ニシテ縦令之ヲ為シ得トスルモ莫大ナル費用ヲ要スベキ場合ニ於テ，第三者ニシテ斯ル事実アルヲ奇貨トシ，不当ナル利得ヲ図リ，殊更侵害ニ関係アル物件ヲ買収セル上，一面ニ於テ侵害者ニ対シ侵害ノ除去ヲ迫リ，他面ニ於テハ該物件其ノ他ノ自己所有物件ヲ不相当ニ巨額ナル代価ヲ以テ買取ラレタキ旨ノ要求ヲ提示シ，他ノ一切ノ協調ニ応ゼズ主張スルガ如キニ於テハ，該除去ノ請求ハ，単ニ所有権ノ行使タル外形ヲ構フルニ止マリ，真ニ権利ヲ救済セントスルニアラズ。即チ如上ノ行為ハ全体ニ於テ専ラ不当ナル利益ノ摑得ヲ目的トシ所有権ヲ以テ其ノ具ニ供スルモノナレバ社会観念上所有権ノ目的ニ違背シ其ノ機能トシテ許サルベキ範囲ヲ超脱スルモノニシテ権利ノ濫用ニ外ナラズ」。

　判決は，まず，Xが「不当な利益」の獲得を目的としているとして，権利行使の主観的な態様を重視している。つぎに，侵害による損失が小さくしかも侵害の除去が著しく困難で，たとえ，できたとしても莫大な費用を要する場合においてと双方の「利益を比較」している。つまり，主観的要素と客観的要素を総合的に判断して，「権利の濫用」にあたるとしたのである。

　②　「板付基地事件」（最判昭和40年3月9日民集19巻2号233頁）

　Xらは，敗戦により，土地を占領軍に接収されることになり，国であるYと当該土地の賃貸借契約を結んだ。ところが，占領が終了した後も，国は「日米安保条約」に基づき，引き続き空軍基地として使用したいとして，Xらに契約の継続を申し入れた。しかし，Xらは申し入れを拒否し，国を相手に所有権に基づく「土地の明渡請求の訴」を起こした。

　裁判の結果，第1審（福岡地裁）は，Xらの請求を認めたが，第2審（福岡高裁）は，Xらの請求を「権利の濫用」にあたるとして退けた。

　Xらが上告したが，最高裁は以下のように述べて上告を棄却した。

　「本件土地所有権の侵害については，不法行為または不当利得に関する法規により救済を求めるのであれば格別，現状回復を求める本訴のような請求は，私権の本質である社会性，公共性を無視し，過当な請求をなすものとして，認容しがたい」。

　権利の濫用にあたるかどうかは，侵害された利益の種類・性質と侵害行為の

態様との相関関係から判断するしかないが，その際，「個人の利益」と「社会の利益」とを比較することにはきわめて慎重でなければならないであろう。すなわち，本件のような，私権の不当な行使ではなく，正当な行使を「権利の濫用」にあたるとするためには，権利の行使が社会の利益に甚大な損失を及ぼし，しかも，他にそれを回避する方法がないといった，きわめて特殊な場合に限定すべきであろう。その意味で，この判決には，「権利濫用論の濫用」にあたるという批判もなされている。

（3） 損害賠償請求と権利の濫用

20世紀における科学技術（とりわけ重化学工業）の発展とそれにともなう都市化は，社会経済を発展させ，市民の生活を豊かにしたが，反面において，生活妨害や公害など，環境の破壊による生命・身体の侵害という新たな問題を生み出した。

ところで，このような生活妨害や公害における損害賠償請求に，古くから「権利濫用」の法理が用いられている。

① 「信玄公旗掛松事件」（大判大正8年3月3日民録25輯356頁）

この事件は，名将武田信玄が旗を立てかけたという伝説のある松の木が，蒸気機関車の煤煙によって枯死し，その松の所有者が国（国鉄）を相手に損害賠償を請求したという事件である。これに対して，大審院は，「其ノ行為カ社会観念上被害者ニ於テ認容スヘカラサルモノト一般ニ認メラルル程度ヲ越ヘタルトキハ権利行使ノ適当ナル範囲ニアルモノト云フコトヲ得サルヲ以テ不法行為トナルモノト解スルヲ相当トス」とし，「本件松樹ハ鉄道沿線ニ散在スル樹木ヨリモ甚タシク煤煙ノ害ヲ被ルヘキ位置ニアリテ且ツ其ノ害ヲ予防スヘキ方法ナキニアラサルモノナレハ上告人カ煤煙予防ノ方法ヲ施サスシテ煙害ノ生スルニ任セ該松樹ヲ枯死セシメタルハ其ノ営業タル汽車運転ノ結果ナリトハ云ヘ社会観念上一般ニ認容スヘキモノト認メラルル範囲ヲ超越シタルモノト謂フヘク権利行使ニ関スル適当ナル方法ヲ行イタルニアラサルモノト解スルヲ相当トス」と判決して，損害賠償の請求を認めた。たとえ鉄道事業という公共性の高い業務行為であっても，程度を越えた権利の行使によって，私権を侵害した場合には，不法行為にあたるとした画期的な判例である。

② 「富田浜病院事件」（安濃津地判大正15年8月10日法律新聞2648号11頁）

この事件は，病院（結核病院）の隣地の所有者が，所有地を高値で病院に売却しようとしたが不調に終わったため，病棟に近接して背の高い物置小屋を建て，病院の日照・通風等を妨害し，病棟を使用不能にしたという事件である。

裁判所は，「権利者カ権利ノ行使ニ際シ，其適当ナル範囲ヲ超越シテ失当ナル方法ヲ行ヒ故意又ハ過失ニヨリ他人ノ権利ヲ侵害シタル時ハ，権利ノ濫用トシテ不法行為上ノ責任ヲ免レサルヘク」とし，もっぱら隣地の所有者に害を及ぼすという故意があったとして，損害の賠償を命じた。

一般的には，自分の土地に自分の費用で工作物を設置することは土地所有者の正当な権利である。しかし，それでもなお権利の行使の態様によっては「権利の濫用」になるとした歴史的な判例である。

これらの判例の登場によって，「権利の濫用」が，不法行為として，損害賠償の原因となるという法理論が確立されていった。

最高裁も，たとえば，隣家の増築により日照・通風が妨害された事件について，「権利の濫用」を理由として，損害賠償を命じている。

③　「日照・通風妨害事件」（最判昭和47年6月27日民集26巻5号1067頁）

XとYは，隣接して住んでいたが，Yが違法な増築工事を完成させたため，Xの家は日照・通風を妨害され，家族が病気になったりした。そのため，土地家屋を安価に売却して転居せざるを得なくなった。そこで，XはYを相手に，損害賠償請求の訴を提起した。

これに対し，最高裁は以下のように判示した。

Yの行為は，「社会観念上妥当な権利行使としての範囲を逸脱し，権利の濫用として違法性を帯びるに至ったものと解するのが相当である」。

(4)　身分権と権利の濫用

権利濫用の法理は，財産権だけでなく，身分権についても適用される。

(a)　同居・協力・扶助請求権の濫用　　夫婦は同居し，互いに協力し扶助しなければならない（752条）。したがって，夫婦の一方が同居・協力・扶助しない場合，他方は同居・協力・扶助することを請求することができる。しかし，その婚姻が円満な夫婦共同生活の関係を期待できない程度に破綻している場合には，請求は「権利の濫用」とされ認められない（名古屋家審昭和40年4月22日家月18巻1号73頁）。

（b） 親権の濫用　　親権は，未成年の子の監護・教育を目的とする「身上監護権」（820条）と子の財産を管理するための「財産管理権」（824条）とに分けられるが，親権を行う父母が「親権を濫用」した場合，家庭裁判所は，親権の喪失を宣告することができる（834条）。

6　解釈の基準

民法1条ノ2は，「本法ハ個人ノ尊厳ト両性ノ本質的平等トヲ旨トシテ解釈スベシ」と定めている。憲法13条および14条，24条に基づいて設けられた規定である。もとより，民法の全体にかかわるが，とりわけ，民法第4編「親族」および第5編「相続」において重要な意味を持つ。

第3節　私権の実現

1　実現の方法

Aは，Bに50万円貸したが，3年過ぎたいまも返してくれない。催促すると，「いつまでに返すという約束はしていない」という。50万円程度では，弁護士に相談するほどの額でもないような気がするし，どうすればよいのだろうか。

お金を貸した時にあらかじめ返還の時期を決めていた場合は，その時期が到来した時点で請求できる。返還の時期を決めていなかった場合でも，「相当ノ期間」（4日以内とか1週間以内とか）を設けて請求することができる（591条）。それでも返還しない場合には「債務不履行」になり（412条），最終的には裁判所（この場合は，簡易裁判所）に訴えれば，支払うように命令してくれる。それでもなお返さない場合には裁判所の執行官（国家権力）が強制的に取り立ててくれる（強制執行）。

このように，私権は最終的には国家（権力）によって保障されるのであり，それゆえに，「権利」と呼ばれるのである。

（1）　民事訴訟・民事調停

私権を実現するための裁判を「民事訴訟」という。民事訴訟の手続について定めているのが，『民事訴訟法』である。

通常の民事事件は，地方裁判所に訴を提起し，判決を求めるが，判決に不服があれば高等裁判所に控訴できる。さらに，高等裁判所の判決にも不服がある

場合には，最高裁判所に，上告することができる。いわゆる「三審制」である。なお，訴訟の目的の価格が低い（90万円以下の）場合は，簡易裁判所が第1審となり，地方裁判所が第2審，高等裁判所が最終の上告裁判所となる。

また，民事事件については，簡易裁判所に調停を申し立てることもできる。民事調停については『民事調停法』に規定がある。

（2） 家事審判・家事調停

離婚や相続など家庭の問題（家事事件）に関するものについては，訴訟の前に，かならず家庭裁判所に「調停」の申立をしなければならない（これを「調停前置主義」という）。

調停では，調停委員が当事者の「人間関係」と「権利義務関係」の調整を行いながら，当事者が自分たちみずからの判断で問題を解決できるよう，さまざまな角度から助言を与える。その結果，調停がまとまれば，「調停調書」が作成され，その調書は判決と同じ効力をもつ。また，調停がまとまらなかった場合には，あらためて通常の裁判所に訴えることができる。夫婦や親子の紛争など家庭に関する問題は，「公開の裁判」になじまないため，このような非公開の調停制度が設けられているのである。

（3） 強 制 執 行

債務者が債務の履行をしないときは，債権者はその「強制履行」を裁判所に請求することができる（414条）。

強制履行（強制執行）については，『民事執行法』に定められている。

強制執行は，判決や裁判所で作成される和解調書および調停調書，さらには支払命令や公正証書（これらを債務名義という）に基づいて行われる（民執22条）。すなわち，お金を借りた債務者が支払い（弁済）をしないときは，債務者の財産を競売し，その代金から弁済を受けることができるのである。

（4） 示　　談

たとえば，Aが交通事故でケガをしたため，加害者であるBに損害賠償を請求したいという場合には，まず，当事者で話し合うことになる。場合によっては，保険会社も中に入ってくれる。それで解決すればべつに裁判所に行く必要はない。これを「示談」という。もっとも，示談で解決するのは損害賠償や慰謝料などの民事責任だけで，加害者Bはその他に，業務上過失致傷罪などの刑

事責任や免許停止や罰金などの行政責任を負う。

　なお，示談が成立しない場合，警察に訴えても，「裁判所に行って下さい」といわれる。警察は民事事件には介入しないのである。これを「民事不介入の原則」という。

2　自力救済の禁止
（1）　自力救済の禁止

　権利者がみずから実力を用いて義務者の行為を強制したり，妨害を排除したりすることは許されない。権利は，上述したような司法制度によって実現されるべきだからである。したがって，実力の行使が違法な権利行使とみなされ，不法行為（709条）となる場合もある。また，違法な実力行使によって取得した物に対しては，留置権が成立しないなど，民法上の規制もある（295条2項）。

（2）　例　　外

　違法な実力行使は，不法行為になるが，それが，正当防衛や緊急避難に当たる場合には，例外的に許される（違法性阻却事由）。

　　（a）　正当防衛　　他人の不法行為に対し，自己または第三者の権利を防衛するため，やむをえず加害行為をなした者は，損害賠償の責任を負わない（720条1項）。

　　（b）　緊急避難　　他人の物より生じた急迫の危難を避けるためその物を毀損した場合も，同じく，損害賠償の責任を負わない（720条2項）。

第3章　人（自然人）

第1節　権利能力

1　権利能力の意義

　権利能力とは，民法上の権利の主体となる能力（法律上の地位ないしは資格）のことである。たとえば，土地の所有権者となる能力のことである。権利能力は，人（自然人）と法人（会社・団体）に認められるが，法人については，次章で記述する。

　人（自然人）は，すべて権利能力を有する。年齢，性別，人種，社会的身分等において差別されない。すなわち，人はすべて平等に「権利の主体」となるのである。かつて，奴隷は「権利の主体」というよりも，むしろ「権利の客体」であったし，農業を基盤とする封建的な家族制度のもとでは，家長（戸主）以外の者の権利能力は極度に制限されていた。しかし，奴隷制度や封建的な家族制度を廃止した近代国家では，すべての人間が平等に権利者となることができるのである。

2　権利能力の発生

（1）出　　生

　「私権ノ享有ハ出生ニ始マル」（1条ノ3）。すべての人（自然人）は，「出生」によって権利能力を取得する。いいかえれば，権利能力の始期は「出生」である。

　ところで，民法には，「出生」の時期について定義はない。刑法にも定義がないが，「殺人罪」（刑199条）における「人」の概念をめぐって，①全部露出説，②一部露出説，③独立呼吸説が存在し，判例は「一部露出説」を採っている（大判大正8年12月13日刑録25輯1367頁）。民法の判例はないが，学説は，「出産の完了時」（全部露出時）と解している。

なお，戸籍法では，「出生の届出」は14日以内にしなければならないと定められているが（戸49条），この届出は，いわゆる報告的届出であって，権利能力は届出とは無関係に，「出生」の事実によって発生する。

（2）胎　　　児

たとえば，Aが交通事故で死亡し，当時Aの妻Bが妊娠中だったとしよう。この場合，加害者Cに損害賠償を請求できるのは誰か。妻Bはもちろん請求できるが，おなかの赤ちゃん（胎児）は請求できるだろうか。また，Aの遺産を相続するのは誰か。この場合も胎児に相続権はあるのだろうか。

胎児は，法的にはまだ「人」ではないので，権利能力をもたない。しかし，民法は，つぎの3つの場合に，例外的に胎児の権利能力を認めている。

　　（a）損害賠償請求権　　　「胎児ハ損害賠償ノ請求権ニ付テハ既ニ生マレタルモノト看做ス」（721条）

　　（b）相続能力　　　「胎児は，相続については，既に生まれたものとみなす」（886条1項）。「前項の規定は，胎児が死体で生まれたときは，これを適用しない」（886条2項）。

　　（c）受遺能力　　　「第886条（胎児の相続能力）及び第891条（相続人の欠格）の規定は，受遺者にこれを準用する」（965条）。つまり，胎児も損害賠償を請求でき，相続や遺贈を受けることもできるのである。

ところで，相続の場合は，胎児が生きて生まれたのか，それとも死体で生まれたのか，あるいは生きて生まれたのにすぐに死んだのか。それによって，相続関係が大きく変わることがある。前の例で考えてみよう。

Aが死亡したが，当時妻Bが妊娠中だった。この場合の相続関係はどうなるのか。なお，Aにはほかに子供はいない。

　①　胎児が生きて生まれた場合　　　Aの遺産を相続するのは，妻Bと胎児になる。

　②　胎児が死体で生まれた場合　　　Aの遺産を相続するのは，妻BとAの父母になる。

　③　胎児が生後すぐに死亡した場合　　　Aの遺産を相続するのは，妻Bと胎児（子供）であり，その死亡した子供の遺産を相続するのは母しかいないので，結局，Aの遺産は全部，妻Bが相続することになる。

このように，胎児の相続は，微妙な問題をはらんでいる。実際には，胎児の「出生」を待つことになるが，立法論として，胎児の権利を保全し，行使する代理人制度を設ける必要があるとの意見も強い。

(3) 外　国　人

「外国人ハ法令又ハ条約ニ禁止アル場合ヲ除ク外私権ヲ享有ス」(2条)。つまり，外国人であっても原則として，日本人(日本国籍を有する者)と同様に，民法上の権利能力を有する。すなわち，外国人であっても土地の所有権を取得したり，事故の加害者に対する損害賠償請求権等を行使することができるということである。

なお，外国人が日本の土地の所有権を取得することが認められたのは，大正14年(1925年)に『外国人土地法』が制定されて以降のことであり，それほど古いことではない。

3　権利能力の消滅

(1) 死　　亡

権利能力は「死亡」によって消滅する。すなわち，権利能力の終期は「死亡」である。人が「死亡」すると，権利の主体でなくなるため，身分関係や財産関係に重大な変動が生じるが，「死亡」の定義についても民法には規定はない。これまでは，医学的な概念としての，いわゆる「三徴候説」(心臓の停止，呼吸の停止，瞳孔の散大)が用いられてきたが，人工呼吸器(生命維持装置)などの医療技術の進歩によって，心臓死のほかに脳死も人の死とみなされるようになりつつある。

(2) 脳　　死

平成9年(1997年)に制定された『臓器移植法』は，「移植に使用される臓器を死体(脳死した者の身体を含む)から摘出できる」(同法6条1項)と定めている。この条文からは，脳死を(法的に)人の死とみなすのかどうかは明らかではない。なぜなら，脳死した者の身体は死体ではないが，この法律の定める条件のもとで，臓器移植に関してだけは死体とみなし，臓器の摘出を容認するという解釈も可能だからである。臓器移植を前提とした脳死判定には，厳格な「本人の意思(自己決定)」が要求されるが，それ以外の場合には，死の判定は「医師の裁量」と「家族の意思」によって行われることになろう。

（3） 失踪宣告

「死亡」には，「失踪宣告」を受けた場合も含まれる。すなわち，行方不明になった者の生死が7年間不明のとき（普通失踪），また，事故や遭難にあった者の生死が1年間不明のとき（特別失踪），利害関係人は「失踪宣告」の申し立をすることができ（30条），失踪宣告の審判がなされると，それらの行方不明になった者は，法的に「死亡」したものとみなされる（31条）。この「失踪宣告」の制度については，後で詳しく述べる。

（4） 認定死亡

水難や火災その他の事変（戦争など）が生じ，死亡の事実がはっきりしているにもかかわらず，死体の確認ができないことがある。この場合，戸籍法の規定により，取調べにあたった官庁・公署の報告により，死亡の取扱いがなされている（戸89条）。これを，「認定死亡」という。

第2節 行為能力

1 行為能力の意義

（1） 行為能力とは

行為能力とは，自分で有効な法律行為ができる能力のことである（法律行為という語句は，これからイヤというほど登場するが，法律行為＝契約と置きかえると理解しやすい）。つまり，行為能力とは契約を締結したり，取り消したりすることのできる法律上の能力のことである。

民法は，成年者には行為能力があるとしているが，成年者であっても，例外的に，行為能力が制限される者がある。これを「制限能力者」という。かつては，「無能力者」（禁治産者・準禁治産者）と呼ばれていたが，2000年の法改正により，「無能力者」が改められて「制限能力者」と呼ばれるようになった。

（2） 行為能力と意思能力

法律行為をするためには，その行為の効果を認識・判断する能力が必要である。この能力を民法では「意思能力」と呼んでいる。民法そのものには，「意思能力」に関する規定はないが，学説・判例は，意思能力のない者の法津行為は無効だとしている。

たとえば，幼稚園児や小学生と契約をしても，これらの者は意思能力がないとされるので，そのような契約は法的効力を生じない。そのため，たとえ契約をしても契約の履行を強制することはできない。もっとも，何歳から意思能力があるとするかは難しい。民法は，養子縁組や遺言については15歳に達した者にその能力を認めている（797条・961条）。したがって，契約などの財産行為についても，15歳以上の者には意思能力があると考えてよい。

　また，事故や病気で一時的に意識を失っている人を相手に契約をしても無効である。さらに，精神病や老人性痴呆症などで判断力がない人を相手に契約しても，契約当時，意思能力がなければ，その契約は効力を生じない。判例には，公正証書遺言を作成した高齢者が遺言作成当時「意思能力を欠いていた」として，その遺言を無効にしたものがある（東京地判平成9年10月24日判タ979号202頁）。また，贈与契約当時自己の行為の結果を弁識するに足りるだけの精神能力を具備しておらず，「意思能力を欠いていた」として，贈与契約を無効とした判例もある（東京地判平成4年2月27日判タ797号215頁）。

（3）　制限能力者

　幼児の場合は別として，成人が法律行為をしたときに，「意思能力」がなかったことを立証するのは容易ではない。かりに，立証できない場合には法律行為（契約）がすべて有効になるというのでは，精神障害者や高齢者らを保護することは難しくなる。そこで，民法は，判断能力に欠ける一定の者について，後見人や保佐人・補助人をつけ，これらの者に財産管理や療養看護などの権限を与え，判断能力に欠ける一定の者を保護させることにした。これが，「制限能力者制度」である。

　制限能力者は，①未成年者，②成年被後見人，③被保佐人，④被補助人である。

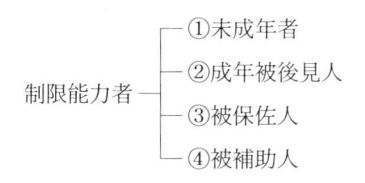

```
                 ┌─ ①未成年者
                 ├─ ②成年被後見人
    制限能力者 ─┤
                 ├─ ③被保佐人
                 └─ ④被補助人
```

2 未成年後見制度

たとえば，大学1年生のA君が「キャッチ・セール」につかまって，50万円もする「パソコン」を買わされてしまったというような場合，法律的にはどうなるだろうか。A君がすぐに「消費者センター」にでも相談すれば，「消費者契約法」や「訪問販売法」などによって，契約を取り消すことも可能だが，すでに何日も経ってしまったという場合には面倒なことになる。

だが，A君がまだ未成年者だという場合は，民法によって，契約を取り消すことができる（4条）。民法は，未成年者を手厚く保護しているのである（もっとも，悪徳商法業者は「学生さん？ 何年生？ もう成人式すんだの？」などと，サグリを入れてくる）。

(1) 未成年者

(a) 成年 民法は，満20年をもって成年とすると定めている（3条）。したがって，満20年に達しない者が未成年者である。

(b) 婚姻による成年擬制 未成年者でも，婚姻をしたときは，成年に達したものとみなされる（753条）。婚姻は夫婦が同等の権利を有することが基本であり，婚姻をした者を法定代理人の監督下におくことは望ましくないからである。

(2) 未成年者の行為能力

未成年者が法律行為（契約など財産上の法律行為）を行う場合は，法定代理人（親権者または後見人）の同意が必要であり，同意を得ずに行った法律行為は取り消すことができる（4条）。

このように定めることによって，未成年者が不利益な契約にまき込まれることを防いでいるのである。ただし，以下の3つの場合には，未成年者にも行為能力が認められ，取り消すことはできない。

① **単に権利を得または義務を免れる行為** 未成年者の利益になることが明らかな場合にまで取消を認める必要はない。したがって，民法は単に権利を得または義務を免れる行為については，法定代理人の同意を得なくても取り消せないとしている（4条但書）。

たとえば，未成年者が祖父から遺産の前渡しとして，土地をもらったというような場合（贈与契約），また，親戚の叔父さんから借りたお金を返さなくて

よいといわれた場合（債務の免除）など，未成年者の利益になることが明らかな場合には，法定代理人の同意を得なくても，未成年者が単独で有効に成立させることができるのである。

②　処分を許された財産の処分行為　法定代理人が目的を定めて処分を許した財産は，その目的の範囲内であれば，未成年者でも自由に処分することができる。また，目的を定めずに処分を許した場合は，未成年者はどんな目的であろうと自由に処分することができる（5条）。

たとえば，親が子どもに授業料や給食費などを学校に持っていくようにと渡した場合は，「法定代理人が目的を定めて処分を許した財産」ということになり，子どもの支払い（法律行為）も有効となる。したがって，親が後から，あれは未成年者の法律行為だから取り消すということはできないのである。また，月々の小遣いのように，「法定代理人が目的を定めないで処分を許した財産」については，子どもは自由に処分することができるのである。

③　営業を許された未成年者の行為　法定代理人から営業を許された未成年者は，その営業に関しては，成年者と同一の能力を有する（6条）。営業活動に関する包括的な同意があったとみなされるのである。

（ア）　営業の許可　未成年の子の職業を許可することは，親権の内容の1つとされている（823条）。親権者または後見人は，未成年者の保護という目的から子の職業を許可するかどうかを判断する。許可の方法には，特別な形式は必要とされていない。したがって，「許可」の法的性質は「同意」と変わらない。なお，未成年者が商業を営む場合には「登記」が必要とされており（商5条），登記の申請には法定代理人の許可が必要とされている（商業登記法43条以下）。したがって，第三者は商業登記簿を閲覧すれば許可の有無を確かめることができる。もっとも，ここにいう「営業」は，商業に限らず，農業やサービス業など広く「営利を目的とする事業」と解されている（大判大正4年12月24日民録21輯87頁）。したがって，商業以外の営業については，第三者は法定代理人に許可の有無を確かめるしか方法はない。

（イ）　営業の種類　「一種又は数種」と定められているから，営業の許可は一種類に限らない。しかし，どんな職業を許可するのか，種類を特定して許可することが必要である。

（ウ）成年と同一の能力　「成年と同一の能力を有する」とは，許可された営業に関しては，成年者と同様に，法定代理人の同意を得ることなく，単独で有効な法律行為を行うことができるという意味である。

（エ）許可の取消　未成年者がその営業に堪えないときには，法定代理人は，親族編の規定に従い（823条），その許可を取り消したり，制限したりすることができる（6条2項）。営業の許可の取消は，善意の第三者にも対抗できると解されている。

（3）法定代理人

未成年者の法定代理人は，親権者であるが，親権者がいない場合には後見人が置かれる。

（a）親権者　親権者は未成年者の父母である。父母が婚姻中は，父母が共同で親権者となる（818条）。父母が離婚した場合は，どちらか一方が親権者となる（819条）。なお，父母が婚姻していない場合（非嫡出子）は，父が認知している場合は，どちらか一方（819条4項）。父が認知していない場合は，母が親権者となる（818条1項）。

（b）後見人　父母が共にいないとき，また，父母が共に子の財産を管理する権限を有しないときは，後見人が法定代理人となる（838条）。なお，後見人には，親権者が指定したものと（指定後見人　839条），家庭裁判所が選任するものとがある（選任後見人　841条）。

（c）同意権　すでにみたように，未成年者が法律行為を行うには，法定代理人の「同意」が必要である。このことから，法定代理人には「同意権」があるということになる。父母が共同して親権を行う場合は，一方だけが同意しても効力を生じない。ただし，父母の一方が共同の名義で同意したときは，他の一方の意思に反したときでも，同意があったことになる（825条）。

（d）代理権　未成年者が「意思能力」のない幼児の場合は，親権者が本人に代わって法律行為を行う。すなわち，親権者には「同意権」のほかに「代理権」もある。後見人も財産に関する法律行為について被後見人である未成年者を代理する権限がある（859条）。

3 成年後見制度（法定後見制度）

　高齢社会の到来により，高齢者の療養看護や財産管理が社会的に重要な問題となった。また，知的障害者や精神障害者の保護や差別の禁止に関する法整備も「福祉国家」としての緊急の課題であった。従来，判断能力の十分でない成年者に対する後見制度としては，「禁治産者」「準禁治産者」という制度があったが，差別的な用語や戸籍への記載など，人権に対する配慮が乏しく，実際にもあまり利用されてこなかった。そのため，高齢者や障害者の自己決定を尊重し，残存能力の活用を図るという理念にもとづいて，新しく，「成年後見制度」（2000年4月施行）が民法に導入された。

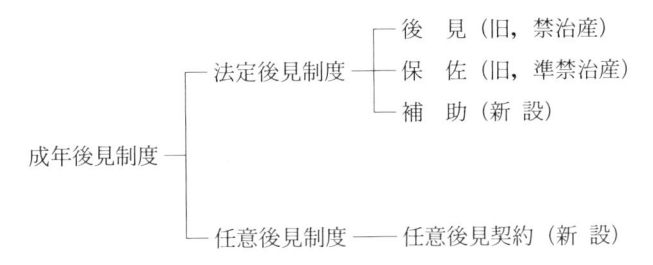

```
                        ┌─ 後 見（旧，禁治産）
            ┌─ 法定後見制度 ─┼─ 保 佐（旧，準禁治産）
            │              └─ 補 助（新 設）
成年後見制度 ─┤
            │
            └─ 任意後見制度 ─── 任意後見契約（新 設）
```

（1）成年後見

　たとえば，Aが事故や病気で寝たきりになり，判断能力を失ってしまったという場合（いわゆる植物状態），Aの財産を処分する必要が生じても，Aは意思表示することができないため処分することはできない。そのような場合は，家庭裁判所の審判で，Aを「成年被後見人」とすれば，Aのために「成年後見人」が選任され，成年後見人はAの代理人として，Aの財産を処分することができるようになる。また，Aが高齢者で身寄りがないというような場合にも，その「成年後見人」がAの財産を管理しながら，療養看護に必要な事務処理をしてくれる。すなわち，Aの債権債務の処理や入院契約などを代理してくれるのである。

　（a）成年被後見人　　重度の老人性痴呆や知的障害・精神障害などで，判断能力すなわち，事理を弁識する能力を欠く「常況」にある者については，家庭裁判所の審判で，「成年被後見人」とし，成年後見人をつけることができる。成年後見人は，被後見人に代わって，療養看護事務および財産管理事務を行う。従来の「禁治産者」に対応した制度である。

（b）後見開始の審判　　家庭裁判所は，精神上の障害により事理を弁識する能力を欠く常況にある者について，後見開始の審判をすることができる（7条）。精神上の障害により事理を弁識する能力を欠く「常況にある者」とは，従来の「心神喪失の常況にある者」という表現を改めたものである。いわゆる植物状態にある者や重度の痴呆症や精神病などでつねに判断能力を失っている者をいう。

（c）審判の申立　　成年後見開始の審判申立をすることができるのは，本人，配偶者，4親等内の親族，未成年後見人，未成年後見監督人，保佐人，保佐監督人，補助人，補助監督人および検察官である（7条）。

（d）成年後見人の選任　　後見開始の審判を受けた者には，「成年後見人」が付けられる（8条）。

（ア）成年後見人は，家庭裁判所が職権で選任する（843条1項）。一般的には，親族や近親者のうちから適任者が選任されることになるが，適任者がいない場合には，弁護士や社会福祉士など，第三者から選任されることになる。なお，従来は，夫婦の一方が禁治産の宣告を受けたときは，他の一方が後見人になると定められていたが（旧840条），この規定は削除された。その理由は，夫婦ともに高齢者という場合も多いし，配偶者は財産管理や療養看護をめぐる紛争の当事者となる可能性が大きいためである。

（イ）家庭裁判所は，複数の成年後見人を選任することもできる（843条3項）。たとえば，療養看護については社会福祉士や介護福祉士など福祉の専門家を選任し，財産管理については弁護士や司法書士など法律の専門家を選任することも可能になった。

（ウ）家庭裁判所は，社会福祉法人（公益法人）や信託銀行（営利法人）など，「法人」を成年後見人に選任することもできる（843条4項）。これも新しい改正点である。

（e）成年後見人の権限　　成年後見人は，成年被後見人の生活・療養看護事務ならびに財産管理事務を行なうが，それらを行うにあたっては，成年被後見人の意思を尊重し，かつ，その心身の状況および生活の状況に配慮しなければならない（858条）。また，成年後見人は，成年被後見人に代わって財産行為を行なうが（859条），その居住の用に供する建物またはその敷地について，

売却，賃貸，賃貸借の解除，または抵当権の設定その他これに準じる処分をするには，家庭裁判所の許可を得なければならない（859条の3）。これも新しい改正点である。

　（f）成年被後見人の行為能力　　成年被後見人の法律行為は取り消すことができる。ただし，日用品の購入その他「日常生活に関する行為」については取り消せない（9条）。本人の自己決定権をできるかぎり尊重するという観点から，食料品や衣料品の購入など，日常生活に必要な行為については，本人が単独で行うことができるように定めたのである。

　（g）後見開始の審判の取消　　被後見人の弁識能力が向上し，後見の原因が止んだときは，家庭裁判所は，本人らの請求により，後見開始の審判を取り消さねばならない（10条）。

（2）保　　佐

　たとえば，Aは知的障害者だが，最近，親の遺産を相続して財産を所有することになった。しかし，判断能力が不十分なAに財産を管理させることはむずかしい。誰かにだまし取られる危険も大きい。このような危険を予防するためには，あらかじめ保佐人を選び，Aの行為能力を制限しておけばAの財産は保護されることになる。さらに，Aが病院や施設に入ったり，あるいは在宅で介護を受けるというような場合にも，保佐人に手続をしてもらうことができる。

　（a）被保佐人　　判断能力が「著しく不十分」な者については，家庭裁判所の審判で，「被保佐人」とし，これに「保佐人」をつけることができる。

　被保佐人は，不動産の売買など財産上の「重要な行為」を行う場合には，保佐人の「同意」を得る必要があり，同意のない行為は取り消すことができる。従来の「準禁治産者」に対応する制度である。なお，従来民法は，「浪費者」についても，「準禁治産者」とすることができたが（旧11条），今回の改正で削除された。

　（b）保佐開始の審判　　精神上の障害により事理を弁識する能力が著しく不十分な者について，家庭裁判所は保佐開始の審判をすることができる。精神上の障害により事理を弁識する能力が「著しく不十分な者」とは，従来の「心神耗弱者」という表現を改めたもので，たとえば，知的障害者や重度の老人性痴呆症者などが該当する。審判の申立ができるのは，本人，配偶者，4親

等内の親族，後見人後見監督人または検察官である（11条）。なお，家庭裁判所は，保佐開始の審判をするには，「本人の陳述」を聴かなければならないとされている（家審規30条の2）。

　　（c）　保佐人の選任　　保佐開始の審判を受けた者には保佐人が付けられる（11条の2）。保佐人は，家庭裁判所が職権で選任する（876条の2）。なお，家庭裁判所は，必要に応じ，「保佐監督人」を選任することもできる（876条の3）。

　　（d）　保佐人の権限　　保佐人は，被保佐人が重要な財産行為を行う場合に「同意権」を有するが，家庭裁判所は，特定の法律行為について，「代理権」を付与することもできる。その場合は，本人の同意がなければならない（876条の4）。

　　（e）　被保佐人の行為能力　　被保佐人が以下のような財産上の法律行為をするには，保佐人の同意を得なくてはならない。ただし，日用品の購入その他日常生活に関する行為については同意は要らない（12条1項）。

① 元本を領収しまたはこれを利用すること（貸金を領収したり，貸金契約の内容を変更したりするためには，保佐人の同意が要る。ただし，賃貸借契約に基づいた利息や賃料を受領収するには同意はいらない）。

② 借財または保証をなすこと（借金をしたり他人の債務の保証人になったりするには，保佐人の同意が要る）。

③ 不動産その他重要なる財産に関する権利の得喪を目的とする行為をなすこと（土地や建物など重要な財産について，売買・交換などの契約を行うには，保佐人の同意が要る）。

④ 訴訟行為をなすこと（ここにいう訴訟は民事訴訟である。すなわち，貸金の支払請求や土地の返還請求，登記の移転請求などの訴えを提起したり，取り下げたりするには，保佐人の同意が要る）。

⑤ 贈与，和解，または仲裁契約をなすこと（贈与，和解または紛争の仲裁を依頼するには，保佐人の同意が要る）。

⑥ 相続の承諾もしくは放棄または遺産の分割をなすこと（被相続人の債務を相続することもあり，相続については保佐人の同意が要る）。

⑦ 贈与もしくは遺贈を拒絶し，または負担付の贈与もしくは遺贈を受諾す

ること（本人の不利益となる行為をするには，保佐人の同意が要る）。
⑧　新築，改築，増築または大修繕をなすこと（建築業者との請負契約については，保佐人の同意が要る）。
⑨　602条に定めた期間を超える賃貸借をなすこと（不動産の賃貸借には，保佐人の同意が要る）。

　家庭裁判所は，上記以外の行為についても，保佐人の同意を得ることを要すると審判することもできる（12条2項）。また，これらの同意を要する行為につき，保佐人が被保佐人の利益を害するおそれがないにもかかわらず同意をしないときは，家庭裁判所は被保佐人の請求により同意に代わる許可を与えることができる（12条3項）。なお，保佐人の同意を得ることを要する行為について，その同意および許可を得ないでなした行為は取り消すことができる（12条4項）。

　（ｆ）　保佐開始の審判の取消　　被保佐人の保佐の原因が止んだときは家庭裁判所は，本人らの請求により，保佐開始の審判を取り消さねばならない（13条）。

（3）　補　　助

　たとえば，Aは高齢で最近，判断力が衰えてきている。しかし，財産が多いので，不利な契約をさせられたりしないかと心配している。このような場合，Aを「被補助人」にして，不動産の売買や贈与などに限った「特定法律行為」について，補助人の同意が必要というようにしておけば，後から取り消すこともできる。また，施設に入所したり，在宅で介護を受けるという場合にも，本人に代わって補助人に手続をしてもらうこともできる。

　（ａ）　被補助人　　判断能力が「不十分」な者については，これを「被補助人」として，「補助人」をつけることができる。「補助人」は，家庭裁判所で選任することもできるし，契約で任意に選任することもできる。これまでの民法になかった新しい制度である。

　（ｂ）　補助開始の審判　　家庭裁判所は，精神上の障害により事理を弁識する能力が不十分な者について，補助開始の審判をすることができる。精神上の障害により事理を弁識する能力が「不十分な者」とは，たとえば，軽度の知的障害者や痴呆症者などで，重要な法律行為をするには誰かの補助が必要だと

いう者である。審判の申立ができるのは，本人，配偶者，4親等内の親族，後見人，後見監督人，保佐人，保佐監督人および検察官である。なお，本人以外の者の請求により補助開始の審判をなすには，本人の同意が必要である（14条2項）。また，家庭裁判所は，補助開始の審判をするには，後見や保佐の場合と同様に，「本人の陳述」を聴かなければならない（家審規30条の10）。

　　（c）補助人の選任　　補助開始の審判を受けた者には，補助人が付けられる（15条）。補助人は，家庭裁判所が職権で選任する（876条の7）。なお，本人が補助人を契約で選任する場合（任意後見契約）については，つぎに改めて述べる。

　　（d）補助人の権限　　補助人は被補助人の「特定の法律行為」につき，「同意権」を有する（16条1項）。「特定の法律行為」とは，12条1項に掲げる行為の一部に限られる（16条2項）。補助人が被補助人の利益を害するおそれがないにもかかわらず，同意をしないときは，家庭裁判所は，同意に代わる許可を与えることができる（16条3項）。また，家庭裁判所は，特定の法律行為について，補助人に「代理権」を付与することもできる（876条の9）。

　　（e）被補助人の行為能力　　補助人の同意を要する行為につき，同意または許可を得ないでなした行為は取り消すことができる（16条4項）。

　　（f）補助開始の審判の取消　　補助の原因が止んだときは，家庭裁判所は，本人らの請求により，補助開始の審判を取り消さねばならない（17条）。

4　「任意後見契約に関する法律」（任意後見契約法）

　すでに述べたように，本人がみずから契約で後見人（任意後見人）を選任することもできる。ただし，契約で選任する場合は，特別法である「任意後見契約法」に従う必要がある。

（1）任意後見契約法

　任意後見契約法は，任意後見契約の方式や効力ならびに任意後見人に対する監督に関して必要な事項を定めている（任意後見法1条）。すなわち，すべて自由契約に委ねるのではなく，家庭裁判所が後見的役割を果たせる仕組みになっている。

（2）任意後見契約

　任意後見契約とは，精神上の障害により事理弁識能力が「不十分な者」が，

自己の生活・療養看護および財産管理に関する事務の全部または一部を委託し，その委託にかかわる事務について「代理権」を付与する契約（委任契約）で，「任意後見監督人」が選任されたときからその効力が生じる旨の定めがあるものをいう（同法2条）。

家庭裁判所における「任意後見監督人の選任」を条件としたのは，任意後見人の権限の濫用を防止するためである。

（3） 任意後見契約の方式

任意後見契約を締結するには，「法務省令」で定める様式の「公正証書」によることが必要である（同法3条）。これは，任意後見人の代理権の範囲が明確に記載され，それをもとに正確に登記されるようにするためである。

（4） 後見監督人の選任

任意後見契約が登記されている場合において，本人，配偶者，4親等内の親族または任意後見受任者の任意後見監督人選任の請求があるときは，家庭裁判所は，精神上の障害により本人の事理弁識能力が不十分な状況にあるかについて判断し，これを認めるときは，任意後見受任者に不適任な事由があるなど一定の場合を除き，任意後見監督人を選任し，任意後見契約の効力を発生させる（同法4条）。

なお，任意後見受任者またはその配偶者，直系血族および兄弟姉妹は，任意後見人にはなれない（同法5条）。

（5） 任意後見人の事務

任意後見人の事務の内容は，任意後見契約に定められた内容によって決まる。すなわち，財産管理に関する事務（不動産や預金の管理・処分など）および療養看護に関する事務（施設入所・介護契約・医療契約など）について，どこまで代理権を与えるかは本人が契約で自由に決定することができる。なお，その事務の処理に当たっては，本人の意思を尊重し，かつ，その心身の状態および生活の状況に配慮しなければならない（同法6条）。

（6） 任意後見監督人の任務

任意後見監督人は，以下の職務を負う（同法7条）。

① 任意後見人の事務を監督する

② 任意後見人の事務に関し，家庭裁判所に定期的に報告する

③　急迫の事情がある場合に，任意後見人の代理権の範囲内で必要な処分をする

④　任意後見人またはその代表する者と本人との利益が相反する行為について本人を代表する

(7)　任意後見契約の終了

　　(a)　契約の解除　　任意後見監督人が選任される前と選任された後とで異なる。選任される前においては，本人または任意後見受任者は，いつでも，公証人の認証を受けた書面によって，契約を解除することができる（同法9条1項）。後見監督人の選任後は，本人または任意後見受任者は，正当な事由がある場合に限り，家庭裁判所の許可を得て，契約を解除することができる（同法9条2項）。

　　(b)　その他の終了事由　　不正な行為などによって，任意後見監督人が解任された場合（同法8条）。本人または任意後見受任者が死亡しまたは破産した場合，任意後見人が後見開始の審判を受けた場合に，終了する（653条）。

(8)　法定後見との関係

任意後見契約が登記されている場合，家庭裁判所は原則として法定後見の開始の審判をすることができず，本人の利益のために特に必要があると認めるときに限り，法定後見の開始の審判をすることができる（任意後見法10条）。

5　「後見登記等に関する法律」（後見登記法）

かつては，禁治産者や準禁治産者になると，それが「戸籍」に記載された。しかし，成年後見制度の改正では，戸籍の記載を廃止し，それに代わる新しい公示制度として，「後見登記法」が創設された。

(1)　登　記　所

成年後見の登記は，法務大臣の指定する法務局もしくは地方法務局またはその支所もしくは出張所が登記所として行う（後見登記法3条）。

(2)　登　　記

登記は，登記官が，嘱託または申請に基づいて，磁気ディスクをもって調整する後見登記等ファイルに法定後見および任意後見契約の内容等の所要の事項を記録することによって行う（同法4条）。

(3)　登記事項

（a）法定後見については，①法定後見の種別（後見・保佐・補助），②後見開始の審判をした裁判所，③審判の確定年月日，④成年被後見人等の氏名・生年月日・住所，⑤成年後見人等の氏名・住所および本籍地，⑥保佐人および補助人ついては代理権の範囲などが記録される（同法4条）。

（b）任意後見については，①公正証書の作成年月日，②本人の氏名・生年月日・住所および本籍地，③任意後見人の氏名・住所・代理権の範囲，④任意後見監督人の氏名・住所・選任審判の確定年月日などが記録される（同法5条）。

（4）登記事項証明書

本人，成年後見人，成年後見監督人，任意後見受任者，任意後見人，任意後見監督人その他一定の者に限り，登記事項を証明した書面の交付を請求することができる（同法10条）。取引の相手方など，「第三者」は証明書の交付を請求できない。したがって，契約当事者に証明書の添付を要求することになろう。

6　制限能力者の相手方の保護

制限能力者の法律行為が取り消されると，その法律行為ははじめから効力がなかったとみなされる（121条）。さらに，この取消の効果は「善意の第三者」にも対抗できる。

たとえば，成年被後見人であるAから土地を購入したBが，その土地をCに転売した場合についてみると，所有権移転登記がAからB，BからCへとなされてもAの後見人であるDは，AとBとの間の契約（土地売買契約）を取り消すことができる。そして，契約が取り消されると，Bから土地を買ったC（第三者）は，その土地をAに返還しなければならなくなる。ちなみに，「登記には公信力がない」といわれるのは，このような場面である。

もし，善意の第三者の場合は土地を返還しなくてよいとすると，成年被後見人の財産の保護は難しくなる。民法は制限能力者の保護を優先しており，そのために，「第三者の保護」や「取引の安全」に支障が生じてもやむを得ないと考えているのである。ただし，いつまでも，取り消すことができるというのでは，あまりにも不安定で影響が大き過ぎる（取消権は，追認できるときから5年間，行為の時から20年間も存続する）。そこで，民法は制限能力者と取引した相手方を保護するため，つぎのような「相手方の催告権」（19条）と「制限能力

者の詐術」（20条）という2つの規定を置いている。

（1） 相手方の催告権

制限能力者と取引をした相手方は，一定の期間を定め，制限能力者に対して，その行為を追認するか否かを確答せよと「催告」することができ，期間内に確答がなかった場合は，追認または取り消したものとみなされる（19条）

（a）「本人」に対する催告　制限能力者が能力者となった後に，「本人」に対して催告をした場合，期間内（1か月以上の期間が必要）に確答がなかったときは，追認したものとみなされる（19条1項）。制限能力者が能力者にならない間に「本人」に催告しても，本人に行為能力がないため法的には意味がない。

（b）「保護者」に対する催告　制限能力者が能力者とならない間に，その「保護者」（親権者・後見人・保佐人・補助人）に対して催告した場合，確答がなかったときは，その行為を追認したものとみなされる（19条2項）。

（c）「後見監督人」がある場合の催告　民法19条3項の「特別の様式を要する行為」とは，民法864条の「後見監督人がある場合の同意」を指している。したがって，後見監督人がある場合は，「後見監督人の同意を得た追認の通知」を発しないかぎりは，取り消したものとみなされる（19条3項）。

（d）「被保佐人・被補助人」に対する催告　「被保佐人・被補助人」に対して，それぞれ，保佐人・補助人の追認を得るように催告した場合，期間内に追認を得たとの通知を発しないときは，取り消したものとみなされる（19条4項）。

（2） 制限能力者の詐術

制限能力者が取引の相手方に，「詐術」を用いて，自分が能力者であると信じさせた場合は，その行為を取り消すことができない（20条）。このよう場合にまで，制限能力者を保護する必要はないからである。

（a）「能力者であると信じさせるために」　自分が制限能力者ではないと誤信させるために，という意味である。能力者であるように見せかけたという場合だけでなく，「保護者」の同意を得ていると誤信させた場合も含まれる。

（b）「詐術を用いた」　詐術とは，戸籍謄本や住民票などを偽造した

り，他人に偽証させたりして相手を誤信させることである。判例は，そのような積極的な詐術だけでなく，単に，自分が能力者であると告げただけでも「詐術を用いた」ことになるとしている（大判昭和5年4月18日民集9巻398頁）。また，虚偽の肩書きのある名刺を交付した場合に，「詐術」に当たるとした判例もある（東京地判昭和58年7月19日判時1100号87頁）。

なお，学説には，制限能力者であることを黙秘していただけでも詐術に当たるとするものもあるが，判例は黙秘していただけでは詐術に当たらないとしている。すなわち，「民法20条にいう『詐術を用いたとき』とは，無能力者が能力者であることを誤信させるために，相手方に対し積極的詐術を用いた場合にかぎるものではなく，無能力者が，ふつうに人を欺くに足りる言動を用いて相手方の誤信を誘起し，または誤信を強めた場合をも包含すると解すべきである。したがって，無能力者であることを黙秘していた場合でも，それが，無能力者の他の言動などと相俟って，相手方を誤信させ，または誤信を強めたものと認められるときは，なお詐術に当たるというべきであるが，単に無能力者であることを黙秘していたことの一事をもって，右にいう詐術に当たるとするのは相当でない」としている（最判昭和44年2月13日民集23巻2号291頁）。

第3節 住　　所

1　住　　所

たとえば，借金を返済するときは，借りた者（債務者）が貸した者（債権者）の住所で返済しなければならないことになっている（484条）。また，相続は被相続人の住所で開始する（883条）。さらに，会社の住所は本店の所在地と定められている（商54条）。そのほかにも，人の普通裁判籍は住所を基本に定まるし（民訴4条2項），また，選挙権も住所が基本になる（公選法9条2項）。

このように，住所は，日常生活のさまざまな部分で重要な意味をもつ。

（1）住所とは

住所とは，人の「生活の本拠」をいう（21条）。

「生活の本拠」とは，つまり，生活の中心的な場所である。したがって，たとえばAが東京と大阪に事務所（本店と支店）を持ち，家族とは静岡で暮らし

ている場合，Aの住所は静岡ということになる。

ところで，住所は1個に限られるとする説（単一説）と，複数認められるとする説（複数説）とが対立している。

たとえば，前の例で，Aから東京や大阪の事務所でお金を借りた人が，返すときは静岡へ行かなければならないというのも不都合だから，最近では，複数説が通説となっている。すなわち，ある人の生活の本拠が複数ある場合には，それぞれの生活関係において住所を認めるべきだというのである（法律関係基準説）。したがって，Aの場合は，日常の生活関係については静岡が住所になるが，営業活動については東京や大阪が住所となるわけである。

次に，選挙についても住所が問題になる。たとえば，富山から東京の大学へ進学し，千葉に住んでいる学生について考えると，彼の住所は，富山なのか千葉なのか，東京なのか。つまり，彼が選挙で投票できるのは，富山県知事の選挙なのか，千葉県知事の選挙なのか，それとも東京都知事の選挙なのか。

公職選挙法9条2項は，「日本国民たる年齢満20年以上の者で引き続き3カ月以上市町村の区域内に住所を有する者は，その属する地方公共団体の議会の議員及び長の選挙権を有する」と規定している。したがって，この学生が千葉県に住んでから3カ月以上たっていれば，千葉県知事の選挙権があることになる（最判昭和29年10月20日民集8巻10号1907頁）。

（2）本籍・現住所

入学や就職の際に提出させられる身上書や履歴書などに，本籍および現住所を記載する欄がある。この本籍とか現住所とは何なのか。ここには，どんな場所を書けばよいのだろうか。

本籍とは，「戸籍の所在地」のことである（戸籍法6条）。

戸籍は，一組の夫婦およびこれと氏を同じくする子ごとに編成される。したがって，履歴書等の本籍の欄には，父母や自分の戸籍が存在する場所を記載すればよい。

なお，本籍を出身地のことだと思っている人が多いが，本籍は届け出によって自由に変更できるから，必ずしも出身地とはかぎらない。

現住所とは，現在の住所だが，正確には「住民登録」をしている場所である。住民登録は，世帯単位になされているため，民法上の「住所」と一致するとは

2　居　所

居所とは，人が多少の期間継続して居住するが，住所ほどには生活の本拠とならない場所をいう。

① 住所が知れない場合は，「居所」を住所とみなす（22条）。住所が知れないとは，住所がない場合と，あっても不明な場合とを含む。

② 日本に住所がない者は，日本人・外国人を問わず，日本における「居所」をもって，住所とみなす（23条）。

3　仮　住　所

ある行為について「仮住所」を選定したときは，その行為に関しては，そこが「住所」とみなされる（23条）。取引の便宜のために定められるもので，生活の実態とは関係がない。

第4節　失　踪

1　失　踪

たとえば，Aが旅行に出かけたまま行方不明になってしまった場合，Aの財産をどのように管理すればよいのかという問題が発生する。とくに，Aに債権者がいる場合には誰かが債務を弁済しなくてはならないし，生死さえも不明の場合には，財産の承継（相続）といった問題も発生する。

民法総則の「失踪」（25条以下）は，このような場合についの規定である。

2　不在者の財産管理

（1）　不在者が管理人を置かなかったとき

従来の住所または居所を去った者（不在者）が，財産の管理人を置かなかったときは，家庭裁判所は利害関係人または検察官の請求により，その財産の管理につき必要な処分を命じることができる（25条1項前段）。

　　（ア）　不在者とは，「従来の住所または居所を去った者」。つまり，行方がわからなくなった者のことである。

　　（イ）　利害関係人とは，不在者の財産に法律上の利害関係がある者，たとえば，債権者や債務者などをいう。

（ウ）　家庭裁判所が命じる必要な処分とは，管理人を選任し，その財産の保存・管理・処分を命じることである。

（2）　不在者が管理人を置いたとき

不在者が管理人を置いた場合において，不在者の生死が分明でないときは，家庭裁判所は利害関係人または検察官の請求により，管理人を改任することができる（26条）。

なお，本人の不在中に管理人の権限が消滅した場合も，家庭裁判所は改めて管理人を選任することができる（25条1項後段）。

（3）　財産管理人の職務

財産管理人の職務は，つぎの3つである。

①財産目録の調製（27条1項），②財産の保存（27条3項），③担保の提供（29条1項）

3　失踪宣告

たとえば，Aの夫であるBが行方不明になってから10年以上になるが，いまだに何の音沙汰もなく，生きているのか死んでいるのかもわからないというような場合，Aは，裁判によって夫Bと離婚し，Bの父母らとの縁を切ることもできるが（770条），財産を相続するためには，夫の死亡が確認される必要がある。このような場合，家庭裁判所に行けば，法律上，夫を死亡したことにしてもらうことができる。これが「失踪宣告」の制度である（民法30条以下）。

（1）　失踪宣告の制度

失踪宣告には，「普通失踪」と「特別失踪」とがある。

（a）　普通失踪　　不在者の生死が7年間分明ならざるときは，家庭裁判所は利害関係人の請求により失踪の宣告をなすことができる（30条1項）。

「7年間」は，不在者の生存が確認された最後の時（音信が途絶えた時）から起算する。

（b）　特別失踪　　戦地に臨みたる者，沈没したる船舶中に在りたる者，その他死亡の原因たるべき危難に遭遇したる者の生死が戦争の止みたる後，またはその他の危難の去りたる後1年間分明ならざるときも，家庭裁判所は利害関係人の請求により失踪の宣告をなすことができる（30条2項）。

「1年間」は，危難の去った時から起算する。

（2）失踪宣告の審判

失踪宣告は，家庭裁判所の審判によって行われる（家審法9条1項甲類4号）。家庭裁判所は，宣告をする前に，不在者及び不在者を知っている者に対して，届け出をするように催告し（これを，公示催告という），6カ月以上の定められた期間内に届け出がなかった場合に，はじめて宣告をすることができる（家審規39条以下）。

（3）失踪宣告の効果

（a）普通失踪　普通失踪の場合は，期間の満了時に死亡したものとみなされる（31条前段）。

たとえば，平成2年3月5日に行方不明になり，平成10年5月に失踪宣告がなされたという場合には，「期間の満了時」は，平成9年3月4日となるから，その時点で死亡したものとみなされることになる。つまり，「期間の満了時」に遡って死亡したとみなされるのである。

（b）特別失踪　特別失踪の場合は，危難の去った時に死亡したものとみなされる（31条後段）。

たとえば，平成2年3月5日に遭難した場合は，1年経過後に宣告がなされるが，遭難した日に遡って死亡したものとみなされる。

（4）失踪宣告の取消

（a）取消の要件　（ア）生存の証明　失踪者が生存していることが証明された場合には，家庭裁判所は失踪宣告を取り消さねばならない（32条1項）。

（イ）死亡時期の証明　宣告により死亡したものとみなされた時と異なる時に死亡したことが証明された場合も，家庭裁判所は失踪宣告を取り消さねばならない（32条1項）。

この場合は，証明された事実にもとづいて死亡したことになる。つまり，死亡の時期が変更になるわけである。それによって，権利義務関係が変動する可能性がある。

（b）取消の手続　失踪宣告を受けた本人または利害関係人が，家庭裁判所に失踪宣告の取消を求める審判を請求する（家審法9条1項甲類4号）。

（c）取消の効果　失踪宣告が取消されると，失踪宣告により終了・消

滅した法律関係（婚姻や相続など）が復活することになる。

ただし，民法はつぎのような2つの制限を設けている。

　　（ア）善意の行為　　失踪宣告後その取消前に，善意をもってなした行為はその効力を変じない（32条1項）。「善意」とは，失踪宣告と事実が異なることを知らなかったという意味である。

たとえば，Aが失踪宣告を受けた後に，Aの妻Bが善意でCと再婚したという場合で，失踪宣告が取り消されても，BとCとの婚姻は効力を失わない。もっとも，Aとの婚姻も復活するため，重婚（744条）になると解する説が多い。ただし，かりにAとの婚姻が復活するとしても，裁判上の離婚原因（770条5号）となるから，どちらの婚姻を有効とするかは，結局は，Bの意思しだいということになる。

　　（イ）現存利益返還義務　　失踪宣告によって財産を得た者は，その取消によって権利を失うが，現に利益を受ける限度においてのみ，その財産を返還する義務を負う（32条2項）。

たとえば，相続（遺産分割）によって財産を得た者は，「現に利益を受ける限度」で返還すればたりる。したがって，すでにその財産を処分してしまい，代金も使ってしまったというような場合には，返還しなくてよいことになる。

4　同時死亡の推定

たとえば，父Aと子Bが同じ飛行機事故に遭った場合，どちらが先に死亡したかわからないという場合は，相続などをめぐって混乱が生じる。そのため民法は，航空機事故や地震・水害などで数人が死亡し，そのうちの誰が先に死亡したか証明できない場合には，これらの者は，同時に死亡したものと推定するという規定を設けた（32条ノ2）。

（1）同時死亡

同時死亡の推定は，実際には，同一の事故や災害による場合が多いであろうが，必ずしも，同一の事故・災害とは限らない。別々の事故で死んだのだが，どちらが先に死亡したか不明という場合も含まれる。

（2）推定する

「推定する」というのは，反対の証明（反証）があれば，推定をくつがえすことができるという意味である。

(3) 推定の効果

同時死亡と推定されると、死亡者は互いに相続しない。しかし、代襲相続（887条）に関する規定は適用される。

たとえば、父Aと子Cとが同時に死亡した場合は、AとCは互いに相続しないが、Cに子がいれば、その子（Aの孫）がCに代わって相続することになる。つぎの例で考えてみよう。

例1

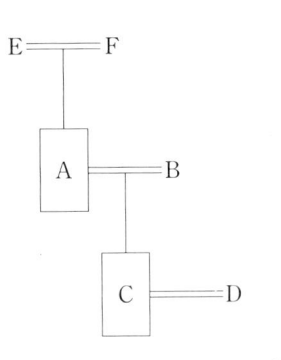

○Aの遺産を相続するのは、Aの妻BとCの父母のE・Fである。
○Cの遺産を相続するのは、Cの妻DとCの母Bである。

例2

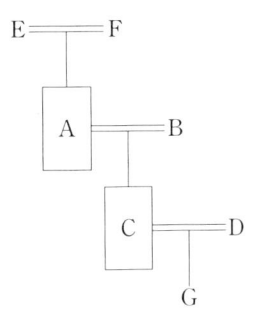

○Aの遺産を相続するのは、Aの妻Bと孫のGである。
○Cの遺産を相続するのは、Cの妻Dと子のGである。

第4章 法人（私権の主体）

第1節 法　人

1　法人とは

　法人とは，自然人以外のもので，法律によって権利・義務の主体となること（権利能力）が認められたものをいう。それでは，なぜ，人間以外に権利能力を認める必要があるのだろうか。

　A，B，Cなど10人の人間が集まって会社をつくる場合を例に考えてみよう。A，B達は，会社には事務所が必要であると考えて，そのための土地と建物を購入することにしたとする。この場合，この土地や建物は誰のものといえばいいだろうか。10人の共有としてもよいが，それではあとで誰かが脱退した場合，あるいは新しく誰かが加入する場合など，そのたびに手続をしなければならず，めんどうである。そこで，この土地，建物を会社のものとするのがいちばん適切であることがわかる。このように，①多数当事者の法律関係を単純化するために，法人概念は必要なのである。

　また，X会社に出資しているAが，Yサラ金から300万円の借金をしていたとする。この場合，Yサラ金はAにたびたび請求しても支払わないので，X会社に請求をしたとしよう。この場合，X会社は，Yサラ金に300万円を支払わなければならないだろうか。X会社は，Aの個人的借金を支払う必要はないであろう。反対に，X会社が破産した場合，出資しているAは，自分の個人財産で無限に責任を負うわけではない（ただし，会社のなかでも合名会社，合資会社の場合は無限責任を負うことがある）。もしそうであれば，高いリスクを負って出資する人はあまりいないだろう。このように，②個人と団体の財産関係を分別し明確化するために，法人概念は必要なのである。

　主として，①と②の理由から，法人概念が認められ，民法でも詳細な規定を

設けているのである。歴史的にみれば，自然人以外になぜ法人格を認める必要があるのかという点について，多くの議論がなされてきた。代表的には，つぎのような学説がある。

(1) 法人擬制説

法人擬制説は，権利・義務の主体は，もともと自然人に認められるものであるが，法人は法律の力により権利の主体を擬制されたものであるとする学説である。

(2) 法人否認説

法人否認説は，法人格は，法の外被にすぎず，法人の実体は個人または財産以外に存在しないのだから，法人は法律関係における権利・義務の帰属点としてのみ認められる観念上の主体であるとする学説である。

(3) 法人実在説

法人実在説は，法人は実質的に法的な主体としての実体をもっている社会的実在であるとする学説である。

これらの法人学説は，歴史的に段階を経て主張されてきているものだから，並列的に比較するだけではあまり意味がない。法人擬制説，法人否認説は，まだ個人主義思想，自由主義思想の強かった19世紀の西ヨーロッパで主張されたもので，個人を中心に社会を構成しようとした時代に個人以外の法的人格を認める必要性から主張された学説である。ところが法人実在説は，経済社会の運営に法人が欠かせなくなった20世紀の学説で，法人の存在を直視して理論構成しようとする学説である。このように，学説は歴史的背景をもって主張されることが多いので，学習するときには注意しなければならない。

2 法人の種類

法人は，法律の規定によらなければ成立することができない。これを法人法定主義（33条）という。法人を規定する代表的な法律は，民法，商法である。法人法定主義は，権利の主体である法人を自由に設立させるとすると，法律関係が不明確となり，取引の安全が維持できないと考えられるので，これを防止するために認められたものである。

法人の種類は，つぎのものが重要である。

(1) 公法人・私法人

法人設立の根拠となる法律が公法であるか，私法であるかによる分類である。公法人は，国や地方自治体，公団などが代表的な法人である。民法や商法による法人は，私法人である。

（2）　社団法人・財団法人

社団法人は，一定の目的のもとに集まった人の集合体について法人格を認めたものである。たとえば，株式会社は社団法人である。財団法人は，育英・慈善など一定の公益目的のために提供された財産の集合体について法人格を認めたものである。たとえば，奨学金財団などである。社団法人には社員の概念があるが，財団にはないことが重要な相違点である。したがって，社員のいる社団法人は自律的に活動するのに対して，財団法人は設立者が定めた一定の目的のもとに他律的に活動する。また，社団法人の活動は融通性をもっているのに対し，財団法人は，恒常性・固定性を特徴とする。たとえれば，社団法人は道路を走る自動車，財団法人はレールの上を走る列車と考えればよい。

（3）　公益法人・営利法人・中間法人等

法人を目的によって分類すると，つぎのようになる。

① 公益法人　公益法人とは，公益に関する事業を目的とするもので，営利を目的としない法人である。民法が規定するのは，この公益法人である（34条）。

② 営利法人　営利法人とは，営利を目的とする法人である（35条）。「営利」とは，儲けて利益をあげることを意味するのではなく，団体活動によって生じる利益を構成員に分配することを意味する。株式会社がこの例である。

③ 中間法人　中間法人とは，公益・営利ともに目的としない法人であり，主として構成員相互の扶助などを目的とするものである。これらのうち，特別法により認められたものが法人となる。たとえば，労働組合法による労働組合，生活協同組合法による生活共同組合などが例である。

④ NPO法人　NPO法（「特定非営利活動促進法」平成10年）により「認証」を受けた法人をいい，この法律により環境保護団体や福祉団体が法人となる道が開かれた。

なお，わが国では，公益財団法人，公益社団法人，営利社団法人は認められ

ているが，営利財団法人は認められていないことに注意しなければならない。

第2節　法人の設立

1　法人設立の立法主義

法人の設立には，つぎのようにいろいろな方法がある。

① 特許主義　　日本銀行のように，法人を設立するために特別法（日本銀行法）をつくり，これにより特別に法人を認める方法を特許主義という。
② 許可主義　　民法上の法人のように，主務官庁が設立を許可するかどうかの自由裁量をもち，これにより法人設立を認める方法を許可主義という。
③ 認可主義　　学校法人や消費生活共同組合などのように，法律の定める要件を備え，主務官庁の認可を受けた場合，法人設立を認める方法を認可主義という。許可と認可の違いは，主務官庁が裁量権をもっているかどうかの点である。
④ 認証主義　　NPO法人のように，法人格を取得するのに，所轄庁の認証を要するとする方法を認証主義という。NPO法人がその例である。
⑤ 準則主義　　株式会社のように法定された法人の成立要件を備えれば，当然に法人設立を認める方法を準則主義という。
⑥ 強制主義　　弁護士会のように，国家が法人設立を強制する（またはそれへの加入を強制する）ことにより法人設立を認める方法を強制主義という。

2　社団法人の設立

公益社団法人の設立は，つぎのようになる。

① 目的の確定（公益・非営利の目的をもつこと。34条）
② 定款の作成（37条）

定款とは，法人の根本規則のことをいう。内容的には，必ず記載しなければならない事項（必要的記載事項）と記載が自由な事項（任意的記載事項）がある。民法37条の規定は，必要的記載事項を定めたものである。なお，商法上の会社は，登記により法人格が与えられるが（商57条），民法上の法人の登記は対抗要件であるので，登記がなくても法人格が認められる。

定款の作成行為は，設立者の契約関係ではなく合同行為と考えられている（「法律行為」参照）。なお，定款の変更は，社員総会の特別決議，主務官庁の認可が必要である（38条）。

③　主務官庁の許可（34条）

3　財団法人の設立

公益財団法人の設立は，つぎのようになる。

①　目的の確定（公益・非営利の目的をもつこと。34条）
②　寄付行為の作成（39条）
③　主務官庁の許可（34条）

寄附行為は，社団法人の定款とほぼ同様と考えてよい。しかし，定款作成は合同行為であるのに対して，寄附行為は単独行為である。財団法人は，複数の人間が集まる必要はなく，寄附行為は単独で行いうるからである。

法人が設立すると同時に，財産は法人に帰属することとなる（42条1項）。遺言で寄附行為をした場合は，遺言が効力を生じたときに，法人に帰属する（42条2項）。

第3節　法人の能力

権利の主体として認められる法人には，どのような能力が認められるのだろうか。

1　権利能力

法人は設立許可があれば，権利能力を取得する。自然人では，権利能力がいつ始まり，いつ終わるかが問題であったが，法人では，権利能力の範囲が問題となることに注意しなければいけない。権利能力の範囲について，基本的には自然人と同じ能力が認められるが，つぎのような制限がある。

（1）　性質による制限

性，年齢，親族関係など自然人が人間として認められる権利は，法人は性質上享有できない。つまり，「法人には救われるべき魂がなく，蹴られるべき肉体もない」といわれる。したがって，法人に精神のないことを理由に，精神的苦痛の損害賠償としての慰謝料請求を否定した裁判例がある（東京控判昭和12

年2月2日評論26巻民316頁)。しかし，名誉権などの人格権は，法人にも認められる（最判昭和39年1月28日民集18巻1号136頁）。

（2）法令による制限

法によって法人格が付与されていることから，法人が享有できる権利や義務を法令により制限できると考えられている。たとえば，会社は他の会社の無限責任社員となることはできないとの規定は（商55条)，この例である。自然人は，法令によっても権利能力を制限することはできない。

（3）目的による制限

法人は定款，寄附行為によって，法人の目的が定まっているから，その目的の範囲内で権利を有し，義務を負う（43条)。法人の代表機関が，自分の意のままに目的外の行為を行って法人の財産が散逸するのを防ごうとするのである。

2 行為能力

自然人の行為能力は，どのような場合にその能力が制限されるかが問題となった。これに対して法人の行為能力は，法人の機関が行った行為の効果が法人に帰属するかどうかが問題となる。たとえば，X法人の代表機関Aの行った契約が，X法人の契約になるか，という問題である。

法人の権利能力は，定款や寄附行為の「目的の範囲」により制限を受けるとすれば，行為能力も目的の範囲内に制限される。たとえば，Y学校法人の寄附行為の目的に「高等な学問を教授し広く社会に貢献する」とあった場合に，Y法人はパチンコ店や飲食店を経営することができるか，というような問題である。この場合，原則として，目的の範囲内において行為能力は認められるが，目的外の行為はすべて無効となると考えると，取引の安全を害するおそれがある。そこで，目的の範囲は，一般に社団法人では広く解されている（比較的，財団法人は，狭く解される場合が多い）。

判例では，目的の範囲内の行為とは，定款に目的として記載された個々の行為に限らず，その「目的遂行に必要な行為」を含むとしている。そして，目的遂行に必要な行為であるかどうかは，定款の記載からして客観的・抽象的に判断すべきであるとされる（最判昭和27年2月15日民集6巻2号77頁)。判例では，この考え方がさらにおしすすめられ，営利法人については，取引秩序安定の要請から，あらゆる種類の取引行為が目的範囲内の行為とされるにいたった（八

幡製鉄政治献金事件。最判昭和45年6月2日民集24巻6号625頁)。この判例理論に対しては「法人実在説の濫用」であるとの学説の批判がある。

3 不法行為能力

法人は、理事その他の代理人がその職務を行うにつき他人に損害を与えた場合、その賠償の責任を負う（44条1項）。たとえば、Y学校法人の代表機関（理事長）のAが、教育の一環として重文の骨とう品の壺をBから借りてきて、学生にみせようと教室にもってきたとする。ところが、Aが入口でつまづいて転び、その壺を壊してしまった。その壺は、時価5000万円の壺であった。この場合、Y学校法人がBに対して5000万円の損害賠償責任を負うかどうかが、法人の不法行為の問題である。

この場合、資力のある法人に損害を賠償させることで被害者Bの保護が図れるという現実的な問題がある。しかし、それだけではなく、法人は代表者の行為によって活動し、社会的利益を得ているのだから、損失が発生した場合、その責任を負うべきであるとも考えられる。つまり「利益の存するところに損失も帰せしめよ」（これを「報償責任」という）と考えるのである。

法人の不法行為責任について、民法の規定する要件はつぎのようである。

（1) 要　件

　（a) 「理事その他の代理人」の行為であること　理事は代表機関であるが、その他の代理人とは、仮理事、特別代理人、清算人などの代表機関である。法人の機関でも、代表権のない者（監事、社員など。また理事から代理権を与えられた支配人、任意代理人等）は含まれない。これらの者の不法行為は、民法715条の使用者責任（715条）の問題となる。

　（b) 「職務を行うに付き」他人に損害を加えたこと　代表機関は、その職務に関連した範囲内で法人を代表するのだから、法人の不法行為となるのは、その職務を行うにつきなされた行為のみである。X法人の代表者のAが個人的な活動をしていて不法行為を行った場合には、X法人は不法行為責任を負わないのは当然である。また、目的の範囲外の行為によって損害を与えた場合には、法人は賠償責任を負わないが、その事項の決議に賛成した社員、理事およびこれを履行した理事、その他の代理人が連帯して賠償責任を負わなければならない（44条2項）。

それでは，具体的に「職務を行うにつき」とはどのような場合であろうか。それは，ⓐ行為の外形から職務行為と認められる場合と，ⓑ職務行為と外形上，相当な関連があると認められ場合を含むと解されている。ⓑが含まれることにより，「職務を行うにつき」の範囲は広いものとなっている（外形標準説）。これは，44条の趣旨が被害者の保護および報償責任であるために，「職務を行うにつき」は相当程度広く理解する必要があるからである（大(連)判大正15年10月13日民集5巻785頁）。ただし，判例によれば，相手方が「職務を行うにつき」にあたらないことについて悪意，重過失があるときには，法人は不法行為責任を負わない（最判昭和50年7月14日民集29巻6号1012頁）。

（ｃ）　その行為が一般の不法行為の要件（709条）を満たしていること

民法では，明文の規定をしていないが，不法行為責任である以上，当然のことである。詳しくは「債権各論」で学習するが，つぎに簡単に要件をみておくこととする。

① 故意・過失があること　　故意・過失の有無は，理事などの代表機関によって決定される。
② 責任能力があること
③ 違法性
④ 損害の発生
⑤ ①と④の因果関係の存在

（２）　効　果

代表機関が職務を行うについて不法行為を行った場合には，法人自体に不法行為責任が発生する。

それでは，法人が不法行為責任を負う場合，理事個人は責任を負うのであろうか。法人の代表機関としての行為について法人が責任を負ったのだから，理事個人の責任は生じないとも考えられる。しかし，機関の行為は，法人の行為であるとともに機関個人の行為という二面性があるので，理事個人も不法行為責任を負うとされている（大判昭和7年5月27日民集11巻1069頁）。この場合，法人と理事の責任関係は「不真正連帯債務」となる（前記，判例）。

第4節　法人の機関

　法人に権利能力が認められたとしても，法人自身が現実に法人の意思を決定し行動することができるわけではない。法人が意思を決定したり，行動するためには，法人の機関が必要である。

　社団法人の機関は，①理事，②社員総会，③監事である。これに対して財団法人には社員という概念がないから社員総会という機関はなく，①理事，②監事が機関となる。

1　理　　事

（1）　理事の地位

　理事は法人に不可欠の機関であり，職務としてはふたつのものがある。内部的には，法人のトップとして最高の執行機関であるとともに，外部的には，法人を代表する代表機関である（53条）。

（2）　理事の人数・決議

　法人は「一人又ハ数人ノ理事」を置かなければならないと規定されているから（52条1項），理事は一人以上いればよい。一般的には，理事が複数いることが普通であり，この場合の決議は，定款，寄付行為に規定がなければ，理事の過半数で決する（同条2項）。

（3）　理事の代表権

　理事の代表権は，法人のいっさいの事務におよぶ（包括代表権。53条本文）。理事が数人いる場合の代表権は，どうなるだろうか。原則として，それぞれが法人を代表すると解されている（単独代表の原則。大判大正7年3月8日民録24輯427頁）。

（4）　代表権の制限

　代表権は，定款，寄附行為により制限することができる（53条但書）。たとえば，「一定額以上の金銭消費貸借契約を締結する場合には，理事会の承認を必要とする」，「不動産取引においては，理事会の承認を必要とする」などの場合である。社団法人の場合には，社員総会の決議にも従わなければならない（同条但書）。

定款に「理事が不動産取引をするには理事会の承認を必要とする」とされていた場合，理事のひとりであるAが，法人の用地とするために，理事会の承認をえないでBの土地を購入する契約をしたとすると，この契約は有効であろうか。

　理事の代表権に加えた制限は「善意の第三者」に対抗することができないと規定されているから（54条），Bが善意である以上，法人は土地取引を承認しなければならない。この場合の善意とは，代表権に制限がなされていることを知らないことである（最判昭和60年11月29日民集39巻7号1760頁）。

　民法54条は，善意のみを要件としているので，第三者に「過失」がある場合，問題となる。しかし，第三者に重過失がある場合にまで，第三者を保護する必要はないから，重過失あるときには保護されない。これに対して，軽過失であれば本条の趣旨から保護されると考えられる。民法54条は，理事は一般に包括代表権を有するのが原則であるから，外部からは容易に知ることができない制限をしていたとしても，第三者は代表権があると思いがちであることから，この信頼を保護しようとするのである。したがって，軽過失あるものは保護されると解されている。

　先ほどの例で，定款に「不動産の取引には理事会の承認が必要である」と定款にあることをBが知っていた場合は，どうなるであろうか。54条の規定からは効力が認められないと考えられる。しかし，Bが理事会の承認があったと誤信し，その誤信をするについて正当な理由があった場合には，表見代理の規定が類推適用されBが保護される場合がある（前記，最高裁判決）。

　理事は，定款，寄附行為，社員総会の決議などにより禁止されていなければ，代表権を委任することができる（55条）。しかし，この場合，理事は包括的代表権を有するのであるから，理事が他人に代理させる場合には，「特定の行為」であることが必要である。

　また，X法人のA理事が個人所有する土地をX法人が購入するというような場合，X法人とAは相反する利益を求める立場となる。この場合，A理事がX法人を代表してAの土地を購入するとすると，どうしてもAは自分の利益をはかりがちとなる。そこで，民法は，法人と理事の利益相反行為については，理事は代表権（民法57条は「代理権」としている）を有しないとしている（57条）。

この場合には，利害関係人または検察官の請求により，裁判所は「特別代理人」を選任する（57条・56条）。

なお，理事が欠け，その補充が遅れて損害が生ずるおそれがあるときは，利害関係人または検察官の請求により，裁判所は「仮理事」を選任することができる（56条）。

2 監　事

監事は，定款，寄附行為，総会の決議により置くことのできる任意機関である（58条）。監事を置く場合，一人または数人の監事を置くことができると規定されている（58条）ので，一人以上いればよいことになる。任意機関とはいえ，実際には，監事が選任されていなければ主務官庁の許可がでないから，ふつうは法人に監事を置いている。

監事の職務は，つぎのようである（59条）。

① 　法人の財産状況を監査すること
② 　理事の業務執行の状況を監査すること
③ 　①，②について「不整の廉」（59条3号）あることを発見したときに総会または主務官庁に報告すること
④ 　③の場合，報告のため総会を招集すること

3 社 員 総 会

（1）　社員総会とは

社員総会は，社団法人においては，最高の意思決定機関である。これは，社団法人を構成する社員の全部によって組織される機関であって，かならず置かなければならない機関である。

（2）　招　　集

理事は，すくなくとも年1回は通常総会を開かなければならない（60条）。また，必要ある場合には，臨時の総会も開かれる（臨時総会。61条）。

総会の招集は，すくなくとも5日前に会議の目的である事項を示して，定款に定めた方法によって手続しなければならない。

（3）　総会の決議

法人の事務は，定款によって理事などに委任した事務を除き，総会の決議が必要である（63条）。現在では，理事に大幅に委任した事務が多く，実際に総

会で決議する事務は重要なものに限られている。そこで，総会は「最高の意思決定機関ではあるが，万能の意思決定機関ではない」などといわれる。しかし，定款の変更（38条）や任意解散（68条2項）には，かならず総会決議が必要である。

総会における社員の表決権は，定款に規定がない限り平等である（65条1項）。株式会社の株主総会のように株の所有数に応じた表決権ではないことに注意しなければならない。

第5節　法人の登記と監督

1　法人の登記と監督とは

法人の組織や社員，財産状態などの内部的な状況は，その法人と利害関係にある者にとって，きわめて重要な意味をもっている。そのために，民法では，一定の組織を有するかどうかの監督を行い，また，組織内容を一般に知らせるために登記制度を設けている。

2　登　　記

登記にはつぎのものがある。
① 設立登記（45条〜47条）
② 変更登記（46条）
③ その他の登記（移転登記＝45条3項・48条。解散登記＝77条1項）

3　法人の監督

主務官庁は，いつでも職権をもって法人の業務，財産の状況を検査することができる（67条）。このように，法人設立に許可主義をとった結果として，法人の業務は，主務官庁の監督に服するものとされる。

監督権の行使は，設立許可の取消（71条），過料（84条3号）などによる。

第6節　法人の解散

1　解 散 事 由

法人の解散事由には，つぎのものがある（68条）。

(1) 財団法人・社団法人共通の解散事由（同条1項）
① 定款，寄附行為で定めた解散事由の発生（1号）
② 目的たる事業の成功，または成功の不能の確定（2号）
③ 破産（3号，70条）
④ 設立許可の取消（4号，71条）
(2) 社団法人特有の解散事由（同条2項）
① 社員総会の決議（1号，69条）
② 社員の欠乏（2号）

なお，法人が解散した場合，その残余財産の帰属について，民法は規定を設けている（72条）。

2 清算法人

解散事由が発生すると，財産の処理など清算を行わなければならない。そこで，民法は，解散した法人は，清算の目的の範囲内で清算結了まで存続するものとみなしている（73条）。

清算人は，破産の場合を除き理事が就任する（74条）。ただし，定款，寄附行為に規定がある場合，総会で別の者が選任されたときは，それによる（74条但書）。一定の場合，利害関係人または検察官の請求により裁判所が清算人を選任する（75条・76条）。

清算人は，破産，設立許可の取消の場合を除き，解散登記を行い，主務官庁に届出を行けばならない（77条）。

清算人の職務権限は，つぎのとおりである（78条）。
① 現務の結了
② 債権の取立
③ 債務の弁済
④ 残余財産の引渡
⑤ ①〜④の職務を行うために必要な一切の行為

なお，清算人は，清算法人が清算の途中（前記の③の段階）で債務が完済できなくなった場合には，破産宣告の請求を行わなければならない（81条）。

裁判所は，法人の解散，清算の監督，検査を行うことができる（82条）。

清算が結了したときは，清算人は，主務官庁にこれを届出しなければならな

い（83条）。

第7節　権利能力なき社団

1　権利能力なき社団とは

権利能力なき社団とは，法人の実体があるのに，法的評価手続を経ていないために法人格が認められていない団体をいう。たとえば，町内会や同窓会，法人設立途中の団体などである。これらの団体も，社会活動を行っているから，まったく権利能力を認めないとすると問題がある。そこで，解釈上，一定の団体には社団法人の規定を類推適用して，制限つきではあるが法人としての活動を認めようとするのが「権利能力なき社団」の理論である。

判例は，権利能力なき社団というためには「団体としての組織を備え，多数決の原則が行われ，構成員の変更にかかわらず団体そのものが存続し，その組織によって代表の方法，総会の運営，財産の管理等団体としての主要な点が確定しているもの」でなければならないとしている（最判昭和39年10月15日民集18巻8号1671頁）。

権利能力なき社団であれば，民法の社団法人に関する規定が類推適用されることになる。また，NPO法の成立により，多くの権利能力なき社団に法人化の道が開かれたことは注目される。

2　権利能力なき社団と組合

権利能力なき社団と類似したものとして組合（667条以下）がある。そこで，権利能力なき社団に組合の規定が適用ないし準用できるか問題となる。

組合は，構成員の個人的な目的を達成するために契約によって結合した組織であって，構成員の個性が重視される組織であるが，権利能力なき社団は，一般的に構成員の個性が希薄な団体であって，同視することは難しい。そのため，権利能力なき社団に組合の規定を適用ないし準用することはできないと解されている。

3　権利能力なき社団の財産関係

（1）　財産の帰属

権利能力なき社団は，権利能力が認められないから，法律のうえでは，財産

を社団のものとすることができない。したがって，実質的には，社団の財産については，法律上は構成員全員の共同の所有と考えることになる。

共同所有の形態には，①共有，②合有，③総有がある。権利能力なき社団の財産関係は，総有であると解されている（前掲最判昭和39年10月15日）。

① 共有は，共同所有者に具体的な持分があり，その持分をそれぞれが処分する権限がある。たとえば，1つの土地を50対50でAとBが共有しているとすると，A，Bは自分の持分である部分を他人に譲渡することができる。
② 合有は，潜在的な持分はあるが具体的な持分がなく，そのため持分を処分するのに制限がある。しかし，団体から離脱する場合には，その持分部分について返還がなされる。たとえば，民法上の組合契約による財産関係が例である。
③ 総有は，持分が認められず，もちろん処分権もないものである。つまり，財産に対する団体的拘束のいちばん強いものである。

権利能力なき社団の財産関係は，総有とみられるから，この団体の構成員には持分権や処分権が認められない。また，権利能力なき社団の債務も，社団の構成員全員に対する一個の義務として総有的に帰属すると解されている。したがって，権利能力なき社団の財産だけが総有的にその責任財産となり，各構成員は債権者に対して直接に個人的債務や責任を負うわけではない（最判昭和48年11月4日）。

また，原則として権利能力なき社団の代表者の個人的責任も否定される（最判昭和44年11月4日）。

（2） 財産の登記・訴訟能力

現行法のもとでは，権利能力なき社団が不動産を所有する場合，社団名義の登記は認められない。したがって，登記簿に構成員全員の名前を列挙するか，代表者の個人名での登記をするしかない。

これに対して，訴訟の当事者能力は認められている（民事訴訟法29条）。したがって，裁判の原告，被告になることができる。また，権利能力なき社団の財産に対する強制執行も可能である（権利能力なき社団に対する「債務名義」を得ることができるので，これにもとづいて強制執行することができるのである）。

第8節　外国法人

1　外国法人とは

外国法人とは，外国法に準拠して設立された法人であり，日本法に準拠して設立された内国法人に対する用語である。

内国法人と外国法人の区別については，設立準拠法説と住所地説に学説が分かれているが，両学説は結論的に同一となるので，一般に，日本法によって設立され日本に住所を有するものが内国法人であり，そうでないものが外国法人と解されている。

2　外国法人の権利能力

自然人の場合に外国人の権利能力を認めるのと同様の理由から，外国法人にも，つぎのものに権利能力が認められる（36条1項）。

① 　外国および外国の行政区画
② 　外国の商事会社
③ 　外国の非営利法人で法律または条約によって認許されたもの

上記の法人は，日本に成立する同種の法人と同一の権利能力を有する（同条2項）。しかし，外国人が享有できない権利は享有できない（同項但書）。

3　外国法人の登記

（1）　外国法人が日本に事務所を設けた場合には，日本法人に準じて同一内容の登記をしなければならない（49条1項）。事務所を移転する場合も同様に登記をしなければならない（同条2項）。

（2）　登記をしない外国法人には罰則規定がある（84条1号）。また，外国法人がはじめて事務所を設けたときには，登記するまでは，第三者はその法人の成立を否認することができる（49条2項）。

第5章 物

第1節 物の意義

1 権利の客体

　権利の主体（人）が権利に基づいて，その内容たる社会的利益を享受するために対象とするものを「権利の客体」という。たとえば，一定の物を直接排他的に支配することを内容とする物権の客体は物であるが，特定人（債務者）に対して一定の行為を請求することを内容とする債権の客体は特定人の行為（給付）である。このほか，形成権においては特定の法律関係，無体財産権（著作権・工業所有権）においては精神的産物（発明・意匠・著作），相続権においては被相続人の一切の財産的権利義務，人格権においては権利者自身の人格的利益（生命・自由・身体・名誉）が，それぞれ権利の客体である。

　権利の客体は，このように，権利によって異なるのであるが，民法は権利の客体についての一般的規定を置かず，物権（とくに所有権）の客体たる「物」に関する規定だけを置いている。これは，権利の客体が権利の種類に応じて多種多様であって，その通則化が法技術的に困難，かつ必ずしもその必要性もあるとはいえないこと，また，「物」は物権の客体としてだけではなく，土地，建物など特定物の引渡を目的とする債権などのように，間接的には他の権利の客体にも関係することも多く，重要な意味を持っているからであるといわれている。

2 物の意義

　民法は，「本法ニ於テ物トハ有体物ヲ謂フ」と規定する（85条）。ここでは，有体物とは何か。物は有体物に限定されるのか，有体物であればすべて物とされるのかが問題となる。「物」であるためには，有体物であるほかに，支配可能性，非人格性，独立性・単一性が要求される。

(1) 有体性

有体物とは，空間の一部を占める有形的存在であって，固体，液体，気体が，これに当たる（通説）。しかし，電気，熱，光のようなエネルギーなどの無形的存在も，直接排他的支配が可能になり，独立した取引価値を有することから，これらも物に含ませるかは問題がある。判例は，旧刑法時代に，電気が窃盗罪の客体になりうるかについて，その標準は可動性・管理可能性の有無にあり，必ずしも有体物たることを要しない旨を判示した（大判明治36年5月21日刑録9輯874頁）。その後，刑法は電気を「財物」とみなす規定（245条）を設けて立法的に解決している。民法上では，有体物の意味を拡張して，管理可能性または法律上の排他的支配可能性という意義に解する有力説（我妻『新訂民法総則』202頁）が対立している。しかし，いずれの説によっても，結果的には大差がない。たとえば，AがB電力会社との契約なしに勝手に電気を使用した場合，有力説によれば，B会社はAに対し，電気の所有権侵害に基づく損害賠償を請求することができる（709条）のに対して，通説によれば，所有権それ自体ではないが所有権侵害に準じて損害賠償を請求することができると解することになる。

(2) 排他的支配可能性

有体物であっても，支配不可能なものは権利の客体にはなり得ない。したがって，大気・海洋などのように何人も自由に支配し利用できるものや，太陽・星などのようにおよそ人が支配することのできないものは，「物」とはいえない。ただし，大気中の空気を圧搾空気として容器に入れた場合は物となることはもちろん，海洋も行政上の行為によって，その一部を区画して漁業権・公有水面埋立権などの客体となすことができる。

(3) 非人格性

近代法は個人の尊厳を基本とすることから，生きた人の身体またはその一部は物理的に有体物ではあるが「物」とすることはできない。ただし，人体から分離された一部，毛髪・歯・血液などは，公序良俗に反しない限り，「物」として扱われる。また，死体が所有権の客体となりうるかについて，判例は，X家の婿養子であった死亡者Aの子B（家督相続人）がAの実家Y家に対して遺骨の引渡を請求した事案につき，遺骨の所有権は相続人に属するとした（大判

昭和2年5月27日民集6巻307頁)。ただし，この所有権は，埋葬・祭祀・供養など限られた目的のためにのみ認められる特殊な権利である。

(4) 独立性・単一性

物が排他的支配の客体であるためには，独立性のあるものでなければならず，物権法上の一物一権主義との関係で問題となる。形態上一体をなし，その構成部分が個性を失っている単一物（1冊の本・木材など），あるいは，その構成部分に個性はあるが，これらが結合して1個の物を組成する合成物（時計・家屋など）は，1個の物として取り扱われる。倉庫の商品・工場の施設機械一式などのように，物が集合して経済的に一体として取引される集合物は，通常1個の物として認められないが，特別法によって公示方法が与えられた財団（鉄道財団など）や，1つの企業を組成する物の集合は1個の物として取り扱われる。

3　物の種類

民法は，①動産・不動産，②主物・従物，③元物・果実という三種の分類（次節参照）について規定しているが，その他，学説は，④融通物・不融通物（法律上取引の客体となりうるか否かの分類），⑤可分物・不可分物（物の性質または価値を毀損せずに分割できるか否かによる分類），⑥消費物・非消費物（物の用法に従って使用すると再び同一の用途に使用できる物か否かによる分類），⑦代替物・不代替物（一般取引上，物の個性に着目せず同種の他の物で代えることのできる物か否かによる分類），⑧特定物・不特定物（具体的取引において，当事者が物の個性を重視して定めたか否かによる分類）などに分類している。とくに，④以下の五種の区別は，厳密には物の区別ではないが，その区別の実益は債権法の領域で意味をもつ。

第2節　不動産と動産

民法は，物について，土地およびその定着物である不動産とそれ以外の物である動産とに区別している（86条）。

両者の法的取扱いを区別する理由としては，かつては，①不動産が動産に比較して経済的価値が高く，その権利の得喪について慎重な取扱いをすべきものとされた沿革的理由と，②不動産と動産との自然的性質の相違から法律上の取

扱いも異ならざるをえないという法技術的な理由があげられていた。しかし，前者については，今日の財産構成の変化や経済的事情のもとでは，ほとんどその意味を失いつつあると言われている（なお，12条1項3号になごりが見られる）。したがって，今日なお重要な区別の実益は後者にあり，物権変動の対抗要件（登記と引渡という公示方法）の相違（177条・178条・352条），即時取得の適用の有無（192条），用益物権と抵当権設定の可否（369条），裁判管轄規定の有無（民訴5条12号）などに現われている。

1 不 動 産

不動産とは，土地およびその定着物である（86条1項）。

（1） 土 地

土地とは，人が支配できる地球の一部分であって，土地登記簿に一筆の土地として記載された一定範囲の地表と，その利用に相当な範囲での上下を包含する立体的存在である（207条）。最近では，空中，地下の立体的利用ということから，ビルの空中連絡通路やモノレールなどの空中権，地下街のような地下利用権など地表とは別の独立した権利を認めている（269条ノ2）。

地中の未採掘の鉱物は，元来，土地の構成部分ではあるが，鉱業法の適用を受ける鉱物（金・銀・銅・石炭・石油・石灰石など）の採掘取得権が国家に留保されていて（鉱業法2条・3条），土地所有権の内容には含まれない。

なお，一物一権主義からすれば，分筆の手続によって別の物にしない限り，一筆の土地の一部は独立した物権の客体とはなりえないはずであるが，判例は，分筆前に一筆の土地の一部の所有権が時効取得されうること（大(連)判大正13年10月7日民集3巻509頁「孫左衛門塚事件」），売買契約によって一筆の土地の一部の所有権が買主に移転することを認めている（大(連)判大正13年10月7日民集3巻476頁，最判昭和30年6月14日民集9巻7号919頁）。ただし，いずれの場合も，結局は分筆手続により当該部分を独立の物としない限り所有権移転登記をなしえず，第三者に対抗できない（177条参照）。

（2） 土地の定着物

土地の定着物とは，社会観念上継続的に土地に固定的に付着し，土地とは別個独立の存在として観念される物である。建物は，その典型的なものであるが，その他，植栽された樹木，石垣，溝渠，踏石などがある。建設用足場，仮小屋，

石灯籠，および仮植中の樹木（大判大正10年8月10日民録27輯1480頁）などは，容易に動かすことができ，継続的に土地に付着して使用されるものではないから，定着物とはいえない。機械は，大規模な基礎工事によって土地・建物に固着されたときは定着物となる（大判明治35年1月27日民録8輯77頁）。定着物はすべて不動産であるが，石垣，溝渠，踏石のように，土地の一部として土地の権利変動に従うもの（従属定着物）と，建物のように，土地とは別個独立した物として扱われるものがある（独立定着物）。

　（a）建物　建物とは，地上または地下に設けられた土地の定着物であり，常に土地から独立した不動産である。登記制度も土地とは別に設けられている（388条，不動産登記法14条）。この点，土地のみが不動産であり，「地上物は土地に属する」という原則が確立している欧米の法制度とは異なるところである（ドイツ民法94条以下，フランス民法517条以下参照）。

　建築中の建物がいかなる段階から独立の不動産となるかが問題となる。判例によれば，その建物の目的からみて使用に適当な構造部分を具備する程度に達すれば，完成前でも建物として登記することができ，住宅用でないものについては，屋根および囲壁ができれば，床や天井ができていなくても建物とみることができるとしている（大判昭和10年10月1日民集14巻1671頁）。

　なお，建物についてもその個数が問題となるが，土地（登記簿の記載による）と異なり，もっぱら社会観念によって決まる。通常，1棟の建物が法律上1個の建物であるが，風呂場や便所が母屋と別棟になっている住宅のように，数棟の建物が法律上1個の建物とされたり，また，1棟の建物が構造上独立して使用できる数個の専有部分に分かれている場合には，それぞれの部分が1個の建物として独立の所有権の客体となる（建物区分所有法1条）。

　（b）立木　一筆の土地またはその土地の一部に生立する樹木の集団は，立木法によって登記したものは，独立した不動産とみなされる（立木2条）。また，判例は，それ以外の樹木の集団や個々の樹木も，立札等の明認方法を施すことによって独立の不動産として第三者に対抗できるとしている（大判大正10年4月14日民録27輯732頁）。

2　動　産

（1）不動産以外の物はすべて動産である（86条2項）。

なお，船舶，自動車などのように，本来は動産でありながら，法律上は不動産に準じて扱われる（対抗要件・抵当権の設定など）物もある（商686条以下，自動車抵当法3条・5条）。また金銭は，その存在形態（貨幣・紙幣）において一種の動産であるが（コレクションの対象としての貨幣・紙幣は別として）物としての個性を有せず，純然たる価値の表示そのものであるから，一般の動産とは法律上異なった取扱いがなされる（178条［動産物権の対抗要件＝引渡］・192条［即時取得］などの適用がない）。

（2）　債権は観念上は物ではないが，無記名債権は動産とみなされる（86条2項）。無記名債権とは，債権者を表示せずに権利が証券に化体されている債権であり，商品券・乗車券・劇場観覧権・無記名公債などである。債権が証券と密接に結合して証券が債権そのものであることを示すため，動産に関する規定をこれに適用する。したがって，債権の行使，譲渡においては，証券の引渡をもって対抗要件とし（178条），即時取得（192条）の適用も受ける。しかし，手形・小切手などの有価証券は，たとえ無記名であっても，特別法（手形法・小切手法など）の適用があり，無記名債権を動産とみなす民法86条3項の規定は実際には機能しているとはいえない。

第3節　主物と従物

独立した個々の物の処分は，それぞれ別個独立になされるのが原則である。しかし，2個の物が，独立の存在を保持しつつも，これらの物の間に客観的・経済的な主従の結合関係にあるときは，第三者の権利を害しない範囲で，従物を主物の法律的運命に従わせるというのが主物・従物の制度である（87条）。そうすることが，その物の社会的経済的効果を十分に発揮するゆえんである。母屋と物置，建物と畳・建具，時計と鎖・ベルトなどに，その関係が認められる。たとえば，主物とされる物について売買契約が締結された場合に，その目的物の範囲がどこまでかといった形で問題となる。

1　従物の要件

ある物が従物であるためには，つぎの要件が必要である。

①　主物と従物がともに独立した物であること。物の構成部分は従物ではな

② 社会観念上継続的に，従物が主物の経済的効用を助ける関係にあること。
③ 主物と従物との間に密接な場所的関係にあること。
④ 主物と従物とが同一の所有者に属すること。ただし，主物の所有者が自ら従物を付属させたことは要せず，たとえば，借家人が付属させた畳・建具を家主が買い取った場合でもよい。

また，主物・従物ともに，これらの要件を具備する限りにおいて，動産，不動産たるとを問わない。判例は，家屋に抵当権を設定した債務者が，後に茶の間を増築した事案につき，その増築した茶の間は，もとの建物の従物であると解している（大決大正10年7月8日民録27輯1313頁）。

2 効 果――従物の随伴性

当事者に別段の意思表示がない限り，従物は主物の処分に従う（87条2項）。従物はそれ自体独立した物であるから，いうまでもなく当事者の意思で従物だけを処分することはできる。しかし，特約がない限りにおいて，①家屋（主物）を売却したときは畳・建具（従物）をも売ったことになり，②宅地（主物）に抵当権を設定した場合，その抵当権の効力は，設定当時その宅地上にあった石灯籠（従物）にも及ぶ（最判昭和44年3月28日民集23巻3号699頁）。これを「従物の随伴性」という。

なお，この民法87条は物に関する規定であるが，主物・従物の関係が権利の間にみられるときにも類推適用され，建物が譲渡された場合は，建物所有権とともに敷地の借地権の譲渡を伴う（最判昭和40年5月4日民集19巻811頁）。

第4節 元物と果実

物から収益を生ずる場合に，その元となる物を「元物」と言い，収益を「果実」という。本来，収益（果実）は収益権者に帰属するものであるが，その種類や経済的利益の違い，収益権の移転などによって，果実の分配をめぐって法的問題が生ずる。民法は，天然果実と法定果実を区別し，その違いに応じて，帰属と分配の原則を定めている。

1 天然果実

(1) 意　義

　天然果実とは，元物の経済的用方（目的）に従って自然的に収取される産出物をいう（88条1項）。たとえば，果樹の実，鶏卵，羊毛，牛乳などである。しかし，盆栽の実，カナリヤの卵などは天然果実ではない。これらは，観賞用であって経済的用方に従った産出物とはいえないからである。なお，鉱区から採掘された鉱物は，その採掘によって元物たる土地がただちに消耗するとは考えられず，経済的にも元物の収益と認められることから，天然果実と解される。

(2) 果実の帰属

　天然果実は，元物より分離する時にこれを収取する権利者に帰属する（89条1項）。すなわち，天然果実は元物からの分離によって独立の物となり，その時に収取権を有する者に帰属する。果実の収取権者は，物権法の規定または契約によって決まるが，元物の所有者（206条），善意の占有者（189条1項），地上権者（265条），永小作権者（270条），賃借権者（601条），不動産質権者（356条）などである。

(3) 未分離の天然果実

　元物から未だ分離していない天然果実を未分離の果実というが，元物の一部であって独立の物ではない。しかし，成熟期にある天然果実（蜜柑・桑葉・葉煙草など）が未分離のまま，元物から独立して取引の客体とされる場合がある。判例は，未分離の果実を独立の物として認め，未分離の果実の取得者は明認方法を施すことにより，果実の所有権の取得を第三者に対抗できるとしている（大判大正5年9月20日民録22輯1440頁「雲州蜜柑事件」）。

2 法定果実

(1) 意　義

　法定果実とは，元物の使用の対価として収受される金銭その他の物をいう（88条2項）。たとえば，地代，家賃，賃料，利息などである。権利金，礼金などは法定果実ではない。

(2) 法定果実の帰属

　法定果実はこれを収取する権利の存続期間に従い，日割りをもって新旧両収取権者間で分配される（89条2項）。たとえば，A所有の貸家が月の10日に，

Bに売却された場合，それぞれAに前10日分，Bに後の20日分が分属する。ただしこの規定は，果実収取権の帰属自体を定めたものではなく新旧収取権者間の内部関係を定めたものであり，賃借人との関係では，家賃支払日に所有者だった者（収取権者）が1カ月分の家賃全額を請求する権利をもつと解されている。

第6章 法律行為

第1節 法律行為の意義

1 権利の変動と法律行為

　われわれの社会生活関係にあって，法律によって規律されている部分は，その社会生活関係を法的に評価され，これに一定の権利・義務を付与するという関係としてあらわれる。これを「法律関係」といい，ある原因に基づいてある一定の効果が生ずる因果関係であり，法的にその原因となるものを「法律要件」といい，その結果を「法律効果」という。

　たとえば，Aが所有する土地をBに売却することについて，Aの「この土地を売りましょう」という申込の意思とBの「買いましょう」という承諾の意思の合致によって売買契約が成立すると，売主Aは買主Bに対して，土地の代金の支払を求める支払請求権と，土地の引渡義務および土地所有権を手に入れたことを第三者にも主張できるための登記に協力する義務が生ずる。これに対して，買主Bについては，売主Aに対する代金の支払義務および土地の引渡請求権・登記請求権が生ずる。このような土地の売買契約は法律要件であり，それによってA・Bに生じた権利および義務は法律効果ということになる。なお，この法律効果は，Aにおいて土地の所有権を喪失し，Bがその権利を取得することになり，権利という観点からこれを権利の発生・消滅・変更と表現されるし，また権利主体からみて「権利の得喪変更」と表現されることになる。そして，法律関係を権利本位に構成する近代法においては，これを総称して「権利の変動」という。

　権利変動の原因となるのは法律要件であるが，この法律要件を構成する要素は，いろいろな法的評価を受ける事実であり，この事実を「法律事実」という。法律事実は，人の精神作用たる意思に基づく「行為」と，人の精神作用とは直

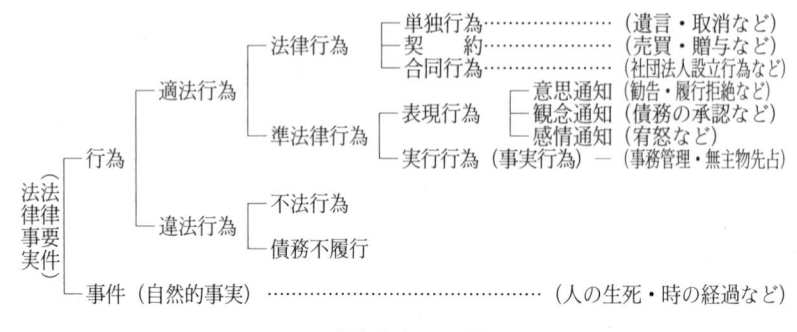

```
                            ┌─ 単独行為 ……………… （遺言・取消など）
                ┌─ 法律行為 ─┼─ 契　　約 ……………… （売買・贈与など）
                │           └─ 合同行為 ……………… （社団法人設立行為など）
       ┌─ 適法行為 ─┤           ┌─ 表現行為 ─┬─ 意思通知（勧告・履行拒絶など）
       │         │           │           ├─ 観念通知（債務の承認など）
(法律事実)┤         └─ 準法律行為 ┤           └─ 感情通知（宥恕など）
法律要件 │                     └─ 実行行為（事実行為）── （事務管理・無主物先占）
       │
       ├─ 違法行為 ─┬─ 不法行為
       │         └─ 債務不履行
       └─ 事件（自然的事実）……………………………………… （人の生死・時の経過など）
```

法律事実の分類

接の関係がない「事件」（人の生死などの自然的事実）とに大別される（表：[法律事実の分類]を参照）。「行為」は適法行為と違法行為に分類され、「適法行為」は意思表示を要素とし、意思表示によって示される効果意思（表意者の真意）に相応する法律効果を生じさせる「法律行為」と、とくに法律効果を生じさせようとする意思を必要としない行為である「準法律行為」（したがって、準法律行為の効果は行為者の意思内容とは関係なく、法律の規定によって直接に付与される）がある。準法律行為には、たとえば、催告（153条）は意思を含んだ行為であるが弁済の請求という表示されたことと暫定的な時効の中断という異なる効果が生じる点で意思表示と異なる「意思通知」や、債務を負っているという事実を通知するだけで時効中断の法的効果が生ずる承認（147条）などの「観念通知」などを含む。これに対して、「違法行為」には、交通事故や公害のような「不法行為」と売買契約などの違反たる「債務不履行」とがある。このうち、交通事故のように損害賠償請求権を発生させる不法行為や相続権を発生させる人の死亡という事件なども法律事実（法律要件）としての重要な意味をもつが、今日、近代的取引社会において最も重要な意味をもつものは、前述した契約を典型とし、意思表示を要素とする法律行為であることはいうまでもない。また、この権利変動の原因たる法律要件は、たとえば、遺言や追認などのように1個（単独）の法律事実（意思表示）によって構成されている場合と、契約や社団法人の設立などのように数個の法律事実（意思表示）の複合によって構成されている場合がある（法律行為の種類については、第2節で説明する）。

さらに，意思表示以外の法律事実（物の引渡など）を要する場合もある。

2　法律行為自由の原則とその修正

（1）　法律行為自由の原則

　近代市民社会は封建的身分社会を克服し，その社会生活関係を個人の自由な意思に基づく活動によって形成されることを特色とする。もちろん個人意思によって社会生活関係の形成がなされることは，近代以前においても認められなかったわけではないが，重要なことは身分や伝統によって決定されていた。これに対して，近代市民社会では個人意思による決定に基本的優位を認めたわけである（「身分から契約へ」の標語で表現される）。したがって近代市民法は，すべての個人が自己の意思と責任に基づいて自由に社会生活関係を形成し規律すること，すなわち，個人を拘束し権利義務を成り立たせるものはそれぞれの意思であり，国家といえどもみだりに干渉すべきでないとする一般原則を認めた。そのことは，当事者の意思活動の無限の広がりを持たせ，かつ社会生活の多様化に対応し，経済の自由競争を促進させた。これを「私的自治の原則」という。

　法律行為制度は，この私的自治の原則を具体的に実現するための法律上の手段であることから，私的法律関係を形成する法律行為においても，個人の自由な意思に基づくべきであるとする「法律行為自由の原則」を要請する。また，この原則は，今日の社会生活において，法律行為の多くを占める契約が重要な役割を果たしていることから，「契約自由の原則」ともいう。

　契約自由の原則は，その具体的内容として，契約をするかしないかの自由（契約締結の自由），誰と契約をするかの自由（相手方選択の自由），どのような内容の契約をするかの自由（契約内容決定の自由），およびどのような方式で契約をするかの自由（方式の自由）などを意味する。

（2）　法律行為自由の原則の制限と修正

　法律行為制度が，社会生活関係の合理的実現を図る法的手段たることからみて，私的自治・法律行為自由の原則の精神は，当事者の恣意的・無制限的優越を意味するものではない。法律行為自由の原則が真にその目的を実現するためには，取引社会一般の秩序ないし相手方保護の観点もまた必要である。そこでは，当事者が相互に相手方を信頼し，信義誠実なること，すなわち，「信義誠実の原則（信義則）」が要請される。それは，現象的に法律行為の自由を抑制

的に機能するために，法律行為自由の原則の修正と解することもできなくはないが，むしろ法律行為自由の原則に内在する原理である。

しかしまた，この原則は資本主義経済を高度に発展させるとともに，独占資本の弊害を生み，経済的強者と経済的弱者との間に必然的不平等を生み出す結果となった。そこでは，個人の意思による自律だけでは社会生活関係を合理的に規律できなくなり，経済的不平等や社会的不公平，あるいは独占的企業による大量・画一的取引や契約締結の強制が出現した。そのため，経済的弱者保護の立場や公序良俗の観念からの強行法規の拡充，あるいは電気・ガス・水道などの供給契約，保険契約などにみられる「附合契約」において，法律行為の自由に対する制限が強化されている。また，独占的な行為を禁ずる経済法領域，本質的非対等性からくる不当な雇用関係を法律をもって是正する労働法・社会法領域においては，形式的自由平等から実質的自由平等の実現に向けた法律行為自由の原則の修正，もしくはそのメカニズムに頼ることを断念して，国家は直接その形成に介入する方法をとるに至っている。これらの問題の詳細については，債権法とくに契約法において考察することになる。

第2節　法律行為の種類

法律行為とは，すでに述べたとおり，一定の法律効果の発生を目的とする意思表示を要素とする適法行為であって，最も重要な法律要件である。そして，それを構成する意思表示の数およびその態様，それから生ずる効果などを標準として分類することができる。

1　単独行為・契約・合同行為

これは，法律行為の要素たる意思表示の数ないし意思表示のあり方による分類で，最も基本的な区別である。

（1）「単独行為」は，当事者一人の1個の意思表示だけで成立する法律行為であり，一方的法律行為ともいう。財団法人の設立行為＝寄付行為（39条），遺言（960条以下）など相手方のない場合と，法律行為の取消（123条），債務免除（519条），契約の解除（540条1項）などのように相手方のある場合がある。相手方のある単独行為でも，相手方の承諾を必要としない一方的法律行為であ

るので，当事者間にそれを是認させるに足る法律関係が存在している場合を除いて，原則として法律に規定ある場合にのみ認められる。

（2）「契約」は，相対立する2個以上の意思表示の合致によって成立する法律行為であり，双方行為ともいう。たとえば，AがB所有の家屋を3000万円で買うというように，売主Bが買主Aに家屋の所有権を移転し，その対価として買主Aが代金3000万円を支払う契約である売買（555条）は，申込と承諾の意思表示のなかで，Aは良い家屋を安く買いたい，Bはより高い値段で売りたいという当事者の利害が相対立して表示され，それが合致したときに契約という法律行為となる。贈与（549条）や賃貸借（601条）などもこれに属する。両当事者の合意で行われるものであるから，自由が認められる余地も大きい。最も重要かつ一般的な法律行為である。

（3）「合同行為」は，方向を同じくする同一内容・同一意義を有する2個以上の意思表示の合致によって成立する法律行為である。社団法人の設立行為（37条）のように，団体の設立という同一目的に協力して向けられている点で契約と異なった特色をもつ。合同行為の観念は，今日，判例・学説上広く認められているものの，それを法律行為の第三の類型として把握する積極的な実益に乏しいとの批判的な指摘もある。

2　債権行為・物権行為・準物権行為

これは，法律行為によって発生する効果の性質による分類である。

（1）「債権行為」は，売買契約や賃貸借契約のように，債権債務関係の発生を目的とする法律行為であって，債務者の履行によってはじめて債権の目的を実現できるものである。

（2）「物権行為」は，所有権の移転，地上権（265条）・抵当権（369条）の設定行為のように，物権の変動を直接目的とする行為であって，履行を必要とせず，直ちに目的が実現されるものである。

（3）物権以外の財産権について，履行を必要とせず直ちに権利変動を生じさせる法律行為もあり，「準物権行為」と呼ばれている。たとえば，AがBに対して持つ10万円の貸金債権をCに譲渡する債権譲渡（466条）や，AがBに対する10万円の貸金につき，1カ月以内に8万円を支払えば残りの2万円は免除するなどの意思表示である債務免除（519条），著作権・特許権などの無体財

産権の譲渡などがそれである。

3 要式行為・不要式行為

これは、法律行為の要素たる意思表示の形式による分類であり、一定の形式（様式）に従ってなされることがその法律行為の成立要件とされているか否かによる区別である。

「要式行為」とは、意思表示が書面その他一定の形式を備えていることを必要とするものをいい、何らの方式を必要としない法律行為を「不要式行為」という。民法は、方式の自由を原則とし、不要式行為をもって法律行為の原則的なものとしている。しかし、とくに当事者の意思表示が慎重かつ明確たらしめるため、あるいは権利の範囲を明確にして、その取引が簡易・迅速ならしめるための理由から要式行為とされているものもある。婚姻（739条）、遺言（960条）、定款の作成（37条）、寄附行為（39条）、手形行為（手形1条、小切手1条）などがそれである。なお、建設工事請負契約（建設業19条）、割賦販売契約（割賦販売4条）、小作契約（農地25条）、労働協約（労組14条）などに書面の作成・交付が要請されているが、弱者保護の立場から、契約内容を明確にして紛争を防止する趣旨であり、要式行為とは解されていない。

4 有因行為・無因行為

これは、財産的給付行為がなされる場合、その原因行為との関係において、法律上不可分の関係にあるものとするか否かによる分類である。

給付行為がその原因と法律上不可分の関係にあるものとして意味付けられている行為を「有因行為」といい、原因行為が無効であれば、その結果としてなされる給付行為もまた無効となる。売買その他一般の行為は有因行為であり、売買契約が無効である場合は、それに基づいてなされた物権行為も無効となる。

これに対し、「無因行為」は、原因行為が無効であっても、その結果としての給付行為には直接影響を及ぼすことなく無効とならない。無因行為は、手形行為などのように、一定の政策的配慮から当該法律行為による権利変動をそれまでの権利義務関係から切り離してして確定させるために法律によって認められるものである。

5 有償行為・無償行為

これは、財産の給付が対価を伴ってなされるか否かによる分類である。「有

償行為」は，売買，賃貸借，請負（632条）など，契約の当事者が相互に対価的関係に立つ法律行為である。これに対し，「無償行為」は，贈与（549条），使用貸借（593条）などのように対価関係にない法律行為である。資本主義経済社会にあっては，有償契約が重要であり，一般的である。

6 生前行為・死後行為

これは，法律行為の効力の発生時期による分類である。遺言（960条以下）や死因贈与（554条）のように行為者の死亡によってはじめて効力が発生する法律行為を「死後行為」といい，その他の法律行為を「生前行為」という。死後行為は，行為者の死亡後にその効力が問題になることから，法律行為の存在や内容を明確にしておくことが要請される（967条参照）。

第3節　法律行為の解釈

1　法律行為の解釈の意義

法律行為の解釈とは，法律行為の目的・内容を明確にすることである（当事者の法律行為によって意欲される権利義務の発生は，法律行為の要素たる意思表示によるものであるから，法律行為の解釈はその意思表示の解釈でもある）。われわれが法律行為，たとえば契約を締結する場合に，その内容が不明瞭であったり，不完全であることが以外と多いものである。法律は，人が法律行為によって意欲された効果の実現に助力するものである以上，法律行為が何を目的とし，どのようなことを内容としているのか明確でなければならない。たとえば，Aが所有する家屋にBを住まわせることを約束して取り交わされた契約書に，単に「AはBにこの家屋を引渡す」とだけ書いている場合には，その契約が売買契約か贈与契約か，あるいは賃貸借契約かが考えられ，その引渡し義務がいずれの契約に基づくものかによって，その義務の法的性格を異にする。もし，この家屋に登記した賃借権が付いていたり，雨漏りがあるなどの欠陥があった場合，売主Aは原則としてBからの契約解除，損害賠償，代金減額請求に応ずるなどの瑕疵担保責任を負うが（570条・572条参照），Aが贈与したものであるときは原則的にその責任を負わない（551条1項），というように法的対応の差が大きい。そこで，まず売買契約か贈与契約かを確定する作業が必要であり，これを

法律行為の解釈という。法律行為（とくに契約）の解釈においては，表意者の真意，すなわち外部に表示されていない内心の意思それ自体の探求ではなく，表示行為の社会的に有する意味を明らかにすることに重点を置くべきであると解されている。

法律行為の解釈には，表示行為それ自体から法律行為の意味・内容を確定する，いわゆる狭義の解釈作業のほか，後に例示するように，表示行為の不完全さを取引界の慣習や種々の資料によってなす補充（補充的解釈），および当事者の表示のままに法律効果を認めることが著しく不当な場合に，解釈の名の下に言葉の意味を合理的に修正する解釈作業（修正的解釈）が含まれている。

2 法律行為の解釈の基準

法律行為の解釈にあたっての一般的基準については，外国の立法例にはその一般的基準を規定するものもあるが（ドイツ民法133条・157条，スイス債務法18条，フランス民法1156条〜1164条など），わが現行民法は慣習に関する92条のほか一般的基準を規定していない。しかし，判例・通説は諸外国の立法例同様，一般的基準として，①当事者の意図する目的，②慣習（事実たる慣習），③任意法規，④条理（信義誠実の原則）などを考慮することを認めている。

（1） 当事者の意図する目的

法律行為の解釈は，当事者がその法律行為によっていかなる経済的・社会的目的を実現しようとしたかを明確にし，形式的文言に必ずしも捉われることなく，当該法律行為の全内容をその目的に統一的に適合するようになすべきである。判例もまた，AとBが当事者として署名捺印した共有持分・共有物分割に関する協定書の効力を争った事案につき，一般論を述べ，有効か無効かいずれにも解することのできる約款は，「特別ノ事情ナキ限リハ之ヲ何等ノ効果ヲ生セシメサル意義ニ解スルヨリ寧ロ或ル効果ヲ生セシムヘキ意義ニ解スヘキモノトス……吾人カ法律上ノ効果ヲ生セシムヘキ意思ヲ以テ契約ヲ為シタル以上ハ何等ニ効果ヲ生セラシメサルコトヲ欲シテ之ヲ為シタルモノハ吾人ノ実験法則上推測スヘキモノニ非サレハナリ」として有効に解することが当事者の意図にそうものであるとしている（大判大正3年11月20日民録20輯954頁）。

（2） 慣習（事実たる慣習）

法律行為の意味内容が明らかでないときに，解釈の重要な手掛りを与えてく

れるのが，当該行為に関連する慣習の存在である。民法92条は，「公ノ秩序ニ関セサル規定ニ異ナリタル慣習」が存在する場合に，「法律行為ノ当事者カ之ニ依ル意思ヲ有セルモノト認ムヘキトキ」はその慣習に従うと規定している。社会一般や特定の地域，あるいは当事者が帰属する階層・職業において，それぞれ法律行為に使用される用語や内容について共通する慣習があり，当事者がそれに基づいて法律行為をしていると認められる場合には，慣習がその法律行為の解釈の基準とされる。これを「事実たる慣習」という。

　本条を厳格に解すると，当事者がその慣習による意思を有するものと認められない限り，慣習は法律行為解釈の基準とならないことになるが，それでは慣習の性格に矛盾すること，また92条と91条とが重複してしまうことから，当事者がとくに慣習に従わない旨の意思表示がある場合や慣習が当事者の属する取引社会に普遍性をもたない場合を除いて，当事者が慣習の存在を知らない場合でも，それによるべきであると解されている。

　判例は，仙台の買主Xが新潟の売主Yから，大豆粕を購入する契約をなしたが，その時の約定は「塩釜レール入」という商慣習にもとづいていた。この商慣習の意味は，売主がまず目的物の積み出しを行ったうえで，代金は塩釜駅到着後にはじめて請求できるというものである。ところがYが履行期を過ぎてもこの商慣習どおりに履行しないので，Xは履行を催告した上で契約を解除し，債務不履行に基づく損害賠償を請求した事案で，この契約書中の「塩釜レール入」の意味につき，売買目的物が塩釜駅に到着してはじめて代金の支払請求ができる趣旨であることを商慣習を援用して補充的解釈をしつつ，「意思解釈ノ資料タルヘキ事実上ノ慣習存スル場合ニ於テハ法律行為ノ当事者カ其慣習ノ存在ヲ知リナカラ，特ニ反対ノ意思ヲ表示セサルトキハ之ニ依ル意思ヲ有セルモノト推定スル」としている（大判大正10年6月2日民録27輯1038頁「塩釜レール入」事件）。

　なお，民法92条の慣習は，法例2条にいう慣習法との関係がしばしば論じられる。前述のように，92条は任意法規と異なる慣習も法律行為解釈の基準となるのに対し，法例2条は公序良俗に反しない慣習のうち「法令ノ規定ニ依リテ認メタルモノ」と「法令ニ規定ナキ事項」に限り，慣習法たる効力が認められている。従来の判例・通説は，前者を「事実たる慣習」と呼び，後者の法的確

信を伴う「慣習法」と区別していた。そうすると，法的確信をもつに至らない事実たる慣習が法律行為の解釈をとうして実質的に任意法規に優先する結果，法的確信を伴い「法律ト同一ノ効力ヲ有ス」る慣習法に優先するのは矛盾である。そこで，近時においては，①両者は本質的に区別しうるものではなく，ただ慣習がその法源性を発揮するプロセスが，法例2条の場合は直接的であるのに対し，民法92条の場合は間接的である違いにすぎないとの見解や，②前者が制定法一般に対する慣習の補充的効力を認めるのに対し，後者は私的自治の認められる分野に関して慣習が任意法規に優先する地位を認めたものと解する見解などが有力である。

（3）任意法規

任意法規とは，公の秩序に関しない規定で当事者の意思表示（いわゆる特約）によって，その適用を排除できる規定をいい，法令中の公の秩序に関する規定たる強行法規に対応する。民法91条は，法律行為の当事者が任意法規と異なる意思を表示をしたときはその意思に従う，と規定する。すなわち，法律行為は私的自治の実現に助力するものであるから，意思表示の内容が任意法規と異なるときは任意法規は排除されるが，そうでない場合は任意法規は法律行為解釈の基準となる。

なお，任意法規と強行法規の区別は軽視できない。なぜなら，任意法規の目的は私的自治を補充するものであるのに対して，強行法規の目的は私的自治の限界を示すものだからである。一般的には，法律行為の当事者の利害調整に関する規定（債権法の多くの諸規定）などは任意法規，社会的・経済的秩序の根幹に関わる規定や社会的・経済的弱者の利益に関する規定（物権法，親族・相続法，借地借家法など）などの多くは強行法規とされるが，結局，両者の区別はそれぞれの規定の立法趣旨から，個人意思によって排除していいか否かを判断して決するしかない（第4節3(1)参照）。

任意法規は，その解釈的作用のあり方を標準として補充規定と解釈規定に分類される。①法律行為における意思表示の内容が不十分でる場合に，これを補充する作用をもつものを「補充規定」という（たとえば，38条・272条・370条・417条・755条など，一般に民法が「別段ノ定ナキ限リ」などの文言を用いる場合はこれにあたる。その他560条など）。また，②意思表示の内容が不明瞭な場合に，

一定の意味の解釈を与えるものを「解釈規定」という（たとえば，420条3項・573条・762条2項など民法がある一定の意味に「……推定ス」という文言を用いて示すことが多いが，557条など常ではない）。しかしながら，本来，補充規定と解釈規定は相応じて法律行為の内容を完全，明確にすることにあるから，両者の区別は実際的にも，また理論的にもその実益は少ない。

（4）　条理（信義誠実の原則）

条理もまた法律行為解釈の最後の基準となる。民法は，法律行為の目的の実現たる権利の行使・義務の履行について信義誠実の原則（信義則）を規定している（1条2項）のは，その法的表現である。判例もまた，信義誠実の原則は「ひとり権利の行使，義務の履行についてのみならず，当事者のした契約の趣旨を解釈するにもその基準となる」としている（最判昭和32年7月5日民集11巻7号1192頁）。

たとえば，A・B間になされたアパートの賃貸借契約の際に，強い立場にある家主Bによって準備された市販の契約書を用いたが，その中に借主Aにとってきわめて不利な条項，「家賃が1回でも滞納したときは，理由を問わず直ちに契約を解除できる」という条項があったとしても，いわゆる「例文」に属し，当事者間において明らかにこれに従う意思のあったことがとくに立証されない限り，信義則上その条項の効力を認めることは相当でないと解されている。これは「例文解釈」といい，法律行為解釈の基準としての信義誠実の原則の適用例である。この考えかた発展させると，あらかじめ定められた「約款」（また，「附合契約」の問題と関連）にしたがって契約をせざるをえない場合について，その約款の拘束力を問題にする議論につながることになる（後に，債権法の領域で述べる）。

第4節　法律行為の目的に関する有効要件

法律行為の目的とは，当事者がこれによって実現しようとする法律効果の総体であり，法律行為の内容ともいう。法律行為は，当事者がある一定の法律効果の発生を欲する意思表示に，法がその実現を是認し助力する制度であるから，法律行為の目的自体，法によって承認・保護されるにふさわしいものでなけれ

ばならない。したがって，法律行為の目的につき，その一般的有効要件として，①確定または確定しうるものであること（目的の確定性），②実現可能なものであること（目的の実現可能性），③強行法規に反しないものであること（目的の適法性），④公序良俗に反しないものであること（目的の社会的妥当性），という要件が要請される。これらの要件を欠く法律行為は無効となる。以下，これらについて考察する。

1 目的の確定性

法律行為の目的（内容）が確定し，もしくは確定しうるものでなければならない。法律行為の目的が不明瞭な場合，たとえば，BのボーイフレンドAが今度のBの誕生日に「何かを買ってやろう」という約束をなした場合，前述のように，これを明確にするために「法律行為の解釈」という作業がなされるが（第3節を参照），その約束がAのBに対する贈与契約と解することができたとしても，何を贈与する契約かあまりにも漠然的で，その合理的解釈によっても，贈与契約の目的物について，当事者の意図が不明瞭すぎて確定できない法律行為には，法も助力のしようなく無効である。ただし，その目的は必ずしも当初から確定していることまでは必要とせず，将来確定できるものであればよい。たとえば，BがAに誕生日のプレゼントとして「指輪かネックレスのいずれかを買ってやろう」という契約は，少なくとも，Aの誕生日にAまたはBによる選択によって，贈与の目的物も確定できるものであるから（選択債権・406条以下），有効な法律行為である。

2 目的の実現可能性

法律行為は，実現可能な内容を目的としなければならない。実現が不可能なことがらを内容とする法律行為は，法が助力して強制実現できないばかりか，義務者の任意の実現によっても権利者がその結果を享受することさえ不可能であるから，無効である（たとえば，染料を製造できない技術に関する権利の譲渡契約につき，大判大正8年11月19日民録25輯2172頁）。このことを明記する立法例もある（ドイツ民法306条など）。わが民法に明文規定はないが，条件に関する諸規定はこのことを前提としている（131条・133条1項）。

（1） 不能の基準

法律行為の目的が実現可能であるか不能であるかの決定は，社会的観念によ

る。目的の不能とは，物理的な不能（事実上の不能）や法律的不能（強行法規に反するために目的の不法性により無効となるもの）のみならず，法的救済の意義・必要性を考慮して社会観念上不能とされるもの（たとえば，湖の深底に沈んだ指輪を探す契約など）を含む。

なお，目的の不能は確定的なものでなければならず，一時的に不能であっても，後に可能となる見込みあるものは，ここでいう不能ではない。

（2） 不能の態様

目的の不能には，どんなものがあるか，そしていかなる場合に無効となるのか。不能の態様によって，法律行為の効果も場合によって異なってくる。

（a） 原始的不能・後発的不能　　不能の時期による区別である。法律行為の成立当初からその目的がすでに不能な場合を「原始的不能」といい，その後に不能となった場合を「後発的不能」という。

たとえば，AがBに対して自分の所有する家屋を譲渡する売買契約をなしたが，その契約が締結される前夜にすでに目的物たる家屋が焼失していた場合は，目的の不能の問題であり，原始的不能として無効となる。また，契約締結後，引渡し前にその家屋が焼失した場合が後発的不能の場合であり，法律行為はいったん有効に成立していることから無効とせず，債務不履行（415条・543条）や危険負担（534条）などの別の問題として処理されるにすぎない。売主Aは，その債務履行が不能となったことが自己の責めに帰すべからざる事由によって生じたことを証明しなければ債務不履行の責めを免れない（最判昭和34年9月17日109民集13巻11号1412頁）。

（b） 一部不能・全部不能　　法律行為の目的の一部が原始的に不能であるか，全部が不能であるかによる区別である。全部不能の場合は，当然に法律行為も全部無効となる。一部不能の場合は，その部分について無効となるが，残余部分については当事者の合理的意思を尊重してできるだけ有効に解すべきであるとする（一部無効の理論）。しかし，一部不能部分が当該法律行為の中核的部分であり，当事者が残余の部分の履行のみでは，当事者がその法律行為をなした目的が達成できないときは，全部を無効と解すべきである。

3　目的の適法性

（1） 法律行為と強行法規

私的自治の原則のもとにおいて、法律行為は当事者の意思に則した効果が認められることを原則とする。しかし、その法律行為が有効なものとして法の助力を受けるためには、当然にその目的が適法なものでなければならない。法律行為の当事者が、「公ノ秩序ニ関セサル規定」（＝任意法規）と異なる意思を表示したときはその意思を優先する旨を規定する民法91条の反対解釈から、公の秩序に関する規定（＝強行法規）に反する当事者の意思表示は無効となる。したがって、ここにいう目的の適法性とは、法律行為の目的が強行法規に反しないことをいい、また、強行法規の禁止している事項は、これを回避する手段を用いて実現すること（脱法行為）も許されないことをも意味する。

　なお、法令中のどの規定が強行法規であるかは、法文上明示されているもの（たとえば借地借家法9条・37条など）を別にすれば、必ずしも明確ではなく、個々の規定についてその趣旨を考察して判断しなければならない。一般的には、物権法・親族法・相続法の多くの規定のように基本的な社会秩序に関する規定、取引社会における動的安全保護に関する規定（109条以下の表見代理や177条の第三者保護の規定など）などが強行法規としての性格を有すると解されている。また、近時、社会法原理の進展にともなって、民法上の任意法規の、特別法による強行法規化がはかられる傾向にあることは注目される（たとえば、賃貸借契約の解約期間に関する民法617条が借地借家法27条・30条では強行法規とされているなど）。

（2）　行政的取締法規違反の行為

　行政上の目的から一定の私法上の取引行為を禁止もしくは制限し、その違反行為に対して刑罰や行政上の不利益を課する規定を取締法規といい、強行法規とも区別される。

　この取締法規のなかには、違反行為の私法上の効力をも否定する「効力法規」（私法上の強行法規性を有する）と、違反行為は罰則の適用は受けるものの行為の私法上の効力は否定されない「単なる取締法規」とがある。両者の区別は、例外的に効力法規たることを明記する場合（割賦販売法4条の3・5条2項・27条2項、農地法3条4項・20条5項）を除いては、それぞれの立法趣旨、違反行為に対する社会的非難性、違反行為を無効とすることの当事者・第三者への影響などを考慮して個別的に判断せざるを得ない。

強行法規違反として無効となるのは，効力法規違反の法律行為だけである。一般的に，禁止事項を目的とする行為は無効とされる。判例は，食品衛生法に違反する有害食品と知ながら製造販売した場合，その売買契約を無効とし，買主の代金支払義務を否定した（最判昭和39年1月23日民集18巻1号37頁「有毒アラレ事件」）。弁護士法72条違反の非弁活動にあたる委任契約（最判昭和38年6月13日民集17巻5号744頁），業者の報酬額を統制する宅建業法46条2項違反の仲介報酬契約（最判昭和45年2月26日民集24巻2号104頁）についても，同様に無効としている。

　他方，一定の営業取引につき行政官庁の許可を要するのに，これを受けないでなした行為は「取締法規」違反行為となるが，その私法上の効力は否定されない。判例は，食品衛生法上の許可を受けていないA食肉業者がBから精肉を仕入れた事案について，Aが同法に違反しているとしても取引自体は有効であり，Aの仕入代金の支払義務は免れないとした（最判昭和35年3月18日民集14巻4号483頁）。無免許の運送業者が締結した運送契約（最判昭和39年10月29日民集18巻8号1823頁）についても同様である。これらの行為が有効とされるのは，当事者が法的に無資格者であるにすぎず，その取引行為自体が違法なものではなく，取引の相手方保護を図るべきであるからである。

（3）　脱法行為の効力

　形式的・直接的には強行法規の禁止に違反しないが，実質的にそれを免れようとする行為を脱法行為という。利息制限法上の制限利率を実質的に超える目的で，礼金，割引金，手数料，調査料などの名目で支払った金銭は利息とみなす，というように，法律が明文をもって脱法行為を禁じている例もあるが（利息制限法3条，農地法23条2項など），多くの場合，明確な一般基準があるわけではなく，それぞれの場合に応じて具体的判断がなされるべきである。

（4）　譲渡担保

　一般に，強行法規の趣旨がある効果を特定の手段によって発生させることを禁止しているにとどまる場合には脱法的行為も必ずしも無効とされない。たとえば，譲渡担保は，債権を担保するために目的物の占有を債権者に移転せず，その所有権を譲渡する方法で行われるが，これが質権に関する強行規定（345条・349条）を回避する結果となり，脱法行為となるかが問題とされた。判例

（大判大正5年9月20日民録22輯1821頁）・学説は早くから，担保制度の不備や取引社会の需要を考慮しつつ，質権とは異なる担保方法であって質権設定に関する立法趣旨を没却するものではないとし，脱法行為性を否定している。

(5) 恩給担保

これに対し，強行法規の趣旨が手段のいかんを問わず一定の効果が生じることを禁止している場合には，脱法行為として無効になると解されている。かつて，旧恩給法11条は恩給請求権を担保に供することを禁止していたが，恩給権者Aが恩給を受領する権限を債権者Bに委任する形で，実質的に恩給を担保に供することが行われていたが，判例は「恩給ヲ受クル権利ヲ譲渡シ又ハ担保ニ供スルコトヲ禁スル法律ノ精神ニ鑑ミ之ヲ無効ノモノト解スル」とし，これを脱法行為として無効とした（大判昭和16年8月26日民集20巻1108頁）。なお，その後「国民金融公庫が行う恩給担保金融に関する法律」により，一定の制限のもとに恩給権を担保に供する途が開かれている（恩給法11条1項但書）。

4 目的の社会的妥当性

(1) 公序良俗の意義

法律行為が法の助力を受けるに値するには，法律行為の目的が法の基本的理念と矛盾することなく，社会的に妥当性をもつものでなければならない。したがって，法律行為の目的が個々の強行法規に反しない場合でも，それが反社会性を帯びるとき，すなわち「公ノ秩序又ハ善良ノ風俗」＝公序良俗に反するときは，その法律行為は無効となる（90条）。「公ノ秩序」とは国家社会の一般的利益をいい，「善良ノ風俗」とは社会の一般的道徳観念をいうが，ともに法の根本理念を表現するものであり，両者合わせて「公序良俗」として行為の社会的妥当性を意味すると解されている。ここに公序良俗に反する法律行為とは，表示された目的それ自体が公序良俗に反する場合だけでなく，相手方に示された条件・動機が公序良俗に反する場合（たとえば，賭博で負けた債務を弁済するためであることを知って金銭を貸与する契約につき，大判昭和13年3月30日民集17巻578頁）を含めて，行為全体の性格が公序良俗に反することをいう。

(2) 公序良俗違反行為の類型

公序良俗（90条）は，強行法規とともに，私的自治＝法律行為自由の原則を限界づけるものであるが，抽象的・包括的な規定（白地規定または一般条項とい

う）をとうして，社会の変化に対応した弾力的な法の運用が期待されているものである。したがって，その具体的な内容の確定については，判例が重要な役割を果たしており，その類型化が法的安定性に寄与すると解されている。判例に現われた具体例を大別・整理されて，以下のような類型化がはかられている。

　（ａ）　**人倫・家族秩序に反する行為**　　一夫一婦制婚姻秩序や性道徳秩序に反する関係の実現を目的とした法律行為や親子・夫婦間の情義に反する法律行為は公序良俗違反として無効である。判例によると，男性Ｙが将来妻Ａと離婚して他の女性Ｘと婚姻するという予約をなし，それにもとづいてＹがＸに対して扶養料を支払う旨の契約（大判大正９年５月28日民録26輯773頁），妾関係の継続とそれを条件として扶養料を与える旨の契約（大判昭和18年３月19日民集22巻185頁），および成年に達した子Ｙが父Ｘと別居するにあたり，離婚した母Ａと同居しないことを約し，違反した場合はＹはＸに対して違約金を支払う旨の父子間の契約（大判明治32年３月25日民録５輯37頁）は公序良俗に反して無効である。

　しかし，不倫関係を断絶することを互いに決意した際に，相手方の精神的苦痛を慰謝する目的でなした金銭贈与契約は，公序良俗に反するものではなく有効とされている（大判昭和12年４月20日法律新聞4133号12頁）。また，近時の判例も，妻子Ｘらと以前から別居している男性Ａが不倫関係にある女性Ｙに対する遺産の３分の１にあたる包括遺贈が，Ｙの生活保全のためであり，妻Y_1や子Y_2の生活の基盤を脅かすものでないときは無効とはならないとしている（最判昭和61年11月20日民集40巻1167頁）。

　（ｂ）　**正義の観念に反する行為**　　犯罪・非行やそれを条件として対価的給付を約するなど不正を助長するような行為は無効である。刑法上脅迫罪となる「村八分」の申合せ（絶交しない者への制裁）が公序良俗に反するとされ（大判昭和３年８月３日刑集７巻533頁），贓物売却の委託契約（大判大正８年11月19日刑録25輯1133頁）や行為自体不法でなくてもそれが対価として金銭を与える契約，たとえば，民事訴訟において真実を証言することに対する金銭支払契約（最判昭和45年４月21日判時593号32頁）も無効である。

　（ｃ）　**個人の自由を極度に制限する行為**　　個人の自由を社会的に妥当な範囲を超えて制限することを内容とする法律行為は，人権を害する結果となる

ことから無効である。

　芸娼妓契約は，この典型的事案である。芸娼妓契約とは，Ａおよびその娘Ｂが酌婦置屋Ｃから借金をする，いわゆる前借金たる金銭消費貸借契約とその返済のためにＢが一定期間芸娼妓としてＣのところで酌婦稼業をする契約と結合したもので，実質的には人身売買的性格をもつものが多かった。芸娼妓を公認する法制下の戦前の判例は，芸娼妓＝酌婦として稼働を強制する部分については公序良俗に反し無効であるが，前借金たる金銭消費貸借契約の部分は必ずしも無効とはならないとする一部無効の法理によってきた（大判大正7年10月12日民録24輯1954頁）。しかし，戦後，16歳の少女Ａの父親Y_1は，Ｘより4万円を借り受け，Y_2がこの債務につき連帯保証をし，弁済方法についてはＡがＸの経営する料理屋で酌婦稼働をし，Ａの報酬金の半分を債務に充当する特約をなし，約束どおり働いたにもかかわらず，報酬金はすべて他の費用の弁済に充当せられて上記債務の弁済には充てられなかった。その後，Ａが逃げ出したので，ＸはＹらに対して上記債務の弁済を請求した事案につき，最高裁は，従来の判例理論を改め，芸娼妓契約の金銭消費貸借契約（前借金）部分は芸娼妓の稼働の対価として稼働契約部分と不可分一体の関係にあって，契約の一部たる稼働契約の無効はひては金銭消費貸借を含む契約全体の無効をきたし，本件のいわゆる消費貸借およびY_2のなした連帯保証契約ともに無効であり，かつ交付済みの前借金は不法原因給付につき，その返還請求も許されないとした（最判昭和30年10月7日民集9巻11号1616頁）。この判決は，売春・人身売買廃絶の時代的背景にそい，個人の尊厳・人権尊重を実現しようとする判例理論の発展をみることができる。

　また，営業の自由・労働の自由のような経済活動の自由を制限する法律行為も，その内容が合理的な限度を超える場合には無効とされる。判例は，使用者と被用者間で退職後に同様の営業を営まないとする約定も，地域や期間が相応に限定されている場合は有効であるが（大判昭和7年10月29日民集11巻1947頁），その合理性を欠くときは無効である（広島高判昭和32年8月28日高民集10巻6号366頁）。

　　（d）暴利行為　　他人の窮迫・軽率・無経験に乗じて不当な利益を得る行為は，暴利行為として無効である。従来，この点で問題とされた代物弁済の

予約について，判例は，借主Ｙが外地からの引き揚げ後，病気療養中の窮迫に乗じて，貸主Ｘは１カ月という極めて短期の弁済期を定め，弁済期に返済できないときは貸金5,000円の６倍にあたるＹ所有の３万1,000円相当の不動産を代物弁済する旨の契約（最判昭和27年11月20日民集６巻10号1015頁），月１割で35万円を１カ月借りるについて，時価300万円の土地建物に代物弁済予約をした場合（最判昭和32年２月15日民集11巻２号286頁）などの事案につき，公序良俗違反として無効とした。しかし，今日，担保手段としての代物弁済は目的物の清算が義務づけられ，かつての丸取りが認められなくなった（最（大）判昭和49年10月23日民集28巻７号1473頁，仮登記担保法３条参照）。

さらに，暴利行為とされる取引行為の類型が多様化し，取引方法や内容が不公正な取引行為も，社会的妥当性を欠き無効とされる。判例は，先物取引についての予備知識のない主婦に対し，投機性があり多分に損失が生じるおそれがあることを十分な説明をせずに安全で有利な取引であることを強調して執拗な勧誘をなし，非公認市場での金地金の先物取引を委託する契約がなされた場合は，著しく不公正な方法によってなされたものであり，公序良俗に反し無効としている（最判昭和61年５月29日判時1196号102頁）。

　（ｅ）　著しく射倖的な行為　　著しく射倖性をおび，社会的に人の労働意欲を阻害し，他方に著しい損害を与える可能性を含む射倖的行為は，公序良俗に反し無効である。宝くじ・競馬・競輪など法律によって許可されている場合は別として，判例は，賭博や富くじに基づく金銭の授受行為はもとより（最判昭和46年４月９日民集25巻３号264頁），賭博で負担した債務を弁済するためであることを知って金銭を貸す契約も公序良俗違反の行為として無効であるとした（大判昭和13年３月30日民集17巻578頁）。なぜならば，賭博行為を助長することになるからである。

　（３）　公序良俗違反行為と不法原因給付

　公序良俗に反する行為は無効である。法律行為が公序良俗違反として無効となることは，それから生じた債務の不履行についても，債権者は履行の強制や損害賠償請求など裁判上の保護を受け得ないことを意味する。

　給付がすでになされている場合はどうなるか。一般の契約無効の場合は，当事者がすでに任意で履行してしまった給付は不当利得として返還請求できる

(703条・704条)。しかし，公序良俗違反の無効行為についてもこのような給付の返還請求を認めることは，公序良俗に違反したる者に法が助力する（不法な行為をなしたる者に法が助力する）ことを意味する。そこで708条は，そのような給付は不法原因給付として返還請求できないものとしている。判例は，前掲の芸娼妓契約と一体化した前借金を不法原因給付にあたるとした（最判昭和30年10月7日民集9巻11号1616頁）ほか，X男がY女に対し，妾関係の継続維持を目的としてX男がY女に贈与した建物を不仲になった後に返還請求した事案につき，妾契約自体は公序良俗違反として無効（90条）であるが，X男がすでにY女になした贈与建物の引渡が不法原因給付（708条）にあたるとしてX男の建物の返還請求は認められないとした（最(大)判昭和45年10月21日民集24巻11号1560頁）。すなわち，民法90条と708条との関係は表裏一体の関係にあるということである。

第7章　意思表示

第1節　意思表示の意義と構造

1　意思表示の意義

　一定の法律上の効果を生じることを意欲して，その意思を他人に表示する行為を意思表示という。意思表示は，一定の法律効果を発生させようとする意思を他人に伝えるために外部に表示する行為である。これは法律行為の要素をなすものである。たとえば，Aは自己が所有する自転車をBに「1万円で売りたい」と申込の意思表示をし，これにBが「その値段で買いたい」と承諾の意思表示をすれば，合意により契約が成立し当事者間に法律上の効果として，Aに自転車の引渡義務と代金請求権，Bに自転車の引渡請求権と代金の支払義務が生じる。このように意思表示は，売買契約の申込と承諾というように2個の意思の合致による場合のほかに，遺言のように単独行為によって一定の効果を意欲する意思の表示もあり，法がこの意思に従って効果を発生させるものである。したがって，意思表示は，一定の効果の発生を意欲してなす意思行為であり，法律行為の中核部分である法律行為の要素をなすものであるが，法律行為そのものではない。すなわち，先の例では，売主Aの申込という意思表示は，買主Bの承諾の意思表示と結合することによって，売買契約という法律行為を成立させるためのものであり，その結合した意思表示を要素とする法律行為の効果として当事者AとBに，それぞれ先で説明した権利と義務が発生することになる。このように意思表示は，法律行為の効果を発生させる重要な要件であるから，法律行為そのものといって良いほど法律行為と意思表示の概念は類似している。

　しかし，われわれの意思行為は，つねに法律上の効果として権利義務を生ずるとは限らない。たとえば，親子の人情や友人間の儀礼による約束は，道徳的

な拘束を生ずることはあっても，私法上の権利・義務を発生させようとする効果意思ではない。意思表示は，法律上の効果を生じるためには，法によって実現されうる効果を意図する効果意思が存在しなければならない。たとえば，判例は，Y男が，カフェー「丸玉」の女給Xの歓心を買うために，Xの将来の独立自活の資金として400円を贈与することを約束したが，Yが履行しないのでXがその支払を求めた事案について，Yは丸玉で比較的短期間（約4ヵ月間）Xと交遊しただけであり，深い縁故があるわけではなく，こういう環境の下でなされたYの右のような約定は「一時の興に乗じ被上告人の歓心を買はんが為め判示の如き相当多額なる金員の供与を諾約することあるも之を以て被上告人に裁判上の請求権を付与する趣旨に出でたるものと即断するは相当ならず」として，履行を強要することができない特殊の債務関係（自然債務）であるとした（大判大正10年4月25日法律新聞3835号5頁・カフェー丸玉事件）。

　意思表示の心裡的過程を分析すると，まず人は一定の効果を欲する意思を決定し（効果意思），つぎにこの意思を外部に発表しようとする意思を持ち（表示意思），最後に右の意思を発表する行為をする（表示行為）。前ページの例でA，B間で自転車の売買契約をするとき，Aの心理過程は，まず，自分の所有する自転車が不要になったので誰かに売りたいと考え（動機。これは意思決定の原因にすぎない），そこで自転車を1万円でBに売ろうと思う（効果意思），つぎに，Bに1万円で売りたいという意思を表示しようと考え（表示意思），最後にBに「自転車を1万円で売りたい」と申込の意思を表示する（表示行為），という順序で行われる。

　すなわち，①効果意思とは，一定の効果を欲する意思であるが，この効果意思は，表意者の内心に存在するものであるから，それ自体を外部から他人が直接知ることは不可能であるから，現実には，意思表示に値する表示行為があれば，効果意思が表意者の内心に存在すると推断されることになる。これを内心的効果意思（真意）ともいう。②表示意思とは，この効果意思を外部に発表しようとする意識である。③表示行為とは，この表示意思に従って効果意思を外部に発表しようとする行為である。表示行為であるためには，直接的，明示的に意思を表示する行為であることは必要なく，取引の観念上効果意思の存在を推断させる行為があればよい。通常は，言語，文字によってなされるが，言語

以外の暗号や手を挙げたりうなずいたりする合図によってもすることができる。また，沈黙も，場合によっては表示行為となることがある。しかし，効果意思の存在を推断させる行為であるか否かは，当事者の主観的判断によってではなく，取引の事情を考慮した上で客観的に判断されることになる。

とくに，黙示の意思に関して，実際に判例において問題になるのは，表意者に効果意思がない場合に，裁判官が具体的諸事情を考慮して，黙示の意思があったとして意思表示の存在を合理化するための技術として用いられる場合がある。たとえば，夫が出稼ぎのために妻子を残して渡米していたが，夫から数年間にわたって送金がなかった妻が生活費として借財をした事案につき，改正前の民法では妻は無能力とされ重要な法律行為をするには夫の許可が必要とされていたが，大審院は，このような事情において，特別の事情がないかぎり「夫ノ許可ハ明示又ハ特定的タル事ヲ要セス黙示又ハ一般的ニ与フルモ有効ナリ……不在中ニ於ケル家事一切並ニ子ノ教養等ニ付キ特別ノ保護者ナク又特ニ明言セサル限リハ之ヲ妻ニ委任セラレ妻カ此等ニ付キ必要ノ行為ヲ為ササル可カラサル場合ニ付キ予メ許可セラレアル者ト看做ササル事一般ナリ」として，夫の黙示の意思表示を認めた（大判大正9年9月1日民集26巻1227頁）。

また，意思表示は，この表示行為によって，一定の効果意思の存在を推断させるのであるから，表示意思については，これを独立の要素としてとくに意義を認めるほどのこともない。完全な意思表示は，効果意思と表示行為とが一致していなければならないことになる。

このように，契約が有効であるためには，これまで述べてきたように，客観的有効要件として契約の確定性，実現可能性，違法性，社会的妥当性といった要件を満たすことが必要である。しかし，法律行為に法律的効果が与えられるためには，当事者の意思がどのようになされたかが問題となる。たとえば，AとBの間で，A所有の自転車をBが買うという売買契約をするとき，Aは自転車を1万円で売りたいと意思表示し（申込みの意思表示），Bは買いましょうと意思表示をする（承諾の意思表示）。両者の意思が合致することによって契約が成立し，当事者間に法律効果として契約内容に従った権利と義務が発生することになる。しかし，この場合に当事者の一方に表示行為に対応する効果意思が存在せず，表示行為と効果意思に食い違いが生じた場合に，契約上の権利・義

務が発生するか問題となる。

したがって,法律行為に法律効果が与えられるためには,意思を重んじるものであることは,近代市民社会においては人はそれぞれ自由・平等であり,人は各人の意思によって拘束されて権利・義務関係を生じさせるという原則に基づいている。このように,意思表示は,法律行為の要素をなすものである。

2 意思主義と表示主義

意思表示の問題は,表意者の効果意思と表示行為とが食い違った場合,そのどちらを尊重するかという問題である。内心の意思は,表示されることによってはじめて相手方に認識され,その意味が社会的に期待されるのである。したがって,法律効果は,意思表示の意味するところに従って発生させなければならないから,その意思表示が何を意味するかを解釈しなければならない。このような場合,内心の意思と表示行為とが異なった場合に,表意者本人の真意である内心の効果意思をできるだけ尊重しようとする立場を「意思主義」といい,本人の内心の意思と異なってもやむをえず,表示行為を信頼した取引の相手方や第三者を保護するために表示行為を尊重しようという立場を「表示主義」という。

民法は,個人の真意の保護の立場から,婚姻や離婚のような身分行為,あるいは遺言のように遺言者の真意を尊重しなければならない場合においては,意思主義的立法を採用し,売買や賃貸借のように取引の安全保護の要請を尊重すべきと考える場合においては,表示主義を原則としている。

3 意思と表示の不一致

通常は,意思と表示は一致しているが,内心の意思は,表示されることによってはじめて認識されて,その意味が社会的に期待されることになるが,それが食い違う場合が生じることがある。たとえば,Aは,BにA所有のパソコンを10万円で売るつもりでいたが誤って契約書に1万円と書いた場合,表意者Aの内心の意思と表示行為とが異なっているので,そのAの意思表示を無効とすべきか,あるいは表示された意思に従って効果を生じさせる(1万円でパソコンを売る)べきか問題となる。この問題は,そのAの表示行為を信頼して契約した相手方Bの保護を考えれば,表示を中心に考えるべきだ(1万円で売る)といえるが,これに対して,法律行為や意思表示の制度は,個人の意思の尊重

を認めて，表意者が欲しない効果を強制することは制度の本旨に反するという考えに従えば，内心の意思を中心に考えるべきだ（Aの錯誤により契約を無効にする）ということになる。

わが民法は，93条以下の規定は，意思と表示が一致しない場合の取扱いを規定しているが，原則として「意思」を中心に考えつつ取引の安全をはかる見地から「表示」を尊重する規定を設けることで，それぞれ個別的に解決を与えて意思と表示の調和をはかろうとしている。心裡留保（93条），虚偽表示（94条），錯誤（95条）における意思表示は，表示行為に対する効果意思がない場合として（これを「意思の欠缺」という），これらを無効にしているが，詐欺・強迫（96条）では，表示行為と効果意思が一致しているが，効果意思を形成する際に詐欺や強迫といったことによって，意思表示に瑕疵があるとして（これを「瑕疵ある意思表示」という），これを取り消しうるものとしている。

第2節　意思の欠缺

1　心裡留保

(1) 意　義

心裡留保とは，表意者が自ら真意でないことを知りながらする意思表示，すなわち真意を表意者の内心に留保するものをいう。たとえば，Aは冗談のつもりで2000円の本を，100円で売るといったように，表意者自身が表示行為に対応する内心の意思が存在しないことを知っている場合である。すなわち，Aは，本を100円で売る意思がないという気持ちを心の中に秘めておいて，心にないことを意思表示することである。このように表意者自身が効果意思と表示行為との不一致を知ってなした意思表示を心裡留保という。戯言（ざれごと），冗談なども心裡留保の意思表示となる。

(2) 要　件

心裡留保が成立するための要件は，①意思表示が存在すること，②表示された意思に対応する内心の意思が存在しないこと，③表意者がその不一致を知っていること，が必要である。表意者がなした意思表示の理由は問わない。表意者は，相手方は，真意でないことが分かるだろうとか，戯言だと分かるはずだ

という期待をしてする場合や，相手方や第三者を欺そうとしてする場合とを区別しない。心裡留保に関する93条と虚偽表示に関する94条とは，もともと意思と表示の不一致について，表意者がそれを認識している場合の意思表示の効力に関する規定であり，その表示を信頼した相手方を保護することによって取引の安全をはかるという点で一致している。したがって，心裡留保は，表意者本人が意思と表示の不一致を知っているという点で，表意者の悪意と同じ事情にある。しかし，94条の虚偽表示と異なるのは，相手方と通謀していない点である。したがって，心裡留保を単独虚偽表示ともいう。

（3）心裡留保の効果

（a）民法は，人は自分の言葉に忠実でなければならないから，心裡留保は，表意者がそれを真意でないことを知りながらなしたために，その効力を妨げられることはないとして，その意思表示は原則として有効であるとした（93条本文）。すなわち，表示行為に対応する効果意思が欠けていることを，表意者自身が知りながらなした意思表示であるから，表意者を保護する必要がないからである。先の例で，Aが冗談で本を100円で売ると言った場合でも，Bは100円を支払って本の引渡を求めることができることになる。

（b）相手方　心裡留保は，相手方がある場合だけではなく，たとえば，嫡出でない子（婚外子）の認知や，広告，遺言，寄附行為などのような単独行為のように，相手方がない場合にも成立する。しかし，この場合，但書の適用はありえないから当該意思表示は，常に無効とならない。判例は，嫡出でない子の認知について，認知者の心裡留保を認めて認知者が真意によらないことを主張して認知の効力を否定することを許さないとしたもの（大阪控判明治42年7月8日法律新聞592号13頁），仮装の定款作成による会社設立について，相手方のない合同行為にも（大判昭和7年4月19日民集11巻837頁），本条の適用を認めて有効としている。

会社設立行為のような合同行為は，相手方のない法律行為とされているが，本条の適用を認めて有効としている（大判昭和7年4月19日民集11巻837頁）。

93条但書にいう相手方とは，意思表示を受領する者であって意思表示の受益者ではない。判例は，競売において高価格で申し込んだものが，競落の意思がなかったことを執行債権者（競売によって債権を回収する立場にあるが，競売申

込の相手方ではない）が知っていても，本条但書の適用はないとした（東京控判大正 6 年12月 7 日評論 6 民訴451頁）。

　　（ｃ）　相手方の善意無過失　　すでに述べたように，虚偽表示における表意者は，自ら意思表示の無効を相手方に主張できない。しかし，虚偽表示の効力は，あくまでも相手方との関係で決まることになる。民法は，相手方が表意者の真意を知っていたり（悪意），または知ることが可能であったはずであろうというときには（善意・有過失），その意思表示を無効とした（93条但書）。すなわち，相手方が，表意者の虚偽表示の事実を知らなかったかどうか（善意・悪意），あるいは知らなかったことについて過失がなかったかどうか（過失の有無）によって決まることになる。相手方が，表意者の真意を知っている場合には，相手方を保護する必要がないからである。

　相手方が知るというのは，通常の悪意の意味であり，どのような方法で知ったかというその理由に制限がない。表示行為自体から知った場合であると，他の事情を通じて知った場合であるとを問わない。特別の事情によって相手方だけが知りまたは知ることが可能である場合や，真意の内容は知らなくても，真意と異なるということを知っているだけでも無効となる。また知ることが可能であったはずというのは，取引社会における通常の注意をもってすれば知ることができたはずだというだけで足りる。

　判例は，独身男性で一介のサラリーマンであったＹ（控訴人）は，他人の妻であったＸ（被控訴人）と知り合い同棲するようになったが，Ｙは他の女性と結婚することになり，同棲中のＸと別れるために，Ｘに要求されるまま心になく書面に書くことですむものならばと多額の金銭（贈与金1,000万円，ほかに慰謝料1,000万円）の支払の念書を作成したという手切金契約の事案について，「右契約は控訴人の真意にもとづいてなされたものでなく，……右念書の文言及びこれが作成交付された経緯並びに控訴人が一介の給料生活者にすぎぬこと等から考えれば被控訴人においても本件契約が控訴人の真意に基づいてなされたものでないことを知っていたか，少なくともこのことを知ることを得べかりしものであったと認めることが相当」であるとして，Ｙの意思表示を無効としている（東京高判昭和53年 7 月19日判時904号70頁）。

　善意・悪意および過失の有無を判断する時点は，意思表示を相手方が了知し

たときであると解され，後になって知っても本条但書の適用はないと解される。したがって，基準時に善意であった相手方は，後に虚偽表示の事実を知って悪意となり表意者の虚偽を立証しても，93条の適用はない。

　　（d）立証責任　　相手方の悪意ないし有過失の立証責任は，無効を主張する者にある。先の2,000円の本を100円で売ると言った例では，表意者Aが意思表示の無効を主張するには，BにはAの真意（100円で売る意思がなかったこと）を知っていたこと，または知り得たはずであることを証明しなければならないことになる。表意者は真意が存在するかのような外観を作り出したのであるから，それに拘束されるのが原則であるとされる。

　　（e）第三者との関係　　93条但書で，心裡留保が例外として無効とされる場合に，この無効をもって善意の第三者に対抗できるかが問題となる。たとえば，Aは2,000円の本を100円で売る意思がないのに売ると言い，BもAが100円で売る意思がないことを知っていて買うと承諾し（悪意であるがAとは通謀はない），Bからさらに善意（無過失）の第三者Cにその本の転売を約束した場合である。この場合には，Aは，Bが悪意であるから意思表示を無効にして売買契約の無効を主張できることになるが，Cに対してその無効を対抗できるか，すなわち，AはCからの本の引渡請求を拒否できるかという問題がある。

　　この問題について，民法上，虚偽表示（94条2項）のような明文の規定が存在しないが，第三者からみればAB間の意思表示が無効になると，BC間の法律行為によって取得するはずであるCの権利に影響を与えることになる。この点で虚偽表示の場合と異なるところはないから，取引の安全保護の要請から94条2項を類推適用して，Aは意思表示の無効を善意の第三者Cに対抗できないと解することに異論はない。不実の外観を知って作り出した点で，虚偽表示の場合と同様に責任を認めて当然だからである。

（4）93条の適用範囲

　　（a）婚姻・縁組のような身分上の行為は，当事者の真意を尊重すべきであるから，本条の適用はなく，常に無効である。判例は，推定相続人たる女子を婚姻させるために仮養子としたことについて，93条但書を適用するまでもなくこれを無効としている（最判昭和23年12月23日民集2巻14号493頁）。

　　（b）代理関係にからんで心裡留保が問題になる場合が少なくない。代理

人がその権限を濫用して，自己または第三者の利益をはかろうとした場合にも類推適用される。その場合，相手方が代理権の濫用であることを知っているか（悪意）または知り得べきであるとき（有過失）には，本人は代理行為の無効を主張しうる。判例は，Y会社の営業主任Aは，元営業主任Bに誘われて，仕入れ商品を他に転売してその差額を得る目的で，主任の権限を濫用してY会社名義でX会社から商品を仕入れた。しかし，X会社の支配人Cもこの権限濫用の事実を知っていたが，X会社は右取引は有効であるとしてY会社に商品の代金の支払を求めた事案について，「代理人が自己または第三者の利益をはかるために権限内の行為をしたときは，相手方が代理人の右意図を知りまたは知ることを得べかりし場合に限り，民法93条但書の規定を類推して，本人はその行為につき責めに任じないと解するを相当とする」として本人（Y会社）に支払責任がないとした（最判昭和42年4月20日民集21巻3号697頁）。

2　虚偽表示

（1）意　義

　虚偽表示とは，相手方と通じて真意でない意思表示をすることである。たとえば，Aは，債権者Bから債務の弁済を迫られていたので，Aの所有する土地への強制執行を免れるためにCと相談して，Aの土地をCに売却したことにしてその所有権をCに移転したように装うための意思表示である。この場合，登記簿上も，売買を原因としてCに所有権移転登記手続がなされるが，当事者A，Cには本当に所有権を移転する意思がないために，これを「仮装譲渡」とよんでいる。虚偽表示は，真実の内心の意思がないのに，相手方と通謀して表示という外観を作り上げることによって成立し，また，相手方と通謀するという点で93条の心裡留保と異なる。

（2）要　件

　虚偽表示というためには，①有効な意思表示が存在するかのような外観を当事者が作り出すこと，②表示から推断されるような効果意思が当事者間に存在しないこと，③表示が真意を伴わないものであることについて当事者に故意と通謀があること，が必要とされる。

　虚偽表示は，相手方のない単独行為については成立しえない。また，第三者を欺罔する目的でなされることが多いが，心裡留保と同様にそれをなした理由

(3) 虚偽表示の効果

(a) 効果は無効　虚偽表示は，当事者間においてはつねに無効である（94条1項）。当事者双方が表示どおりの効果を発生させないことに合意しているから，これについて法律効果を認めるべき理由はないからである。先の例では，当事者ＡＣは，ともに本当に土地の所有権を移転する意思がなく，売買という法律行為をしたように意思表示だけが存在する場合には，その意思表示は無効であり，所有権はＣに移転することはない。そこでＡの債権者Ｂはこの不動産を差し押えて債権を取り立てることができることになる。

(b) 善意の第三者の保護　通謀虚偽表示が無効である場合に，その表示行為を真実のものと信じて相手方と取引関係にはいった第三者に対しては，その保護が必要となる。たとえば，先の例で，ＡＣ間の虚偽表示による仮装譲渡によりＡの土地が登記簿上Ｃ名義に登記されたが，ＣがＡに無断で善意の第三者Ｄ（ＡＣ間の通謀の事情を知らない者）に譲渡した場合にＤの保護が必要となる。これについて94条2項は，「之ヲ以テ善意ノ第三者ニ対抗スルコトヲ得ス」と規定して，Ａは，Ｄに対してＡＣ間の仮装譲渡の無効を主張できないとした。虚偽表示であることを知らないで取引をした第三者を保護するためである。

善意の第三者とは，利害関係を生ずる際に，ＡＣ間の取引が通謀による虚偽表示であることを知らないことであり，善意であることの立証責任は第三者にある（最判昭和41年12月22日民集20巻10号2168頁）。

このような場合，表示に公信力を有する動産取引（192条以下）や有価証券の取引（手16条2項，商229条など）などについては，善意の第三者は保護されるが，不動産取引にはこのような規定はない。したがって，94条2項の規定は，主に不動産取引のように登記に公信力を認めない一般原則に対する例外としての意義を有するといえる。

ここにいう第三者とは，虚偽表示の当事者およびその一般包括承継人以外の者であって，しかも虚偽表示による法津行為を前提にして新たに利害関係を有するにいたった者である。たとえば，仮装譲渡の不動産の登記を信頼してさらにこれを取得した者（前例のＤ）とか（最判昭和28年10月1日民集7巻10号1019

頁），その目的不動産の上に仮装譲渡の買主から抵当権の設定を受けた者（大判大正4年12月17日民録21輯2124頁）などである。これに対して，債権の仮装譲渡人Aから取立のために債権を譲り受けた者（大決大正9年10月18日民録26輯1551頁），土地がAB間で仮装譲渡され，譲受人Bからその土地上の建物を賃借した者C（最判昭和57年6月8日判時1049号36頁）などは，第三者とはならない。

　　（c）　対抗要件具備の要否　　94条2項によって善意の第三者が保護されるためには，登記などの対抗要件を具備することが必要か。たとえば，ACの虚偽表示によってAの土地が登記簿上C名義に移転登記されたが，それをCが善意の第三者Dに譲渡した場合に，AがDに対して土地の返還を求めたとき，Dは登記を受けていなければ保護されないかという問題である。判例は，登記を不要とし，虚偽表示をした仮装譲渡人Aは，善意の第三者Dに登記がないことを理由に第三者の権利を否定することはできないとした（最判昭和44年5月27日民集23巻6号998頁）。学説の通説は，判例と同じ立場をとる。すなわち，A→C→Dと順次に売買がなされたことになり，AとDは，前主・後主の関係にたち対抗関係は生じないとし，さらに虚偽の外観作出者（この場合のA）の帰責性が重大なことを理由とする（対抗要件不要説）。これに対して，実質上Cを起点として，虚偽表示の無効を原因としてC→Aと，Cからの譲渡を原因としてC→Dという二重譲渡の場面であると見て，善意の第三者でも177条の対抗要件を必要とする説が対立している（対抗要件必要説）。

　　（d）　第三者からの転得者　　問題となるのは，第2項の第三者からさらに譲り受けた転得者の取扱いである。たとえば，AC間の仮装譲渡により登記簿上の名義人Cから譲り受けた第三者Dが悪意であっても，Dからの転得者Eが善意であればEは保護されることに判例・学説に異論はない。転得者も善意であれば第2項にいう善意の第三者であるとする。

　これに対して，最初の第三者Dが善意の場合で，転得者Eが悪意の場合にその転得者が保護されるかについて学説が分かれる。判例は，善意の第三者（前例のD）が出現すれば，その者からの転得者は，善意・悪意を問わず，当然に保護されるとする。たとえば，判例は，XがAと通謀してX所有の不動産をAに移転し登記したところ，Aは自らの債権者B（善意の第三者）のために不動

産に抵当権を設定し，Y（悪意）がこれを競落取得した事案について，第三者Bがいったん有効に抵当権を取得した以上，Yは所有権を取得するとした（大判昭和6年10月24日法律新聞3334号4頁）。学説の多くは，たとえ転得者が悪意であっても，いったん善意者（第三者）が出現すれば，転得者は前主（善意の第三者）の地位の承継を主張することができるとして，真実の権利者Xの権利喪失が絶対的に確定することになるとして，転得者の保護に判例と同様の立場をとる（いわゆる絶対説）。これに対して，学説の一部は，たまたま紛争の当事者となった者を個別的・具体的に保護するかどうかの問題だから，善意の第三者であれば保護されるが，そこで絶対的に権利は確定せず，悪意の転得者に対しては，真実の権利者は虚偽表示の無効を対抗できるとする立場（いわゆる相対説）を主張する。しかし，相対説では善意者保護は貫かれるが法律関係が複雑になり，第三者保護の意味を実質的に減少させてしまうことになろう。

　虚偽表示の無効は善意の第三者に対抗できないが，当事者以外の者から無効を主張することはできる。仮装譲渡人Aの債権者Bは，仮装譲受人Cに対して，仮装譲渡の無効を主張して不動産のAへの引渡を求めることができる。

　　（e）　無過失の要否　　94条2項は，第三者の善意を要求するが，条文上無過失を要件としていないために，第三者が保護されるためには，善意だけでなく無過失も必要とされるか否かが問題となる。判例は，善意であれば足り無過失は必要でないとする（大判昭和12年8月10日新聞4181号9頁）。

　従来の通説は，判例の立場に立って，真の権利者（本来の所有者で仮装譲渡人）は第三者を誤らせるような外観を自ら故意に作ったのであるから，その外観どおりの責任を負うべきとして第三者は無過失である必要はないとしてきた（無過失要件不要説）。これに対して，近時の有力説は，無過失を要件とすることで他の表見法理の場合との均衡が図られ，また具体的事情に応じた柔軟な調整が実現できるとする（無過失要件必要説）。

　　（4）　虚偽表示の撤回

　虚偽表示の撤回について，判例は当事者間の合意でこれを認める。たとえば，虚偽表示によってAからBへの自動車売買の証書を撤回するために買戻しの証書を作成したが，Bの債権者Cが最初の売買を有効と信じて自動車を差し押さえた事案について，第三者は94条2項の保護を受けないとした（大判昭和13年

3月8日民集17巻367頁）。これに対して，学説は，虚偽表示における第三者保護は，虚偽表示の外形を信頼した第三者を保護するものであるから，虚偽表示の外形（契約証書など）が残っていれば，その外形を信頼した第三者には対抗できないとしている（傍論であるが，最判昭和44年5月27日民集23巻6号998頁）。

（5）　94条の適用範囲

（a）　虚偽表示は，契約について問題となることが多い。契約については，債権契約や物権契約や制限物権の設定契約を問わず適用される。また，相手方のある単独行為（たとえば債務の免除）にも適用されるが，相手方のない意思表示の場合には適用がない。会社設立行為などの合同行為については，判例は，相手方のない意思表示であるから94条の適用はなく，常に有効だとする（大判昭和7年4月19日民集11巻837頁）。

（b）　婚姻・離婚・縁組など，当事者の意思に基づく身分行為については本条（とくに2項）の適用はなく，身分行為の性質上すべての関係において無効とされる。したがって，仮装離婚などを信頼してこれと取引関係に入っても本条2項の適用はないとされる（大判昭和11年2月25日民集1巻69頁）。

（6）　94条2項の類推適用

（a）　94条の虚偽表示は，「相手方ト通シテ」虚偽の意思表示をなすとしているが，虚偽ではあるが相手方との通謀がない場合にも，一定の要件のもとで94条を類推適用して不実の外観を信じて取引した者を保護しようとする考え方が，判例上展開されている。これはすべての意思表示に関してではなく，主として不動産取引において問題となる。たとえば，Aは土地を購入したが自己名義にするのを嫌って，勝手に（通謀によらないで）直接に息子であるB名義に所有権移転登記していたところ，後にBは自己名義になっているのを知ってCに売却した場合である。94条2項によって，第三者が保護されるためには，あくまでも（この場合はAとB）当事者間で通謀による法律行為があった場合を前提としているので，この場合は，真実の所有者Aと登記名義人Bとの間に通謀関係が存在しないから94条の要件を欠くことになる。また，不動産に関してわが国の法律では，CはB名義の登記を信頼して取引関係に入っても，Bが真実の所有権者でなければCは所有権を取得できない建前になっている（CはB名義の登記を信じても登記には公信力がない）。

しかし，これに対して，単に虚偽表示者間における通謀の事実の有無によって，善意の第三者の保護が左右されるのは不合理であると考えられてきた。そこで，94条2項の立法趣旨は，意図的に虚偽の外観を作り出した者（真実の権利者であるA）は，善意の第三者との関係で保護しないということにあり，そこには明らかに虚偽の外観を作り出した者への帰責性という観点が存在している。

たとえば，判例は，Xは甲山林を所有していたが，強制買収を免れる目的で弟Aに贈与したことにしてA名義に移転登記をしたが，買収のおそれがなくなったので将来の息子Bへの相続の際の相続税を免れるために，所有権移転の意思がないのにAからBに移転登記をした。他方，乙山林についてもCから買受け，同じ目的でCからBに移転登記をした。そこで，Bは自己名義の甲乙山林を悪意のYに売却し，Yはさらに Zらに売却し移転登記がなされた。そこで，XはYZらに対して，右山林の所有権確認と抹消登記手続を求めた事案について，「不動産の所有者が，他人にその所有権を帰せしめる意思がないのに，その承諾を得て，自己の意思に基づき，当該不動産につき右他人の所有名義の登記を経由したときは，所有者は，民法94条2項の類推適用により，登記名義人に右不動産の所有権が移転していないことをもって，善意の第三者に対抗することが出来ないと解すべき……であるが，右登記について登記名義人の承諾のない場合においても，不実の登記の存在が真実の所有者の意思に基づくものである以上，右94条2項の法意に照らし，同条項を類推適用すべきものと解するのが相当である」として，真実の所有者の意思に基づいて表示された所有権の外形を信頼した第三者の保護について，仮装名義人との通謀があるか否かで保護の程度に差異を設けるべきでないとした（最判昭和45年7月24日民集24巻7号1116頁）。

このように判例は，94条2項の適用範囲を拡大して，仮装名義人の承諾がなくても94条2項を類推適用して，通謀や法律行為は存在しないが，虚偽の外観が作り出されたことに真実の権利者が何らかの関与をしていること，および第三者が真実ではない者の所有という不実の外形（仮装登記名義など）を信頼して取引した場合に，善意の第三者の保護をはかっている。

（b）善意の第三者の保護の態様について，つぎの3つの類型に分けるこ

とができる。
　① 真実の権利者A自身が，Aの意思に基づいてBの知らない間に勝手にB名義の登記をするという外形を作り出した場合に，第三者がその外形を信頼した場合（自己外形作出型，最判昭和45年7月24日民集24巻7号1116頁）。
　② 不実の登記が，真実の権利者Aの知らない間に，不実の権利者Bによって勝手に作り出された外形を，その後その事実を知ったAがそれを放置していた場合に，第三者がその外形を信頼して取引関係を有した場合（外形他人作出の意思対応型，最判昭和45年9月22日民集24巻10号1424頁）。Aは明示または黙示にB名義を承認していたとする。
　③ 真実の所有者Aによって作り出された外形を，不実の権利者Bによって第二の外形が作り出された場合，たとえば，所有者Aは，Bに仮登記を与えたが，Bは無断で本登記に改めたために，Cがその本登記という外形を信頼して取引関係を有した場合（外形他人作出の意思非対応型，最判昭和43年10月17日民集22巻10号2188頁）。この③の場合に，判例は，①②と異なり，94条2項と110条の法意ならびに外観尊重および取引保護の要請を根拠として，善意無過失の第三者を保護している。この類型においては，第三者が信頼したのは，あくまでも他人によって作り出された外形であるから，前記の2類型よりも第三者の権利保護の要件を厳しくする必要があるからである。学説も基本的にはこの方向を支持している。詳細は，物権法を参照されたい。

3　錯　　誤
（1）意　　義
　錯誤とは，表示行為と内心の意思との不一致を，表意者自身が気付いていない場合である。たとえば，Aは，Bから山林を100ヘクタールはあると思って買ったところ，実測してみると80ヘクタールしかなかったので，Aはこの意思表示を無効にして，売買契約をなかったことにしたいが認められるかという場合である。このように客観的事実を誤認してなした意思表示の問題であり，表示行為に対応する内心の効果意思が存在していないという点で，錯誤は，心裡留保，虚偽表示とともに意思の欠缺の一場合を構成する。ただ，表示と意思とのくい違いについて表意者自身が知らないという点で，心裡留保や虚偽表示と区別される。したがって，錯誤による意思表示では，表意者を保護すべき理由

がある。しかし，他面では，表示行為を信頼した相手方の保護も必要であり，この両者の間に利害の調整をはかる必要が出てくる。そこで，わが民法は，法律行為の要素に錯誤がある場合に限り，錯誤による意思表示を無効とした（95条本文）。そして，表意者が錯誤したことについて，重大な過失があるときは表意者自らその無効を主張できないとした（95条但書）。

（2）　錯誤の類型

意思表示における錯誤は，さまざまな現われ方をするが，意思表示の生成過程のどの段階で生じた錯誤かによって，つぎのように類型される。

（a）　表示行為の錯誤　(ｱ)　表示上の錯誤　内心の意思を表示するにあたり，表示行為自体を誤る場合である。たとえば，10万円と書くつもりが100万円と書いてしまったような場合である。いわゆる書き間違い，言い間違いの場合で，表示されるような内容を表意者自身は表示する意識がなく，表示に対応する内心の意思が存在しないから，明らかに意思の欠缺である。

(ｲ)　内容の錯誤　たとえば，ドルとポンドとは同じ価値だと誤解して，100ドルと表示すべきところを100ポンドと表示したように，表示の意味内容を誤る場合である。この場合は，事実上の表示行為については正しい認識をしているが，その意味内容について誤解している点で，表示上の錯誤と異なる。したがって，表示に対応する効果意思が存在しないから，意思の欠缺が認められる。

（b）　動機の錯誤　(ｱ)　たとえば，高速道路が建設される予定地だから将来地価が上がると思って山林を高価で買ったが，実は建設の予定は初めからなくて本人の勘違いだったというように，意思表示をする際の内心の意思を決定する動機に誤った認識や判断がある場合である。その結果，表意者の意図と異なった結果を生じさせた意思表示である。判例は，その馬が受胎している良馬だと誤信してもともと受胎していない駄馬を買った場合（大判大正6年2月24日民録23輯284頁），家屋の売買に際して，借家人が立ち退くと信じてその家を買ったが，実際には借家人が立ち退かなかった場合（最判昭和29年11月26日民集8巻11号2087頁）などである。しかし，このような動機の錯誤の場合は，表示上の効果意思に対応する内心の効果意思は存在するから意思の欠缺ではなく，本来の錯誤とは異なる。しかし，実際に起こる錯誤の大部分は，人や目的

物の性状（身分，資産，来歴，性能，品質など）に関する動機の錯誤であるから，これをどう取り扱うか問題となる。

　(ｲ)　動機の錯誤の取扱い　　これら動機の錯誤は，意思の欠缺ではないとして95条の適用がないとすると，実際に起こりうる錯誤のほとんどが保護されないことになる。したがって，動機の錯誤の取扱いが問題となる。

　判例は，動機の錯誤について，動機が相手方に表示された場合にのみ，動機が意思表示の内容となって意思表示の錯誤が成立し，その意思表示は無効となるとした大審院以来の立場（大判大正3年12月15日民録20輯1101頁など）を，最高裁も踏襲してこれを認めた（最判昭和29年11月26日民集8巻11号2087頁）。動機が表示されないときは，要素の錯誤とならず無効となりえないとしている（大判昭和16年6月7日民集20巻809頁）。その理由とするところは，動機の錯誤は，一般の錯誤との区別が不明瞭であるから，両者を何らかの客観的基準によって区別する必要があること，動機が表示された場合にのみ無効を認めることによって，表意者本人の保護と取引の安全保護との調和がはかられる，とされる。通説（旧説）もこれに賛成する。

　これに対して，今日の多数説は，そもそも動機の錯誤と一般の錯誤との区別は，必ずしも明確ではなく，また区別する必要もないとして，取引の安全を害する点では両者は異ならないこと，動機の錯誤を95条の錯誤として，その保護は95条に規定する要素の錯誤と重大な過失という点を要件とすればよいと主張する。

　(3)　錯誤の要件

　錯誤により意思表示が無効となる要件は，つぎのとおりである。

　(a)　要素の錯誤　　錯誤によって無効とされるためには，「法律行為ノ要素」に錯誤があることが必要である（95条本文）。要素とは契約の重要な部分という意味である。法律行為の要素の錯誤とは，意思表示の内容に関して，法律行為の内容の重要な部分に錯誤があることである。内容の重要な部分とは，もし錯誤がなかったならば，本人はその意思表示をしなかったであろうと考えられるだけでなく，一般取引の通念に照らして通常人が表意者の地位にあったとしても，同様にその意思表示をしなかったであろうと考えるほど重要な部分である（大判大正3年12月15日民録20輯1101頁など）。このように，要素の錯誤を

無効としたのは、表意者の保護と取引の安全保護を調和させるためである。

何が要素の錯誤であるかは、各法律行為について具体的に判断されなければならない。判例・学説によって問題とされてきたのはつぎのような場合である。

　(ア) 人に関する錯誤　取引の相手方の同一性の錯誤（人違い）と相手方の職業・身分・財産状態などについての錯誤とがある。信用売買，金銭消費貸借，贈与などでは，無償・片務の契約であったり，表意者が先に履行すべき契約であったりするために（返済能力のない相手方を返済能力あると勘違いしてお金を貸すなど），相手方が誰であるかは重要な意味を持つ。しかし，現実の売買では，有償・双務の契約であるから相手方が誰であるかは意味を持たないので一般には要素の錯誤とならないとされる（大判明治40年2月25日民録13輯167頁）。

　判例は，戦争中にXら所有の林野を軍において使用するならやむをえないと考え，国が買主であると誤信して売り渡したところ，財団法人Yが買主であり，Y名義に登記されていた事案について，「買主が国であるかYであるかは主観的にも客観的にも重要の事項に属する」として要素の錯誤を認めた（最判昭和29年2月12日民集8巻2号465頁）。

　(イ) 物に関する錯誤　取引の客体である物の同一性の錯誤と物の性質・来歴に関する錯誤がある。たとえば，甲地を購入するつもりで乙地の売買契約をしたという場合は同一性の錯誤で，最新型の高機能のパソコンだと思って古い型の低機能のパソコンを買う場合は性質・来歴の錯誤である。

　ただし，甲地と書くつもりで乙地と書けば表示上の錯誤，甲地を乙地と思い違いしていれば内容の錯誤となる。物に関する錯誤は，一般に縁由の錯誤にすぎないが，これが表示されて取引上重要な意義を持つと認められる場合に，要素の錯誤となる。

　一般に，物の価格（安物を高価で買う），数量（土地の面積など）に関する錯誤は要素の錯誤にならない場合が多いが，しかし，それが売買の等価性が著しく失われるなど，法律行為の性質上とくに重要な部分をなす場合には要素の錯誤となる。判例は，抵当権の設定の際に，抵当目的物の価格が700円にすぎないのに，1500円の価値があると誤信した場合（大判大正3年12月15日民集20輯1101頁），受胎している良馬だと誤信して受胎していない駄馬を買った場合

（大判大正6年2月24日民録23輯284頁＝動機の錯誤），仮差押の目的となっているジャムが一般に通用してる特選のものであることを前提に和解契約をなしたが実際には粗悪品だった場合（最判昭和33年6月14日民集12巻9号1392頁），油絵を購入するにあたり，買主が売主に真偽を確かめたところ売主が保証したので買ったところ偽物であった場合（最判昭和45年3月26日民集24巻3号151頁），などを要素の錯誤になるとした。

　　(ウ)　法律状態に関する錯誤　　一般に要素の錯誤となる。本来，法律の不知はこれを弁明できない（刑38条3項参照）のが原則であるが，売買を贈与と誤るとか，交通事故の後遺症がないという前提で示談契約したが，後で後遺症が発見された場合のように，ある法律状態を前提にして契約したところ，実際にはそうでなかった場合には，錯誤の問題となる。

　　（ｂ）　表意者の重大な過失　　要素の錯誤であっても，例外として，表意者に重大な過失があるときには，表意者は自ら無効を主張することはできない（95条但書）。重大な過失とは，普通の過失（軽過失）に対する概念で，一般の通常人についてではなく，表意者の職業や資格などを前提として，行為の種類や目的に応じて通常要求される注意義務を著しく欠く場合をいう。たとえば，株式の売買を業とする者が，1社の株式の大量買付けに際して株式の譲渡制限のある定款を調べなかった場合（大判大正6年11月8日民録23輯1758頁）などである。

　　（ｃ）　重大な過失の主張・立証責任　　重大な過失の立証責任は相手方にある（大判大正7年12月3日民録24輯2284頁）。

　また，95条但書は，表意者みずから無効を主張できないとしているが，表意者以外の者からの無効の主張を認めることができるか問題となる。錯誤無効というのは，もっぱら表意者を保護するためのものであるから，表意者以外の者からの無効を認める必要はない。たとえば，新駅の建設の話が事実無根なのに，Aは駅が新設されると勘違いして，Bの土地を高く買ってしまったが，重大な過失によって錯誤無効を主張できない場合に，売主Bの方から無効を主張する必要はないからである。したがって，表意者に重大な過失ある場合には，それが要素の錯誤であっても相手方および第三者も無効を主張できないことになる（最判昭和40年6月4日民集19巻4号924頁）。

（4） 錯誤の効果

　法律行為の要素に錯誤がある場合には，その意思表示は無効である（95条本文）。しかし，表意者に重大な過失があるときは，表意者自らその無効を主張できない（95条但書）。

　たとえば，最初の例では，Aは，Bから山林を100ヘクタールはあると思って買ったところ，実測してみると80ヘクタールしかなかったという場合に，山林の面積について表意者Aの思い違い（錯誤）がなかったなら，そのような売買契約をしなかったと考えられるように，契約の重要な部分に錯誤があるときは無効とされる。しかし，このように動機の錯誤に基づく契約においては，単にAを保護するだけではなく，相手方Bの取引上の保護も考慮しなければならない。そこで，一般的に不動産取引はもっと慎重になされるべきであるから，契約に際してAに重大な過失があるときは，みずから意思表示の無効（ひいては契約の無効）を主張できないとする。Aの過失の有無については，Aが不動産取引について素人である場合と不動産業者である場合とで異なるといえよう。

（5） 共通錯誤

　たとえば，駅が新設されると勘違いしたAは，Bの土地を買ってしまったが，Bも駅が新設されると勘違いして高い価格で売買契約に応じてAに売ったとか，売買された美術品（偽物）が当事者の双方がともに本物であると思っていたというように，当事者の双方が共通の錯誤に陥っていた場合に，表意者からの錯誤無効を主張できるか問題となる。この場合は，双方に動機の錯誤があることになるが，通常は，売主は利益を得ている（たとえば，土地を高く売却しているなど）ので売主から錯誤無効が主張されることはない。したがって，錯誤が表意者の保護を目的とするものである限り，相手方（売主）に詐欺などの責められるべき点がなくても，95条但書は適用されず，表意者の錯誤の主張は認められてもよいであろう。判例は，Aは有名画家の真筆と信じて，Yから油絵を買い受け，ついでそれを同じく信じたXに転売したが贋作であったために，Xは要素に錯誤があるとしてAのYに対する代金返還請求権を代位行使した事案について「表意者が意思表示の瑕疵を認めているときは……，第三者たる債権者は表意者の意思表示の錯誤による無効を主張することが許される」とした（最判昭和45年3月26日民集24巻3号151頁）。この場合は相手方も錯誤に陥ってい

のであるから，契約を有効にして相手方を保護すべき正当な利益がないからである。

(6) 表意者の損害賠償責任

表意者の錯誤が認められて，法律行為が無効になった場合，相手方は，表意者に損害賠償の請求ができるかという問題である。契約が無効になったために，契約の準備のために要した費用，代金支払のために借り入れていた銀行ローンの利息の支払などが損害として発生するが，これらの損害に関して規定がないためにこれをどう考えるか問題となる。かつては契約は無効であるから，債務不履行などの契約責任を問うことはできないとして，否定的な見解が多かった。しかし契約交渉途中で，当事者の一方が契約の成立を不可能にしたことが相手方の契約締結上の利益を侵害したとして，不法行為責任（709条）や契約締結上の過失の法理に基づいて損害賠償請求ができると考えてよいであろう。

契約締結上の過失の法理とは，契約締結において当事者の一方にその責めに帰すべき事由がある場合に，相手方はそれによって生じた損害賠償の請求が認められるとするものである。契約当事者は，締結のための交渉を始めることによって信頼関係に立つのであるから，その法的根拠は，契約交渉の当事者の信頼あるいは債権関係の信義則上の義務に求める。錯誤無効は，当事者に契約の締結を強制することが公平の見地から見て妥当でないとして無効にするのであるが，相手方は表意者が錯誤に陥ったことを知らなかった場合のように，相手方の干渉によって表意者が錯誤に陥ったのでない限り，①当事者の一方が錯誤によって契約の成立を不可能にしたことが相手方の契約締結の利益を侵害するとして不法行為が成立する，あるいは②契約準備段階における信義則上の注意義務違反，などを理由として，相手方の損害賠償請求を認めるべきであろう。

(7) 95条の適用範囲

(a) 錯誤は，意思表示全般にわたって起こりうるから，すべての法律行為に適用される。95条は相手方のある意思表示を前提としているが，相手方のない意思表示にも適用される。

(b) 婚姻，縁組のような身分行為においては，当事者の真意によってなされることを絶対要件とするから，95条の適用がない。たとえば，婚姻には相手方に対する「性状の錯誤」（資産状態や優しさなどの人柄など）のような動機

の錯誤は常にありうる。その場合に錯誤無効をもたらすのは不都合であり，また他方では，人違いなど表意者に重大な過失がある場合に，95条但書の適用によって無効の主張を許さないというのはおかしいことになる。したがって，742条1号の人違いの場合以外には，錯誤無効は生じる余地はなく，95条但書の適用もないと解すべきであるのは当然である。

第3節　瑕疵ある意思表示

詐欺または強迫によってなされた意思表示を瑕疵ある意思表示という。詐欺による意思表示は，たとえば，Aが交通の便のよいマンションを探していたところ，売主Bからこの近くに地下鉄の駅が新設されることが決まっているから非常に便利になると言われて買ったが，そのような計画はなく欺されたというように，他人の欺罔行為によって契約の意思表示をする場合である。

強迫による意思表示とは，他人の強迫行為によって恐怖心から契約などの意思表示することである。

詐欺または強迫によってなされた意思表示とは，錯誤などのように意思と表示との不一致の場合と異なり，表示に対応する意思表示は存在する。先の例では，Aは，欺されて駅が新設されると思った結果，内心の効果意思ではそのマンションを購入しようと考えており，そのとおり契約の意思表示をしているのであるから，表示行為に対応する内心の効果意思が存在していることになる。ただ，この場合には，内心の効果意思を決定する過程で，他人の詐欺（または強迫）という行為によって決定したのであるから，このような意思表示は，意思の欠缺と区別され，これを瑕疵ある意思表示という。

詐欺または強迫による意思表示は，表意者を保護する必要があるが，内心と表示との間に不一致がないから，民法はこれを無効とせず，取り消すことができるものとした（96条）。取消とは，表意者が取消の意思表示をすることによって，その意思表示が最初から無効となることである。したがって，詐欺または強迫によって契約の意思表示をしても，それがはじめから無効になるのではなく，取り消さない限りその意思表示は完全に有効である。この場合，表意者は意思表示の効果を維持するか否かの自由を有していることになる。また，詐

欺や強迫は，それを行った者に不法行為（709条）として損害賠償責任の問題が生ずることもある。その場合には，表意者は意思表示の取消と不法行為による損害賠償との両方を請求できることになる。また，詐欺や強迫は，刑法上の犯罪（刑246条・249条）にあたるが，瑕疵ある意思表示の効果とは別の問題である。

1 詐欺による意思表示

（1）意　義

詐欺とは，欺罔行為によって，他人を錯誤に陥れ，それによって意思表示させることをいう。欺罔行為であるためには，違法性がなければならない。詐欺による意思表示は，詐欺者の干渉によって錯誤に陥って意思表示するのであるから，同時に95条の要件をみたす場合には，表意者は95条による無効と，96条による取消とのどちらかを選択して主張することもできることになる（大判昭和3年8月1日民集7巻687頁）。詐欺による意思表示が成立するためには，つぎの要件が必要である。

（2）要　件

（a）詐欺者に故意あること　詐欺者の故意としては，他人を欺罔して錯誤に陥らせようとする故意と，この錯誤に基づいて一定の意思表示をさせようとする故意との2段の故意が必要である。第1段の故意があっても第2段の故意がなければ，詐欺による意思表示とはならない。生命保険契約の締結に際して，保険医に対して既往症がないと虚偽の申述をしても（第1段の故意），それに基づいて医師をあざむいて契約させようとする故意（第2段の故意）がない場合には，詐欺にならないとされる（大判大正6年9月6日民録23巻1319頁）。

（b）違法な欺罔行為があること　欺罔行為とは，他人に誤った認識または判断をさせる行為をいう。積極的な言動によって虚偽の事実を述べる場合はもちろん，消極的に事実を明らかにせず，または沈黙することによって錯誤に陥らせる場合や，意見や評価の陳述も，違法性を有する場合には欺罔行為となることがある。ただし，取引における一定のかけひきのように，多少の欺罔行為があっても，それが社会通念上許される範囲内のものである場合には，それによって錯誤に陥っても，違法性を欠き詐欺とはならない。たとえば，安物を高価な品物だと告げて客に買わせた場合に，信用ある老舗の主人がいえば詐

欺になるが，祭りの露天商の口上の場合には詐欺にならない場合が多い。判例は，近辺の地価が高騰することを知らなかった売主から，その不知を利用して格安の価格で土地をかったとしても，詐欺にならないとした（大阪控判大正7年10月14日法律新聞1467号21頁）。

　（c）　表意者が錯誤によって意思表示したこと　　ここに錯誤とは，95条にいう本来の錯誤のように，意思表示の要素（重要な部分）に存することは必要でない。相手方の詐欺によって意思表示がなされたことを立証できれば軽微なものでもよい。錯誤と意思表示との因果関係は，表意者について主観的に存在すればよく，一般の通常人であったとしてもだまされたであろうということは必要ない。

　（3）　効　果
　（a）　相手方の詐欺の場合　　詐欺による意思表示は，表意者がこれを取り消すことができる（96条1項）。詐欺による意思表示は，取消によってはじめて意思表示の時に遡って，はじめから無効になる（これを取消の遡及効という）。

　（b）　第三者の詐欺の場合　　この場合には，これまでのような詐欺者と表意者の関係の場合とは異なる。第三者の詐欺とは，たとえば，主たる債務者であるA（詐欺者）は，債権者Cから借金をするにあたり，Bをだまして他にも保証人がいるから安心であるからといって，BをAの債務の保証人として債権者Cと保証契約させた場合である。この場合，保証契約の相手方CがA（第三者）の詐欺という事実を知っていたときに限り，B（保証契約における表意者）は意思表示を取り消すことができる（96条2項）。条文は「相手方カ其事実ヲ知リタルトキニ限リ」としているが，善意の表意者Bを保護するためであるから，学説は，相手方Cが知りうべきであった場合（有過失）にも取り消すことができると解している。

　（c）　善意の第三者との関係　　詐欺による意思表示の取消は，善意の第三者に対抗することができない（96条3項）。善意の第三者とは，詐欺の事実を知らずに，詐欺による意思表示を前提にして，その取消の意思表示の前に新たに利害関係を有した者である。たとえば，Aは，Bにだまされて A所有の土地をBに売却し移転登記を経由したが，Bがその土地を善意のCに転売した場

合に，Aは，その後AB間の契約を取り消すことはできるが，Cから土地を取り戻すことはできないということである。AはBに損害賠償を請求できるにすぎない。96条は，詐欺にかかった表意者を保護するものであるが，詐欺による意思表示の場合は，強迫の場合と違って，だまされた表意者の帰責性も問題となり，善意の第三者の利益を犠牲にしてまで保護する必要はないとの考えに立っている。

また，第三者が保護されるためには，無過失が要求されるかについては争いがあるが，94条2項の第三者と同様に，96条3項の第三者にも無過失を要求する見解が有力となっている。

(ア) 取消と対抗要件　　取消と対抗要件の問題は，96条3項が詐欺による意思表示の取消は善意の第三者に対抗できないと規定するが，その場合，第三者が保護されるためには，第三者の善意の他に対抗要件（不動産における登記）が必要かという問題である。その場合，その第三者が，（詐欺による）意思表示の取消前に出現したか，取消後に出現したかで異なる。

(イ) 取消前の第三者　　判例は，Aは，Xに支払能力があるように誤信させて，X所有の農地を含む土地を買い受け，農地については農地法5条の許可を条件として所有権移転の仮登記，その他の土地については，本登記を経由したが，その後，本件土地はAからYに譲渡され，仮登記については移転の付記登記，その他の土地については移転登記を経由した。その後，XはAとの売買契約を詐欺によるものとして取り消し，Yに対して登記の抹消を求めた事案について，96条3項は「当該意思表示の有効なことを信頼して新たに利害関係を有するにいたった者の地位を保護しようとする趣旨の規定であるから，右の第三者の範囲は，……必ずしも，所有権その他の物権の転得者で，かつ，これにつき対抗要件を備えた者に限定しなければならない理由は見出し難い」として，取消前の第三者については，対抗要件を備えた第三者に限定されないとして，Yを保護した（最判昭和49年9月26日民集28巻6号1213頁）。この判例は，仮登記のままでは対抗力を有しないことから，第三者に対抗要件は不要であるとしたものと見ることができるが（対抗要件不要説），善意の第三者はすべて保護されるとはいってないために，仮登記があったからこそYを保護したという見方（対抗要件必要説）もできる。したがって，対抗要件が必要か否かは，第三者

保護との関係で見解が対立している。

　(ウ)　取消後の第三者　　取消後にはじめて利害関係を有した第三者である。この場合の第三者は，たとえ善意であっても，96条3項の適用は受けない。たとえば，Aは，BにだまされてA所有の土地をBに売却し移転登記も経由したが，Bの詐欺を理由に売買契約を取り消した。しかし，登記はB名義のままにしていたところ，その後，Bから，善意の第三者C（取消後の第三者）に土地が転売された場合に，AとCの関係はどうなるか。判例は，Xは，Aの詐欺によって土地をAに売却したが，後日これを取り消した。その後AはYのためにこの土地に抵当権を設定しその登記をした事案について，96条3項の第三者とは，取消の意思表示前に利害関係を有するにいたった者に限り，取消の意思表示以後に利害関係を有した第三者への権利主張には登記を要するとした（大判昭和17年9月30日民集32巻911頁）。すなわち，詐欺者を起点として，取消による被詐欺者への権利の復帰と詐欺者から第三者への権利の移転を所有権の二重譲渡と同様の関係が生じるとみて，177条の対抗問題として処理するとしている。

（4）　96条の適用範囲

　親族法上の行為については本条の適用はなく，特別に規定がある（747条・808条1項）。また財産上の行為についても規定がある（商191条・280条ノ12参照）。

2　強迫による意思表示

（1）　意　　義

　強迫による意思表示とは，他人の強迫行為によって恐怖の念を生じ，この恐怖心からなした意思表示をいう。表意者が，恐怖心からやむなく意思表示している点で，詐欺と同様に，内心の効果意思が存在するので意思の欠缺とは異なる。強迫の場合も，意思表示を取り消すことができるし（96条1項），また，不法行為（709条）を構成する。強迫による意思表示が成立するためには，つぎの要件を必要とする。

（2）　要　　件

　(a)　強迫者の故意あること　　相手に恐怖心を生じさせて，かつ，この恐怖心によって意思表示させようという，2段の故意を必要とする。たとえば，判例は，Aは，Bを告訴するとおどしたのに，その場に居合わせたBの共同経

営者Cが自分にも被害が及ぶことを恐れて，手形の振出しを引き受けた事案で，「相手方を畏怖させて意思表示をさせるために告訴をすべき旨不法に告知した場合でなければ，強迫による意思表示ということができない」として，強迫による意思表示の成立を否定した（大判昭和11年11月21日民集15巻2072頁）。

　　（b）　違法な強迫行為があること　　強迫とは，違法に害悪を告げて恐怖心を生じさせる行為である。害悪の種類や行為の態様は問わない。天災・地変を告げることも強迫になる。

　強迫行為が社会的に違法視されるようなものでなければならないことは，詐欺の場合と同様である。したがって，不正の告訴や告発のように，それ自体は正当の行為でも，それによって不法な目的を達しようとする場合など，目的が不法なときは強迫となる。判例は，Aは，会社の取締役Bに対してその不正を告発するといって，価値のない株式を高く買い取らせた場合，「告発ノ通知ハ法律ノ付与シタル権利ノ実行ナリトスルモ之ニ依リテ不正ノ利益ヲ得ルコトヲ目的トスル場合ニ於イテハ不法ナル」として，強迫による意思表示になるした（大判大正6年9月20日民録23輯1360頁）。

　　（c）　表意者が恐怖心によって意思表示したこと　　表意者が，強迫の結果，恐怖心によって意思表示をしたことが必要である。96条1項によって，意思表示を取り消すことができるためには，詐欺の場合と同様に，通常人であれば恐怖心が起こらなかった場合でも，表意者の主観において恐怖心が存在すればよい。また，畏怖の程度も，表意者が完全に意思の自由を失った場合でなくてもよいとされている（最判昭和33年7月1日民集12巻11号1601頁）。

（3）　効　　果

　　（a）　強迫による意思表示は，表意者がこれを取り消すことができる（96条1項）。第三者が強迫した場合でも，詐欺の場合と異なり，相手方がそれを知っていると否とにかかわらず，つねに取り消すことができる（96条2項の反対解釈）。また，強迫は，詐欺よりもより表意者を保護する必要があることから，詐欺の場合と異なり，強迫を理由とする取消は，善意の第三者に対抗できる（96条3項の反対解釈）。たとえば，強迫者Aは，Bをおどして，B所有地を安く買い取った後に，善意の第三者Cに転売した場合でも，BはAに対して意思表示を取り消して，Cから土地を取り戻すことができる。

（b）強迫によってまったく意思決定の自由を奪われた場合の意思表示は，表示行為に対応する内心の効果意思を欠くものであるから，96条が適用される余地はなく，当然無効である（最判昭和33年7月1日民集12巻11号1601頁）。

第4節 意思表示の到達と受領

意思表示は，契約の申込と承諾のように，表意者から相手方への意思の伝達によって行われる。直接の会話や電話による話し合いで意思を伝達する場合は，意思表示が発せられると直ちに相手方に到達し，相手方はその内容を了知することができる。これに対して，隔地者に対する意思表示が書面等によって郵送された場合に，意思表示が発信されても直ちに相手方がそれを了知するとは限らない。このような隔地者間の意思表示は，どの時点で意思表示の効力を生ずるかが問題となる。

97条は，このような隔地者に対する意思表示の効力について規定する。第1項は，その効力発生時期について到達主義をとり，第2項は，表意者が通知の発信後に，死亡したりまたは能力が制限された場合でも，その効力は維持されると規定する。ただし，契約について重要な例外がある（525条）。

本条における隔地者とは，必ずしも離れた場所にいる法律行為の相手方を指すだけではなく，意思表示を発信したが事情によって到達しないこともありうる相手方も意味する。

1 意思表示の効力発生時期

（1）到達主義の原則

一般に，隔地者間の意思表示の伝達過程は，①表意者が意思を表白する（書面の作成），②これを発信する（投函する），③相手方に到達する（受領），④相手方が内容を了知する（読む）という段階を経ることになる。4つの段階のうち，どの段階に達すれば意思表示が相手方に到達したと考えるかについては，表白の段階では早すぎるし，相手方が了知した時とすると，相手方が故意に書面を読まない間は意思表示が到達しないことになり，やはり不都合である。そこで民法は，到達主義を原則として（97条1項），例外的に，敏活な取引の需要に応じる必要がある場合の承諾（526条1項）や，一定の単独行為（19条等）

について発信主義をとっている。

　到達とは，意思表示が客観的にみて相手方の勢力範囲内に入れば到達があったとみられ（たとえば，相手方の郵便受けに届く），相手方が実際にその通知のあったことを知るとか，内容を了知する必要はないとされる。判例・学説は，古くからこの考え方を認め，たとえば，夫と同居する内縁の妻が夫への解除の書面を受領したときは到達とした（大判昭和17年11月28日法律新聞4819号7頁）。

　また，相手方の勢力範囲（支配圏）内に入れば誰が受領しても到達したとする。判例は，Xは，Y会社に土地を賃貸していたが，賃料が延滞したために賃料の支払を催告し，支払がない場合は契約を解除し土地の明渡しを求めるという催告書を送付した。催告書は，Y会社の事務所で，たまたま遊びに来ていたY会社の取締役Aの娘Bが受領したが，Bは通常の請求書と思って机のひきだしにいれておいたところ，Aは，その後Xから契約解除の書面がきてはじめて催告書の存在を知ったという事案について，「ここに到達とは右会社の代表取締役であったAないしは同人から受領の権限を付与されていた者によって受領され或は了知されることを要する謂ではなく，それらの者にとって了知可能な状態におかれたことを意味するものと解すべく，換言すれば意思表示の書面がそれらのいわゆる勢力範囲（支配圏）内におかれることを以て足る」として，到達を認めてXの土地明渡請求を認めた（最判昭和36年4月20日民集15巻4号774頁）。

　また，相手方が正当な理由なくして，受領を拒むときも到達と認める。判例は，家屋の賃貸人が，賃借人あてに延滞賃料支払の催告および条件付解除の意思表示を内容証明郵便で送ったが，賃借人の内縁の妻が夫の不在を理由に郵便物の受領を拒んだ場合につき，本人が不在がちであるにすぎない場合には，意思表示は到達したとした（大判昭和11年2月14日民集15巻158頁）。

（2）　発信後の死亡・行為能力の喪失

　表意者が発信後，死亡したり，行為能力が制限されても，意思表示の効力に影響を与えない（97条2項）。発信の時，すでに意思表示は成立しているから，相手方に到達すれば効力が生じる。すなわち，表意者が死亡した場合には，相続人が表意者の意思表示を承継し，行為能力が制限された場合は，法定代理人による代理もしくは同意によってその内容が実現されることになる。本来，表

意者が意欲した意思表示であるから,その効果を維持しても,相続人や表意者にはとくに不利益とはならないからである。ただし,契約に関して,申込者が反対の意思を表示したり,相手方が死亡または能力制限の事実を知っている場合には,97条2項の適用はない(525条)。

(3) 意思表示の撤回

意思表示は,到達主義によって相手方に到達したときに効力が発生するのであるから,発信後でも,相手方に到達前であれば,意思表示は撤回することができる。撤回の方法としては,最初に発信した意思表示の到達前に撤回の意思表示が相手方に到達するか,最初に発信した意思表示が到達することのないよう防ぐ状態を講じることが必要である(たとえば,郵便局に郵便物の取戻し請求書(郵便法43条1項)を提出するなど)。

2 公示による意思表示

(1) 意　義

表意者は,意思表示の相手方が誰なのか不明であったり,誰か分かっていてもその所在が不明である場合には,公示の方法で意思表示をすることができる(97条ノ2第1項)。相手方の所在が不明である場合に,意思表示の効力が発生しないとすると不都合であるから,その不都合を除くために,公示の方法によって意思表示が相手方に到達したものと見なされる。

(2) 公示の方法

公示の方法は,公示送達に関する民事訴訟法の規定(民訴179条)に従って,裁判所の掲示板に掲示し,かつその掲示があったことを官報および新聞に少なくとも1回掲載する。ただし,裁判所が相当と認めるときは,市役所・町村役場またはこれに準ずべき施設の掲示板の掲示をもって,右の掲載に代えることことができる(97条ノ2第2項)。

(3) 効　果

公示による意思表示は,最後に掲載した日,または掲載を始めた日から2週間を経過したときに相手方に到達したものと見なされる。ただし,表意者が相手方またはその住所を知ることができないことについて過失があったときは到達の効力を生じない(97条ノ2第3項)。

3　意思表示の受領能力

（1）　意思表示の到達は，相手方が意思表示の内容を理解できる能力があることを前提として効力が発生する。意思表示を単独で完全に受領できる能力のことを，意思表示の受領能力という。

　意思表示の相手方が，受領当時，未成年者または成年被後見人であったときは，意思表示の到達により効力が生じたことをこの者に対抗できない（98条本文）。到達しても，受領者がこれらの制限能力者であれば了知できないからである。しかし，受領者側から到達を主張することは妨げない。

（2）　法定代理人が未成年者または成年被後見人宛に意思表示がなされたことを知ったときは，表意者はそのときから意思表示の効力の発生を主張できる（到達の時に遡らない。98条但書）。法定代理人が知ったということの立証は，表意者側にある。

（3）　未成年者が婚姻によって行為能力を認められる場合（753条）や営業の許可を与えられた場合（6条）には，98条の適用はなく受領能力を有すると解される。

第8章 代　　理

第1節　代理の意義

1　代理制度の意義・性質
（1）　代理制度の存在根拠

　法律行為の効果は，意思表示を行った者，すなわち表意者に帰属するとするのが原則である。この原則に対して，代理という制度は，「代理人」という当事者本人ではない他人がした意思表示の「効果」が，「直接」，当事者である本人に帰属する制度である。つまり代理人がした法律行為をもって本人自身がしたのと同様の効果を生じさせるのである。このように法律行為の主体とその効果の帰属主体が分離することになり，ここに代理の特色がみられるのである。

　このような私的自治・自己責任の原則からすると例外とも思われる制度を認めるべき根拠は，つぎの点にあるとされる。

　　（a）　私的自治の拡張　　近代市民法は，各個人の自由意思により法律関係は形成されるとするいわゆる私的自治の原則に基づいている。しかしながら，時代の発展とともに資本制社会は高度なものとなり，取引関係は複雑化し，取引規模も拡大している。他方，個人の持つ能力には限りがあり，個人が自己の活動領域の質の向上・量の拡大を願ったとしても自分一人だけの活動でその願いを達成することはもはや不可能である。そこで，当人が他人の行為の効果を自分に帰属させることを欲したすなわちそのような意思を有したことを根拠として，法が他人の行為の効果を当人に帰属させることを容認すると，当人は自己の社会における活動とりわけ経済活動の範囲を著しく拡大し，能力の優れた者を利用することによって質的にも向上させることができる。ここに代理制度の存在する理由の1つがある。

　　（b）　私的自治の補充　　近代市民法は，すべての自然人に対して権利能

力を認めている（権利能力の平等）。このことは，すべての自然人は，自己の責任において社会活動をし，その結果，権利を得たり義務を負ったりする可能性が認められていることを意味する。ところで，民法は権利・義務の発生の重要な根拠を意思表示を中核とする法律行為においている。つまり民法は個々人の意思決定を重視する立場をとっているので，意思能力を有しない者，あるいは不完全である者が単独で行った法律行為を，意思能力の完全な者のした法律行為と同等に評価することはできない。そこで，その意思能力の欠如あるいは不完全さが継続する者についてはこれを制限能力者とし，民法の予定する社会において単独で活動することが制限されるのと同時に，一定の法的保護が与えられるべきこととなる。しかしながら，先に述べた権利能力の平等の原則からは，このような制限能力者にも社会における活動を保障し，権利能力の実現すなわち権利を得たり義務を負ったりする機会を与えるべきこととなる。そこに，これらの者に代わって誰かが法的事務処理を行った場合に，法的にはこれを制限能力者の行為であると評価する制度が必要とされるのである。その法的役割を果たす仕組みが，代理制度に他ならない。この制度を利用することにより民法の掲げる権利能力の平等の原則は，理論的に貫徹するものとなるのであり，私的自治の原則の観点からはその原則を補充するものと考えられる。なお，平成12年4月より施行された，将来判断能力が不十分になった時に自分に代わって行為をする代理人をあらかじめ決めておく「任意後見制度」もこの趣旨を持つものである。

(2) 代理の法的構成

(a) 代理の意義・性質　代理とは，他人が本人のために法律行為を行い，あるいは法律行為の相手方となることによって，その効果が直接本人に帰属する制度である。たとえば，Aからその所有する土地を売却する権限を与えられた代理人Bが，売却の相手を探した結果，Cと売買契約を結んだとすると，その売買契約はAとCとの間で成立したものと法的評価を受けることになるのである。Aは直接Bに対して代金の請求を行い，Cは直接Aに土地の引渡の請求をすべきことになる（直接にというのは，いったんBとCとの間に効果が発生してその後にAに引き継がれるわけではないという意味であり，法律効果発生後はA・CはBを介してでなければ権利・義務の実現を図ることができないわけではな

いという意味である）。

　（ｂ）　代理における三面関係　代理においては，本人と代理人（代理権の存在），代理人と相手方（代理行為），相手方と本人（法律効果の帰属）という三方面の関係が生ずることになる。代理の起点は，本人と代理人との間で代理人が本人に対してもっている法的地位，つまり代理人の行為によって，本来他人である本人に権利・義務の変動を起こすことができるという地位にある。ところで，代理はこの起点の違いによって大きく２つに分かれる。１つは法定代理であり，もう１つは任意代理である。任意代理は，代理人となるべき者に本人が代理権を与える旨の法律行為をしたことを原因として代理権が発生するものである。他方，法定代理は，法律の規定によって代理権が付与されるものであり，法律の規定する要件と手続により代理人が定められる。

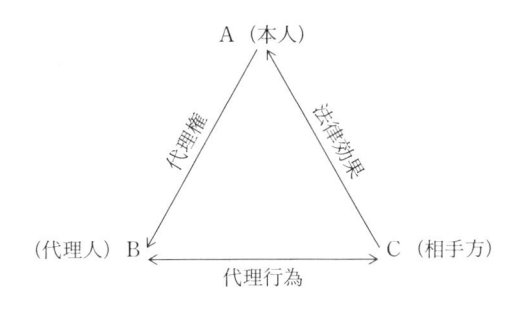

　　図１　代理の三面関係

　いずれにせよ，他の二方面の関係については，代理人と相手方は代理の実現過程，相手方と本人は代理の結果としてとらえられることになる。

　この三面関係については，「代理権」「代理行為」「代理行為の効果の帰属」として項を改めて検討する。

２　代理の認められる範囲

　代理は，意思表示を内容とする法律行為について認められ，不法行為，事実行為については認められない。法律行為であれば，積極的意思表示を内容とする「能動代理」でも，消極的に意思表示を受領することを主たる内容とする「受動代理」でも代理は認められる。準法律行為については問題であるが，催告や受領の拒絶などの意思通知および社員総会の通知，承諾延着の通知などの観念通知については代理の成立を認めるべきであろう。これらは，意思が法律効果の発生を内容とするものではないが，これらの通知があったときは法律の規定によって一定の効果が付与されることになっているからである。

　しかし，本人の意思決定を絶対的に必要とされる婚姻・縁組・認知などの身

分行為では，原則として「代理に親しまない行為」であるとされ代理は認められない（ただし認知の訴え―787条，代諾縁組―797条など）。

3　代理類似の制度

社会的機能としては代理に類似するものを挙げ，これと比較し代理の特徴を明らかにしておくことにする。

（1）代　　表

代表は，法人の理事などの機関に認められる観念である。代表にあっては，理論的にはその代表する法人と代表である自然人との法的人格の分離がなされない。甲法人の理事Aの代表行為が甲法人の行為と把握されるのである。したがって，この場合にはAが不法行為をすると甲の不法行為と把握される。つまり不法行為や事実行為についても代表はあり得るのである（44条1項）。これに対し代理については，代理人は本人とは別人格を持ったものであり，代理行為はあくまで代理人の行為であって，ただ法律効果のみが本人に帰属するのである。代理人が不法行為を行っても，原則としては，本人がその責任を負うことはない（ただし，本人と代理人との間に代理以外に法的関係が認められ，715条の使用者責任が生ずることはある）。ただし，民法の代表と代理の用語としての用い方は混同されていることに注意すべきである（44条・824条・859条）。

（2）使　　者

使者とは，第三者に対してある人の書いた手紙を届けたり，口上を伝えたりする者をいう。代理では代理人が自分の意思で本人に帰属させる法律効果を決定するのであるが，使者の場合には本人が自分に帰属させるべき法律効果を決定しているのである。したがって意思表示についてみれば，代理では代理人の意思を法的評価の対象にすべきであるが，使者については本人の意思を法的評価の対象とすべきことになる。たとえば，Aが自己の所有する土地を500万円でCに売りたいと考え，その旨をBがCに伝えたが，その際Bは400万円と伝えたとする。この場合Bが使者であったとすると，これはあたかもAが表示を間違えたものと同様に評価され，錯誤の問題となる。これに対し，Bが代理人であったとすると，代理人にはむしろ相応の裁量権があるのが通常であろうから代理として成立する可能性も十分あり，それが本人の意思と食い違うとされるときは，後に述べる表見代理の問題として扱うべきものとなる場合もある。

婚姻や認知などの身分行為も代理は許されないが使者は許され、これらにともなう「届出」が当事者の友人知人などの使者によってなされるのは通常みられるところである。

　（3）　間接代理

問屋（商551条）や仲買などの行為のように自己Bの名義ではあるが、他人Aの計算で行われる行為を間接代理という。この場合BがCと取引を行うとその権利・義務は、いったんことごとくBに帰属しその後Bはその権利・義務をAに移転することになる。代理に類似するが法律効果は直接Aに生ずるものではないので代理とは異なり、行為とその効果が分離していない点でも代理と異なる。

　（4）　第三者のためにする契約

契約当事者の一方C（諾約者）が、相手方B（要約者）の依頼により、第三者A（受益者）に対して一定の給付をなすべき事を約する契約を第三者のためにする契約という。BがCという保険会社と生命保険契約をしその受取人を妻であるAとした場合がこれに当たる（もっとも通常の第三者のためにする契約は受益者の受益の意思表示が必要であるが、ここにあげた例の場合には、受益の意思表示は必要としない）。この場合、受益者Aは諾約者Cに対して直接その給付（生命保険金）の請求をすることができるものとされる（537条～539条）。このように法律効果が直接受益者に及ぶ点では代理に類似するが、法律効果が及ぶのは権利のみであり義務は含まれない点で代理とは異なる。

　（5）　代理占有

賃貸人Aが賃借人Bに自己の所有物を占有させている場合、Bが占有権を有することは言うまでもないが、Bの占有権の効果はAにも帰属するものと解され、Aの有する占有を代理占有と称する（181条～184条・204条）。他人が介在して本人に法律効果が発生することでは代理に類似するが、占有は物の事実上の支配を意味し、代理は意思表示にかかわるものであるから、用語としては適切ではなく、端的にBの占有を直接占有、Aの占有を間接占有と称すべきであろう。

　4　代理の種類

代理はそれぞれの観点から区別されるが、そのうちで重要なものを挙げてお

く。
（1）任意代理・法定代理

任意代理とは，代理権が本人の意思により代理人に授与されたものをいい，法定代理とは代理人が本人の代理人となることについてその要件・手続が法律の規定により定まり，代理権限の内容も法律の規定によるものをいう。先に述べたところと関連させていえば，任意代理は，私的自治の拡張に奉仕するものであり，法定代理は，制限能力者の私的自治を補充するものである。民法は，この任意代理について，「委任ニ因ル代理」という表現を用いているが（104条・111条），代理は委任以外の雇用，請負などの契約によっても生ずることがあり，また委任契約には代理のともなわないものもありうる。つまり委任は代理が生ずることのある契約の1つにすぎないので，「委任による代理」というのは不適切であるから，本人の意思による代理として任意代理と呼ぶべきである。この点については，第2節の代理権の項で詳しく検討する。なお，任意代理と法定代理の効果について大きな差異が生ずるのは，復代理人の選任（復任権）をめぐってであり，これについても第2節6で述べる。

（2）有権代理・無権代理

代理人には代理権がなければならないが，時として正当な代理権がないにもかかわらず代理と称して法律行為がなされることがある。そこで正当な代理権に基づく代理を有権代理といい，代理権がなかったりあるいは代理権の範囲を逸脱した代理を無権代理という。後述するように，代理制度の維持のために，無権代理についてもこれを単に無効とするのではなく一定の法的処理が必要とされ，代理の法的考察には重要な概念である。

第2節　代　理　権

1　代理権の意義・性質

代理権は，本人のために法律行為をしあるいはその受け手となることによって，本人に直接法律効果を発生させることができる法律上の地位・資格である。つまり代理権は通常のいわゆる権利ではなくその法的性質としては，法律上の一定の法律効果を発生させることのできる能力・資格と解すべきものであり，

まさに「権限」というべきであろう（99条・103条・107条・110条）。

2　代理権の発生原因

これまで述べてきたように，代理権の発生原因は，法定代理と任意代理とでは異なる。

（1）法定代理権の発生原因

法定代理権は，法律効果が帰属することになる本人の意思とは無関係に法律の規定する一定の要件が満たされると発生する。具体的にいえば，①本人に対して一定の地位にあることにより当然に代理人となる場合―たとえば，親権を行う父母（818条），②本人以外の者の協議・指定による場合―たとえば離婚の際の父母の協議による親権者の決定（819条1項），一定の者の指定による指定後見人（839条），③裁判所の選任による場合―相続財産管理人（918条2項・952条），不在者の財産管理人（25条以下）があり，①については法律の規定自体により，②ではその協議・指定より，③では裁判所の選任行為によって代理権が発生することになるのである。

（2）任意代理権の発生原因

任意代理権は，本人が代理人に対して代理権を授与する法律行為である「授権行為」によって発生する。

（a）授権行為の法的性質　任意代理権は授権行為という一種の法律行為により発生すると解する点では，ほぼ異論は見られないが，授権行為の性質については見解が分かれる。

① 単独行為説　授権行為は代理人に法律上の一定の資格を与えるのみで義務を課するものではないから，これを代理人に対する本人からする一方的な意思表示であるとするもの。
② 無名契約説　代理権の授与を目的とする委任に類してはいるが，委任とは別の本人と代理人との契約であるとするもの。通説といえよう。
③ 事務処理契約説　代理権は，委任その他の事務処理を依託する契約にともなって発生すると解すれば足り代理権を授与する授権行為という概念を特に認める必要はないとするもの。

①，②は代理権の授与といわゆる事務処理契約を区別しているところに特色があるのに対し，③は事務処理契約と授権行為を一体のものとしてとらえるの

である。また，②，③は授権行為を契約とするから授権行為という契約自体について，本人，代理人双方について行為能力の存在・意思表示の有効性など契約が有効となるための要件が満たされることが必要となるが，①では本人の行為能力が問題となるだけであるから，代理権の存在をめぐっては問題となることが少なくなり取引の安全の観点からは支持する理由があるともいえよう。このことは，たとえば未成年者に代理権を与えたといった場合について，その法的関係の処理が異なってくることを考えれば理解されよう。

　（b）授権行為と事務処理契約　　授権行為の法的性質をどのように理解するとしても，授権行為は不要式契約であるから，他の通常の意思表示と合体することが認められる。つまり，代理行為の相手からすれば，本人と代理人の内部関係というべき本人に関する一定の「事務」を処理することを依頼する，いわゆる事務処理契約に代理権を与える授権行為が含まれることがありうる。そこで，個々の場合に授権行為が含まれているかどうかは契約の内容を解釈して判断することとなる。両者が合体している時は，事務処理契約の無効・取消・終了は通常は授権行為にもその効果が及ぶことになる。

　（c）授権行為と委任状　　代理人には，委任状という文書が交付されるのが取引上の慣例である。しかし，授権行為には何ら要式を必要とはしないので，これは代理権の存在することの証拠となるにすぎない。したがって，委任状がない場合でも授権行為があったとみるべき場合もあるし，委任状があっても授権行為がなかったと見るべき場合もある。もっとも，後者の例では，表見代理の成立の可能性を検討する必要がある。

　委任状には，通常「何某を代理人と定め左の事項を委任する」旨の文言と代理権限の内容・範囲（委任事項）を記載し本人が署名・捺印するのであるが，中には委任状の一部を空白としておいて，後に他人がその部分を補充することを予定して交付されるものがある。これを白紙委任状という。白紙委任状で空白とされるのは，代理人，委任事項あるいはその双方であるが，これは取引界の必要に迫られた授権行為の変則的形態と見られる。白紙委任状も空白部分を補充すれば委任状として有効であるが，空白部分を補充する権限（白地補充権）の存否，その権限の範囲をめぐって権限の濫用の問題が生ずることが多い。その際，表見代理の成立の可否も問題とされよう。なお代理人の部分を空白とす

る白紙委任状については、つぎの二種があり区別されるべきであるとされる。
① 転々予定型　正当に取得した者であるならば、だれが行使してもよいとする趣旨で交付されるもの。記名株式の名義書換のための委任状、債権担保として取立て委任のための委任状など、
② 非転々予定型　代理人も宛先も多かれ少なかれ限定する趣旨であるが、代理人の部分を空白としているもの。消費貸借契約およびそのための保証契約を締結するにつき、主債務者・保証人間で代理人の氏名を記入しないで委任状を交付した場合がこれに当たる。この場合には、その受取人に代理人を選任させ委任状を補充させる意思であるとされる（大判大正3年4月6日民録20輯265頁）。

3　代理権の範囲

（1）　法定代理権の範囲

法定代理権の範囲は、代理権授与を定めたそれぞれの法律の規定、たとえば、親権者の場合は824条以下、後見人の場合は859条以下、不在者の財産管理人の場合は、28条などの解釈によって決定される。

（2）　任意代理の範囲

任意代理権の範囲は、つぎのようにして定まる。

　　（a）　授権行為の解釈　任意代理権の範囲は、原則として授権行為の解釈によって定まる。代理権の範囲の決定は相手方および第三者の利害に影響するところが大きいから、委任状の文言・代理人の地位・目的とされている事項その他取引の慣行などを考慮し慎重に決定されなければならない。任意代理権の範囲に関する判例は多いが、二、三判例を挙げれば、①売買契約締結の代理権には登記をする権限も含まれる（大判大正14年10月29日民集4巻522頁）、②売買代金取立ての代理権にはその売買を合意解除する権限は含まれない（大判大正14年10月5日民集4巻489頁）、③売買契約締結の代理権には相手方から取消の意思表示を受領する権限が含まれる（最判昭和34年2月23日民集13巻2号1105頁）。

　　（b）　民法による補充　授権行為で代理権の範囲が定められていなかったり、不明であったりした場合を予定して、民法は補充規定を設けている。この場合、民法は、権限の定めのない代理人は保存行為および物または権利の性

質を変えない範囲での利用ないし改良行為のみをなすことができるとしているのである（103条）。①保存行為とは財産の現状を維持する行為である。家屋の修繕，消滅時効の中断などがこれにあたる。また外形上は処分行為であるが，期限の到来した債務の弁済，腐敗しやすい物の処分など財産全体からみて現状の維持とみられるものを含む。②利用行為とは財産による収益を図る行為であり，目的となっている家屋の賃貸，金銭の利子付き貸与などがこれにあたる。③改良行為とは物の使用価値，交換価値を増加させる行為をいい，目的家屋に適当な造作を施すこと，無利息貸し金を利息付に改めること，田地を宅地に改めることがこれに当たる。②，③については物，権利の性質を変更したか否かが問題となろうが，これについては個別的に取引観念によって決する他はあるまい。

4　代理権の制限

一般的に代理人は，信頼関係に基づき，他人の事務を処理するものであるから，代理権の行使に当たっては，善管注意義務・忠実義務・自己執行義務を負うことになる。また，本人の利益をとくに考慮して，代理権の行使について制約が課せられることがあり，これを代理権の制限という。

（1）　共同代理

数人の代理人がある場合にその代理人が共同してでなければ代理ができないとされる場合を共同代理という。父母が未成年の子に対して親権を行使する場合がその適例である。この共同代理に反する代理行為は，権限を越えた代理行為として本人にはその効果が帰属しないことになる。しかし，代理人が複数いたとしても，親権の行使のように明文上明らかである場合，あるいは当事者間の契約で明らかである場合を除き，各代理人が単独で代理権の行使ができるものと解すべきであろう。なお，受動代理については，共同代理であっても各代理人が単独で意思表示の受領をしてよい（商39条2項―共同支配人）。

（2）　自己契約・双方代理の禁止

（a）　意義　　ある者が本人の代理人となり，自分がその相手方となって，いわば本人の代理人の立場と相手方となる自分の立場とを使い分けて，代理人が自分だけで契約を成立させることを自己契約といい，本人と相手方との両方の代理人となって，これも結果的には自分だけで契約を成立させることを双方

代理という。前者では代理人が自己の利益を図ることがありうるし，後者ではいずれか一方の当事者の利益に加担する可能性が否定できず，いずれにしても公平な結果を期待できない。そこで民法は原則としてこれを禁止している（108条）。

（b）自己契約・双方代理が許される場合　債務の履行については，既に確定している法律関係を決済するだけであり，当事者間に新たな法律関係を生じさせるものではなく当事者の利益を不当に害するおそれはないので，自己契約・双方代理も許される（108条但書）。弁済期の到来した代金の支払いなどがこれにあたる。ただし，消費貸借の目的物の授受については，それによって消費貸借の成立の範囲が決まるので，この目的物の授受は債務の履行と同視することはできないとする判例がある（大判大正11年6月6日民集1巻295頁）。また，Aが売主，Bが買主でAの土地を売買した時に，BがAを代理して，Aを登記義務者，Bを登記権利者とする移転登記の手続をすることは許されることになる。これに関連し，厳密には自己契約・双方代理とはいえないが，ある法律関係で，一方の当事者が，その法律関係から生ずる問題の処理について将来必要となった時に備えて，自分の代理人としてその問題の処理に当たるものを選任することを他方の当事者に委任しておくことが問題となる。たとえば，AがBに金銭を貸し，Bがその金銭の返済をしなかった時に備えて，Aの側でBの代理人を立てて公正証書を作成する目的でBから白紙委任状を取っておくという場合や，家主Aが借家人Bから，将来その賃貸借契約をめぐって紛争が生じた時には，Bの代理人を立ててその代理人と

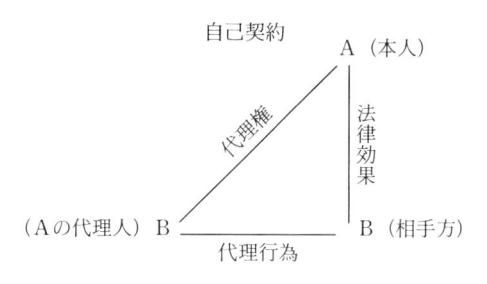

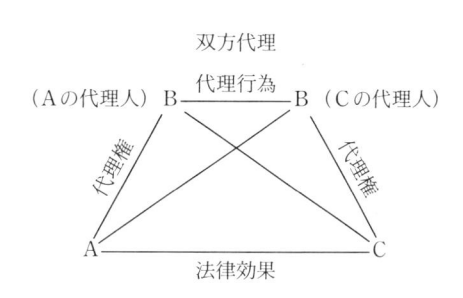

図2　自己契約・双方代理

Aとの間で和解という方法で紛争を解決する目的で、この代理人をAが選任できるようにBからあらかじめ委任状を取っておく場合などがこれに当たる。前者の例について判例は、公正証書に記載される内容についてあらかじめ、授権者であるBが了解しているときは、AとA側で選任したBの代理人との間の公正証書作成は有効であるとしている（最判昭和26年6月1日民集5巻7号367頁）。しかし、後者の例では、家主Aが借家人Bの経済的急迫に乗じて、Bからそのような委任状を取ることも考えられるから108条の法意（規定の趣旨）から許されないとしている（大判昭和7年6月6日民集11巻1115頁）。もっともこの場合には108条によって無効とされるのではなく、90条の公序良俗違反として無効となるものと考えるべき余地もある。

　　（c）　法定代理と自己契約・双方代理　　自己契約・双方代理は任意代理ばかりでなく、法定代理でも原則として禁止される。しかし、法定代理、たとえば親権者、後見人の本人である未成年者、成人被後見人との取引については「利益相反行為」としてその未成年者、成人被後見人のために特別代理人を選任しなければならないとする特別の規定が親族編に置かれていることに注意すべきである（826条・851条4号・860条・876条の7第3項）。

　　（d）　108条に違反した行為の効力　　自己契約・双方代理の禁止に違反してなされた行為は、これを絶対的に無効なものであるとするか、正当な代理権が与えられていない行為として無権代理として法的処理をすべきかが問題となる。判例は、古くは、絶対的に無効であるとしていたが、現在はこの場合には無権代理として処理すべきであるとし（大判大正4年4月7日民録21輯451頁）、手形の振出行為についてではあるが、108条違反の行為について本人の無効の主張を制限するものもある（最判昭和47年4月7日民集26巻3号373頁）。

5　代理権の消滅

　代理権の消滅原因には、任意代理・法定代理の両方に共通するものと、それぞれに特有な原因がある。このうち、民法総則では、共通の消滅原因と任意代理に特有の消滅原因を定めており、法定代理に特有の消滅原因については、それぞれの法定代理について定めた規定が置かれている。これらの規定に該当すると代理権は消滅するが、代理権の消滅後に代理人であった者が取引を行うと、表見代理の成立が問題となる（112条）。

（1） 共通の消滅原因

（a） 本人の死亡・代理人の死亡　　法定代理については，代理は本人の保護のために存在したのであるから本人が死亡したことにより代理の必要性がなくなり，任意代理については代理が本人と代理人の一定の信頼関係基づくものと考えられるから，その代理人を本人の法律関係を相続した相続人の代理人とすることは適当ではないとの理由によるのである。しかし授権行為で本人の地位を相続することを認めるとする特約をした場合にはこれに従うことになる（最判昭和28年4月23日民集7巻4号396頁）。

代理関係の基礎となっている本人と代理人の関係が，急迫の事情があって本人が死亡した時でも存続させるべきであるとされる場合は，その範囲内で代理権もまた存続するものと解される（654条参照）。なお，商行為の委任による代理権は，本人の死亡によっては消滅しない（商506条）。商取引の特殊性によるものである。

（b） 代理人についての後見開始の審判・破産　　代理権を授与するについて代理人が制限能力者であったり破産者であってもかまわない（102条）。しかし代理権授与の後にこのような事情が生じた時には，代理人の能力への信頼，財産上の信用が著しく低下し，本人としても考慮するのが一般的であるからこれを消滅原因としているのである。代理人につき保佐開始の審判があったときについては規定されていないが，これも消滅原因とすべきか否かについては議論がある。

（2） 任意代理に特有な消滅原因

授権行為は，委任，雇用，請負などの本人と代理人のいわゆる内部関係とは観念的に区別されることは，前述したが，授権行為は，この内部関係の実現あるいは展開の手段としてなされているとみるべきであるから，一般的にはこの内部関係が終了したときには，代理権も終了することになる。111条2項はこのことを規定したものである。

ただ，授権行為を内部関係から切り離して考察する考え方からすれば，この授権行為が消滅したときも内部関係の存続とは別に代理権は消滅するものとされる。したがって，授権行為を契約とみる考え方によれば，委任の消滅原因とされる解約告知，本人の破産によっても代理は終了することになる（651条・

653条)。また授権行為を単独行為とする考え方からは本人の破産，本人からする撤回によって代理権が消滅することになる。

（3） 法定代理に特有な消滅原因

先にも述べたように法定代理については，個別的にそれぞれの法定代理について消滅原因についても定められている（親権―834条・835条・837条，後見人―844条・846条，遺言執行者―1019条，不在者の財産管理人―25条2項・26条など）。

6 復　代　理

代理人は，自分で代理行為を行わなければならないのが原則であるが，どのような場合でも自分で代理行為をしなければならないとすると，代理人が自分では代理行為ができない事情が生じた時，たとえば，病気になってしまった時などは，本人，代理人ともに困るという状態になることも考えられる。そこで民法は，代理人Aが一定の条件のもとに，別の代理人Bを選任することができるものとした。A（原代理人という）がBという代理人を選任できる権限を復任権といい，このようなBを復代理人という。復代理人は，代理人の代理人ではなく，直接本人の代理人となることに注意すべきである（107条1項）。

（1） 復任権とそれに伴う代理人の責任

任意代理と法定代理とでは復任権を行使して代理人が，さらに代理人を選任することについて異なった扱いがなされている。任意代理については，本人と代理人との間には信頼関係が緊密であると考えられるし，代理人自身が代理行為の遂行が困難である時は辞任もできるので，「本人の許諾を得た時」あるいは「やむを得ない事由がある時」にしか，復代理人を選任することはできない（104条）。これに対し，法定代理人は，自分の責任で常に復代理人を選任できるものとされている（106条本文）。法定代理では代理人の権限も広く，必ずしも代理人本人がこれを行

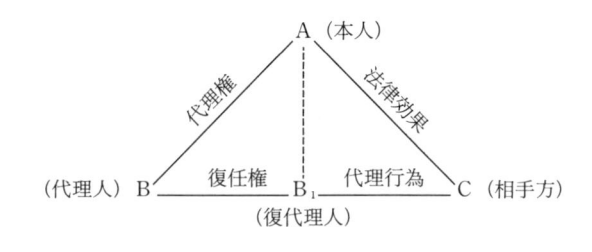

図3　復代理

使することが適切でなく，代理人以外の者に任せた方がよい場合もあり，また辞任も容易には認められず，本人が制限能力者である場合は本人の許諾を得ることが考えられない場合もあるからである。

　復代理人を選任した代理人は復代理人の代理行為について本人に対し責任を負わなければならないが，この点についても法定代理と任意代理とでは異なってくる。任意代理の場合は，復代理人の選任・監督に過失があったときや，本人の指名に従って選任した復代理人が不適任・不誠実であるのを知りながら本人に通知しなかったり，解任しなかったりした時にだけ責任を負えばよいものとされる（105条）。しかし，法定代理人は，やむを得ず復代理人を選任したとき以外は，復代理人の行為について全面的に責任を負わねばならないものとされるのである（106条）。このように法定代理人の復代理人の行為についての責任は任意代理人の責任に比して格段に重い。

（2）　復代理人の地位

　復代理人は，本人の代理人として本人と代理人との間にあるのと同一の法関係に立つ（107条2項）。また復代理人のした行為の効果は直接本人に及ぶのである。このことに関連し，判例では，XのBに対する損害賠償請求で，Xの原代理人Aから選任された復代理人YがBから損害賠償金を受け取りこれをAに全額引き渡したところAがその一部しかXに引き渡さなかったので，XがYに対して残金の引渡を求めた事例で，「Yは，特別な事情がない限り，Bから受領した物をXに引き渡す義務を負うほか，Aに対しても同じ引渡し義務を負うが，これをAに引き渡したときは，本人に対する受領物引渡義務もまた消滅する」としてXのYに対する請求を棄却している（最判昭和51年4月9日民集30巻3号208頁）。また，復代理人は原代理人が自分の権限で選任したものであるから，原代理人の監督に服し，その権限も原代理人の代理権の範囲に限られる。

第3節　代理行為

1　代理行為の意義・法的性質

　代理行為とは，代理人が代理権限に基づいて，本人のために本人に代わってなす行為をいう。本人のためにというのであるから，そのことが相手方に知ら

れる必要があり，そこから「代理意思の表示」が，また代理人の行為は法律行為および準法律行為に限られるところから，「代理行為に瑕疵があった時」および「代理人の能力」が検討されなければならない。

　ところで，代理行為については，代理行為を通じて行われた行為全体としてみた時には，その行為主体を誰と見るべきかという問題がある。つまりAがBを代理人としてCとの間に売買契約を結んだとすると，その売買行為の代理行為を行ったのは，本人Aなのか（本人行為説），代理人Bなのか（代理人行為説），それとも代理人Bと本人Aの共同行為と見るべきか（共同行為説）という問題である。この点について101条1項は意思の欠缺，詐欺・脅迫または行為者の善意・悪意，過失の有無などの主観的態様といわれるものが法律行為の効果に影響を及ぼす可能性がある時には，代理人の主観的態様を基準にして判断すべきであるとしている。したがってこの条文を素直に読むかぎりは，代理人行為説が正当であろう。もっとも，同条2項は本人の事情が，代理行為を通じて行われた行為の効果に影響することがあることを定めているので，代理行為の効果については，代理人の行為のみが法的に問題となるのではないことに注意すべきである。

2　代理意思の表示——顕名主義

（1）顕名主義

　代理では，代理人という本人とは異なる者がなした行為の効果が本人に帰属するのであるから，そのことを相手方も知っていなければならない。そこで代理人が代理行為をする場合には，そのことを相手方に知らせなければならないとされるのである。このことを99条1項は，「本人の為にすることを示して」行為をしなければならないとしている。このことを顕名主義という。

（2）顕名の方法

　代理行為を行う際には，「Aの代理人B」のように，口頭あるいは書面で，本人・代理人の名が明示されるのが通常であるが，本人のためにすることを示すというのは，代理人の意思表示全体から本人が誰であるかが判明すればよいのであって，必ずしも本人の氏名を明示しなくてもよいと解されている（100条但書）。たとえば，代理人の氏名の肩書に「A鉱山出張所主任」と記載すること（大判明治40年3月27日民録13輯359頁），肩書に会社名を記載し氏名を書い

てその下に役職印を押すことも（大判大正8年4月21日民録25輯625頁）それぞれ本人は会社であることについて顕名があったとされるのである。一般的にも一定の営業所（売り場など）でなされる被用者の行為はその営業主が本人であることを示してなされているものと考えるべきである。なお，契約書面に本人Aの名を記載しAの印鑑を押すというように代理人Bが自分の名を示すことなく直接本人の名で代理行為をし外観上は代理人が現れない場合があるが，これも代理人に代理の意思が認められる限り有効である。さらに，判例は，幼児のように意思能力のないことが明らかな者の名でなされた行為についてはむしろ一般に正当な代理権のある者によってなされたものと推定するべきであるとしている（大判大正9年6月5日民録26輯812頁）。なお，代理人が直接本人の名で代理行為をしたが，その代理行為が権限外の行為で，しかも相手方がその代理人を本人であると誤信しているというケースは表見代理の適用の問題となる。

　（3）　代理権の濫用

　代理人が代理行為を「本人の為にする」というのは，本人の経済的利益を図るためにという意味ではない。ここでは，本人に法的効果を帰属させるという意思をもってという意味として理解されなければならない。したがって，代理人が自分あるいは第三者の利益を図って代理行為を行ったとしても，相手方にその権利の帰属主体は本人であることが示されている以上，代理行為としては有効と見なければならない。たとえば，Aの代理人XがBから金銭を借り入れる契約をするという代理行為を行う際に，Xがその借り入れた金銭を着服してやろうという意図をもっていたとしても，その契約の効果はAについて発生するとされるのである。しかし，相手方が，代理人が本人の利益ではなく，自分あるいは第三者の利益を図る意図で代理行為をするということを知っていたり，あるいは注意を払えば知ることができたという場合にまでその効果を本人に帰属させ，それに基づく権利主張を相手方に許すのは，本人に酷なことであるといわねばならない。この問題について，判例は，93条但書（心裡留保）の趣旨を類推適用し，相手方が代理人の意図について知っていたか（悪意）あるいは注意すれば知ることができた場合（有過失）には，本人は効果の帰属を否定し，その責任を負わないものとする（最判昭和42年4月20日民集21巻3号697頁，93条類推適用説）。この判例の立場については，心裡留保の規定の適用は意思表示

の効果意思の性質が異なるので適切ではなく，また相手方に代理人の意図について過大な調査義務を負わせるのは問題であるとして，相手方が代理人の意図について悪意であったり，重大な過失があってそのことを知らなかったときにも，相手方が本人に自己の権利主張をすることは信義に反して権利濫用になるとするものもある（権利濫用説）。また，代理人が自己あるいは第三者の利益を図る意図でなされる行為は，濫用にあたる範囲で無権代理となり，表見代理が成立する場合には相手方Bの権利主張が認められるとするものもある（110条適用説）。

（4） 顕名のない場合

代理人が顕名をせずまた100条但書にも該当しない場合には代理人が自分のために行為を行ったものとみなされる（100条本文）。「みなされる」のであるから，代理人はその意思表示の効果が自分に帰属することを拒否することも，代理人として行動していたことを立証して錯誤による無効を主張することもできないことになる。

3　代理人の能力

（1）　制限能力者と代理人

代理では行為は代理人によって行われ，その法律行為としての効力要件などは代理人を基準に決定される。ところで代理行為を行う代理人の行為能力について，102条は，代理人は行為能力者でなくともよいとしている。代理行為の効果はすべて本人に帰属するのであるから，代理人は代理行為によって不利益を被ることはないので，行為制限能力者の保護の趣旨にも，本人が代理人が制限能力者であることを承知の上で代理人に選任する以上，代理制度の趣旨にも反することがないからである。

（2）　102条と法定代理

102条が，任意代理ばかりでなく法定代理にも適用があるか否かについては問題である。法定代理は，本人の意思に基づくことなく発生するものであり，本人の保護が問題となるからである。この点については，民法は，833条・867条などの規定を置いて，法定代理人は能力者でなければならないとの態度を示している。しかし，このような規定がない場合には，法定代理にも102条は適用があるとするのが通説である。

（3）　代理人が制限能力者であった場合と授権行為の有効性

　代理人が能力者でなくともよいというのは，代理人が制限能力者であってもそれを理由に代理行為を取り消すことはできないという意味である。しかし，それは，本人とその無能力者である代理人との間に行われた授権行為の有効性まで意味するものではない。そこで，本人Aが代理人B（未成年者・成年被後見人・被保佐人・被補助人）にAの所有する土地の売買契約をCとの間で締結する代理権を与え契約を結んだというケースを想定しこれを吟味してみよう。

　　（a）　この場合に，土地の売買契約についての授権行為のみが存在するとの前提に立つと，授権行為を単独行為であるとする立場からは有効であるとされる。また授権行為を無名契約であるとする立場でも授権行為はBに何ら拘束も不利益も与えるものではないから，Bが未成年であって代理人となることについて法定代理人の同意を得ていなくとも 4 条 1 項の適用を受け授権行為は有効である。Bが被保佐人・被補助人の場合も同様である。ただBが成年被後見人である時はこれを取り消すことができる。

　　（b）　（a）の場合とは異なり，授権行為が雇用，委任などの事務処理契約と合体して行われたと見るべき時は，この事務処理契約が無能力を理由に取り消されると原則として授権行為もその効力を失うことになる。ところで，事務処理契約は，通常，善管注意義務をともなうから単に利益を受けるに止まるものではなく，未成年者については，その法定代理人の同意を得ないでなされた事務処理契約は取り消しうるものとなる。したがって，Bが未成年の場合には事務処理契約が取り消されると授権行為も効力を失い，取消後にBとCとの間で取引が行われた場合はそれは無権代理行為となり，表見代理の成立が検討されることになる。B・C間の取引が事務処理契約の取消前に行われた場合は，既になされた代理行為にまでこの取消の効力を及ぼすと相手方は不測の損害を受けることがあるから，このような場合については代理権は将来に向かって消滅するものと構成すべきであろう。事務処理契約が成年被後見人，保佐人・補助人の同意を得ないで被保佐人・被補助人によってなされた場合も同様である。

4　代理行為に瑕疵があった場合

　代理行為の効果は本人に帰属するが，行為をするのは代理人であるから意思表示の効力に影響を及ぼす意思の欠缺（心裡留保・虚偽表示・錯誤），詐欺・脅

迫，ある事情を知っていること・知らないこと，過失の有無などはすべて代理人を基準に判断される（101条1項）。そして法律行為の効果と同時に，代理行為に瑕疵があった場合に生ずる効果も本人に帰属するのである。たとえば，本人A，代理人B，相手方Cという関係で，CがBに対して詐欺を行うとAはCに対して取消を主張することができるが，CがAに対して詐欺を行ってもその法律関係には影響はないということになるのである。

ところで，前例で，BがCに対して詐欺を行った場合については，判例はCは101条1項の類推解釈によって常にAに対して取消を主張できるとするが（大判昭和7年3月5日新聞3387号14頁），学説にはAは96条2項の「第三者」に当たるものとしてAがBのCに対する詐欺を知っていた場合に限って，CはAに取消を主張できるとするものもある。

101条2項は，本人が「特定の行為」を代理人に委託した場合に，代理人が本人の指図に従ってその行為をした時は本人は自ら知りあるいは知らなかった事情について，代理人の不知を主張できないとしている。たとえばAが代理人Bに指図してC所有の家屋を購入したというケースで，その家屋に隠れたる瑕疵があったとすると，Bがそのことを知らなかったり（善意）あるいは知らないことに過失がなければ（無過失），通常AはCに対して瑕疵担保責任（570条）を追及できる。しかし，瑕疵の存在をAが知っていたり（悪意）あるいは知らなかったことに過失がある（有過失）場合には，Bが善意・無過失であっても，そのことを主張できず，瑕疵担保責任の追及はできないとされるのである。

第4節　表見代理

1　表見代理の意義
（1）　無権代理としての表見代理

代理権がないにもかかわらず，代理人が代理行為と称して法律行為を行った場合を無権代理という。外部からから判断して顕名主義などの代理行為としての他の要件は満たしているが，代理権を欠いている場合がこれにあたる。ここで代理権がない場合というのは，授権行為がなくて全く代理権を欠く場合，授権行為はあったのだが，それが既に消滅したにもかかわらず代理行為がなさ

れた場合，授権行為の範囲を超えた代理行為がなされた場合が含まれる。このような無権代理は代理権がないのだから，本人に法律行為の効果を帰属させる根拠を欠くことになり，本人に効果を帰属させることはできないことになる。また代理人として行為を行った者も代理の意思をもって行為を行っているのだから，民法の意思理論によるかぎりその者に効果を帰属させることもできない。このような代理行為によって相手方に損害を与えたとするならば，それはせいぜい不法行為による損害賠償によるべきことになる。しかし，一方，相手方の立場に立ってこれを考えてみると，代理権の有無・範囲などを決定する本人と代理人の間の授権行為は，いわばその当事者の内部関係であり，相手方がその詳細まで知ることは困難である。また代理権のない代理人と取引をした相手方は，本人との間に法律関係が発生することを期待して取引をしたのであるから，それが単に不法行為による損害賠償を代理行為をした者に請求しうるにとどまるとすると，期待に反し不測の損害を被ることになる。そこでこのような状態を容認すると，代理による法律行為への信頼は揺らぎ，相手方としても，本人と相手方の関係を詳しく調査した上でなければ取引できないというのでは代理の制度は大変不便なものであるということになりかねない。

　そこで，代理の意義のところで述べたように，今日の経済取引において代理は有益な制度であり欠くべからざる制度であるので，この代理制度が信用され，取引の安全を保障するために，民法は特別な取扱いをすることにしたのである。すなわち，無権代理である場合を2つに分けて，①本人と無権代理人の間に，一定の緊密な関係があり外部からは代理権があるように見える場合には，代理権が真実に存在する有権代理と同様に本人に効果が帰属するものとし，②①以外の場合にも，相手方は不法行為による損害賠償を求めることに限定されるのではなく，本人の追認によりその効果を本人に帰属させる余地を残し，無権代理人に対して重い責任を課すこととしたのである。この①の場合が，この節の表題となっている表見代理といわれるものである。つまり，表見代理は無権代理の一態様に他ならない。

　（2）　表見代理と無権代理の関係

　表見代理は無権代理ではあるが，相手方を保護するために，有権代理と同様に扱われるものである。ここに表見代理を含んだ広義での無権代理と表見代理

を含まない狭義のいわば113条〜118条に規定する無権代理との関係が問題となる。基本的な考え方としては，表見代理と狭義の無権代理を同一の性質のものと解するかあるいは表見代理を無権代理ではあるが，無権代理とは異なった法的救済を受けるものであると理解するかの差異がある。具体的には，表見代理が成立する時は表見代理による救済を優先させるべきであり，この場合には，相手方は無権代理人に対する117条の責任追及はできないと解する立場（表見代理優先説・補充責任説）と相手方は表見代理が成立する場合には本人に対する履行責任を追及することもできることは言うまでもないが，表見代理の成立と否とにかかわらず相手方は，無権代理人に対して117条の責任（履行責任・損害賠償）を追求することができるとする立場にわかれる（自由選択説）（もっとも，表見代理が成立する時は，相手方は無権代理人への責任追及は115条の取消権の行使しか認められないとする考えもある）。無権代理人への責任を追及した場合には，表見代理による本人に対する責任追求はは許されないことは言うまでもない。この点につき判例は無権代理人の責任と表見代理とは互いに独立したもので，相手方は表見代理の主張をしないで直ちに無権代理人の責任を問うことができ，その場合に，無権代理人は，抗弁として表見代理が成立することを主張し自己の責任を免れることはできないとしている（最判昭和62年7月7日民集41巻5号1133頁）。このケースで，判例は自由選択説を採用しているものと考えられよう。

（3）　表見代理制度の存在意義

これまで述べてきたように，表見代理制度は無権代理行為がなされた場合に特別な事情があれば本人に効力を及ぼすとすることによって，無権代理人を真実の代理人と誤認して取引をした相手方を保護し，取引の安全を図り，代理制度の信用を維持しようとする制度である。したがって，表見代理を成立させるのは，本人の側からすれば，本来自分に帰属すべきではない法律効果を引き受けることになるのであるから，相手方の利益保護のために本人の利益はある程度犠牲にされてもやむをえないとされるだけの理由がなければならない。言いかえれば，表見代理制度は，本人の利益と相手方の利益との調和の上に成り立っていることが理解されなければならない。つまり，表見代理の基本的考え方は，既に意思表示のところでみた意思表示における表示主義の優先と同様にレ

ヒツシャイン（外観法理）——真実に反する外観が存在する時，その外観を創り出した者に外観を創り出したことに帰責事由があり，外観を信じた者の側には信じたことに責任がない場合には，その外観を信頼したものを保護するために外観を基準として法的効果を判断するとする考え方—，あるいはエストッペル（禁反言）の原則—過去の行為と矛盾する主張を許さないとする原則—と同様の趣旨によるものである。

民法は，無権代理が表見代理と評価される特別の事情がなんであるかによって，①代理権授与の表示による表見代理（109条），②代理権超越による表見代理（110条），③代理権消滅後の表見代理（112条）の3つの態様を認めている。以下，順次検討していくことにする。

2 代理権授与の表示による表見代理（109条）

（1）意　義

本人が第三者に対して，ある者に代理権を授与した旨を表示したが実際には代理権を与えてはいなかったという場合である。

（2）本人の事情

本人が代理権授与を行わないのに第三者には代理権の授与をしたと表示したことである。代理権授与の表示は，特定人・不特定人いずれに対するものでもよいが，相手方がその表示を認識していることが必要である。表示の方法は，口頭によるものでも文書によるものでもよい。たとえば，A（本人）がB（無権代理人）に白紙委任状，印鑑証明書・印鑑などを渡してこれをBがC（相手方）に示すこと，あるいはAがBを代理人とする旨の新聞広告を出すことなどがこれに当たる。さらに判例では，その趣旨を拡張し，本人が自分の氏名，商号，支店名などの名義を，特定の者が使用するのを許していた場合にも，本条の適用があるとしている（最判昭和35年10月21日民集14巻12号2661頁，東京地裁厚生部事件）。なお，商法23条（名板貸）はこの趣旨を徹底させたものである。

（3）相手方の事情

相手方（第三者）は，真実の代理権を持たずに代理行為をした者（表見代理人という）が，代理権を持たないことを過失がなくて知らなかった場合でなければならない。本人は，相手方が代理行為をした者が代理権を持たないことを相手方が知っていたこと（悪意）あるいは知らなかったことに過失があったこ

とを主張・立証して，自分に効果が帰属することを拒絶することができるのである。109条の保護を受ける「第三者」は，授権の表示の直接の受け手となった者に限られ，何者かを通じて間接的に表示のあったことを知った者を含まない。しかし白紙委任状については，それを直接交付された者が呈示した場合の相手方ばかりでなく，それを転得した者が呈示した場合の相手方も含まれるとするのが判例である（最判昭和45年7月28日民集24巻7号1203頁）。

（4）法定代理への適用

109条は法定代理には適用にならない。法定代理は，誰が代理人となるかは明確に規定されているからである。そこで戸籍面では親権者となっているがその記載が真実に反していた場合に，その者を法定代理人と信じて取引をした者は保護されないことになる。

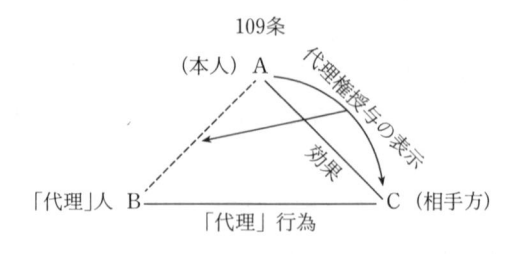

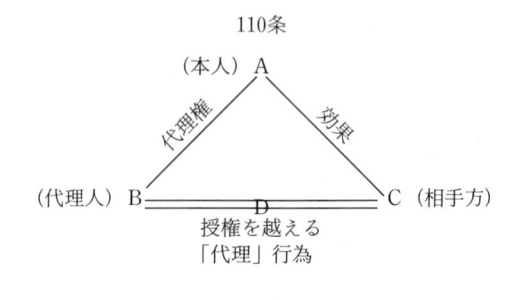

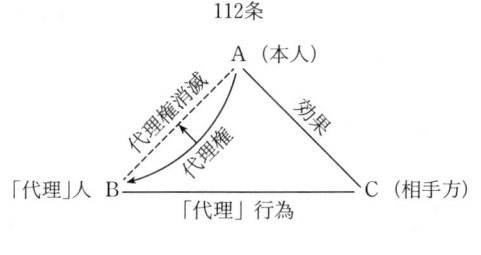

図4　表見代理

3　代理権超越による表見代理（110条）

（1）意　義

何らかの代理権を有する者が，その代理権の範囲を超えて代理行為をした場合である。したがって，委任状を偶然に手に入れた者や印鑑を盗んで代理行為に及んだ者のようにもともと代理権を有していなかった者については，本条の適用はない。

（2）本人の事情――基本代理権の授与

（a）本人の責任 本条は，何らかの代理権を授与されていた者が本人のいわば信頼を裏切って代理行為をしたときには，本人がその代理人にもともとの代理権（基本代理権という）を与え，信頼を寄せた責任は本人が負わねばならないとするのである。

（b）基本代理権（基本権限） 基本代理権と表見代理行為の関係が問題となるが，この点については基本代理権の権限と表見代理行為は同一の性質・種類でなくともよいとされている。たとえば，Aから借財をするための代理権を与えられたBが渡された書類（権利書，印鑑証明など）を利用して，Aの不動産をCに売却した場合も，Cは表見代理の主張をすることができる。この点に関しては，Aの家事の処理を任されていたBが，Cに対して譲渡担保としてAが差し入れていた土地を，Cが売却することに承諾を与えた場合に，本条の表見代理の成立を認めた判例がある（大判昭和5年2月12日民集9巻143頁）。

この基本代理権については「効果が本人に帰属するような私法上の法律行為をする代理権」でなければならないかどうかについても問題となる。従来は，厳格に解する説が多数を占めていたが，現在では，基本代理権は厳密な意味で法律行為を行う権利ではない事実行為や，私法上の行為についての代理権でなくとも公法上の行為を行う代理権でもよいとして，110条の表見代理の成立を幅広く認めようとする傾向にある。この点，判例を見ると①A金融会社の投資勧誘員Bがその子Cに勧誘行為をさせていたところ，CがDとの間でBを保証人とする保証契約を結んだ例で，CがBの代わりに行っていた投資勧誘行為は事実行為であるから，110条の基本権限に当たらないとしている（最判昭和35年2月19日民集14巻2号250頁），②印鑑証明の交付の申請をするための代理権は，公法上の代理権であるから110条の基本代理権には当たらない（最判昭和39年4月2日民集18巻4号497頁）としているが，他方③Aから土地の贈与を受けたBが，Aから登記申請という公法上の行為の代理をすることを委任されたが，その権限を超えて第三者Cとの間にAを連帯保証人とする契約を結んだ事例で「単なる公法上の代理権は民法110条の規定による表見代理の成立の要件たる基本代理権にあたらないと解するとしても，その登記申請行為が本件のように

私法上の契約による義務の履行のためになされるものであるときは，その権限を基本代理権として右第三者との間の行為につき民法110条を適用し，表見代理の成立を妨げないものと解するのが相当である」としている（最判昭和46年6月3日民集25巻4号455頁）。

（3）　相手方の事情——正当理由の存在

相手方は表見代理人について代理権があるものと信じ，かつそう信じたことについて「正当な」理由がなければならない。これは相手方が，表見代理人にはそのような権限はないということを知らず，また知らなかったことについて過失がなかったということを意味する。どのような場合に相手方が信じたことに正当な理由があるとされるかについては，具体的な諸事情を総合的に判断し，結局のところ本人と第三者のいずれを保護すればよいのかという問題になる。110条の表見代理の成立の最大の問題でもある。一般的にその行為について委任状，実印，不動産取引の場合の権利書，金銭貸借の場合の借用証書など代理権の徴表となるような物を表見代理人が所持していて，権限外の行為を行った場合には，正当な理由ありとされることが多い。過失の有無については代理権の有無の調査義務が相手方にどの程度要求されるかということにより，本人と相手方の保護のバランスが考慮されることとなる。この点に関し，実印の呈示については，特段の事情がないかぎり，相手方は正当な事由ありと判断されるが，保証人に重い責任を負わせる保証については，実印の呈示があっただけでは正当な理由があるとすることはできず，相手方は本人に照会して代理権限の調査確認をしなければならないとしている（最判昭和45年12月15日民集24巻13号2084頁）。また先に述べた代理の象徴となるような物は，本人の親族，とくに配偶者や子の場合には容易に手に入れやすいので，かえって相手方は代理権の存在の有無の判断には慎重であるべきだとして，相手方には代理権の存在について調査の義務があり，これを怠ると過失があったものとして正当理由は認められないことになる（最判昭和27年1月29日民集6巻1号49頁）。なお，正当の理由の立証責任は相手方にあるものと解する。

（4）　109条と110条の複合的適用

Aが自分の土地を売却するに当たり，Bを代理人にする旨を対外的に表示して，Bには1,000万以上で売却することをいったん依頼したが，Bとの間には

授権行為が実際にはなされなかった場合に，Bが500万円でその土地を売買する契約をCとの間で結んだというケースでは，109条についていえば，「代理権限の範囲内において」という要件を満たしておらず，また110条については，権限が与えられていないのであるから「権限」そのものを有していないことになり110条の適用もないことになる。しかし，このような場合については，表見代理の規定はそれぞれが別個・独立に存在していると見るべきではなく，全体として取引の安全を保護する制度であるとの立場から，109条の表見代理と110条の表見代理とを複合させて，表見代理の成立を認めるのである（最判昭和45年7月28日民集24巻7号1203頁）。

（5） 110条の法定代理への適用——夫婦の日常家事債務の連帯責任と表見代理

110条は法定代理にも適用があるとするのが通説である。この点に関連し，761条に規定する日常家事債務の夫婦の連帯責任と表見代理の適用が問題とされる。この規定は日常家事に関する取引については，夫婦が相互に代理権を有すると解し，これを基本代理権として表見代理の成立を認めることが可能であると解することもできるからである。これについては，適用否定説，適用肯定説（日常家事代理権を基本代理権として，相手方に一般の取引と同じように正当理由がある場合には，表見代理の成立を認めるとするもの），類推適用説（民法の夫婦財産制について別産制を採用している立場からは，夫婦の財産的独立を尊重すべきであるから，相手方がその行為が日常家事に属するものであると信じたことに正当な理由がある場合に110条を類推適用して相手方の保護を図ればよいとするもの），があり，判例は類推適用説を採用している（最判昭和44年12月18日民集23巻11号2476頁）。適用説と類推適用説との違いは，たとえば，妻が夫の所有である不動産を売却したという場合に，相手方がその売却行為は日常家事には属さないと思ったが，その売却行為には夫から個別に代理権が与えられていると信じたというケースでは，適用説では，761条の代理権を基礎とした表見代理の成立を認めることができるが，日常家事と思っていなかった以上類推適用説では認められないことになる。もっとも，両者の現実的適用での場では，正当理由を厳格に解することにより，それほどの違いは生じないのではないかと思われる。

（6） 公法人の機関の行為と110条

判例は公法人の代表機関が権限を逸脱して，不正な代表行為を行った場合にも110条を類推適用するものとしている。村長が，現金出納事務の権限は収入役にあるにもかかわらず，金銭の借入れを行ったという場合がこれに当たり，公法人（村）は村長によって行われた行為に責任を負わなければならないとされるのである。ただし，公法人の機関の権限は法令で定められており，また公法人の財産の維持は公益にかかわり，地域住民の利益の保護を考慮しなければならないので，相手方の正当理由の存在の認定については，一般の場合より厳格になされる傾向がある（最判昭和34年7月14日民集13巻7号960頁）。

4　代理権消滅による表見代理（112条）

（1）意　義

これは過去に代理人であった者が，代理権が消滅しているのに代理行為を行った場合である。無権代理人が行為の当時には代理権を有してはいないが，以前には代理権を有していたという事情が必要なのであるから，かつて全く代理権がなかった者には本条の適用はない。またかつて有していた代理権の範囲内で代理行為が行われた場合が本条の本来予定するところである。なお112条の文言は，代理権の消滅をもって相手方に「対抗スルコトヲ得ス」としているが，意味するところは109条・110条と同じである。

（2）本人の事情

これは過去に代理人にした者が本人の信頼を裏切ったかあるいは間違えてそのような代理行為に及んだ場合には，本人が責任を負わねばならないとするものであり，また代理権が消滅していることを，外部に知らせておかなかった責任も本人が負わねばならないというのである。本人としては代理権が消滅した場合には，少なくとも取引行為が行われることが予想される相手方にはその通知をしておくことが必要であるということになろう。

（3）相手方の事情

相手方は表見代理人の代理権が消滅したことを知らないで（善意），知らなかったことに過失がないこと（無過失）が必要であるとされている。相手方の善意・無過失は相手方が立証しなければならない（大判明治38年12月26日民録11輯1877頁）。判例は，取引の相手方は表見代理人の代理権が消滅する以前に取引をしたことがあることを必要とするとしていたが，現在はそれは善意・無過

失の認定資料となるにすぎないとしている（最判昭和44年7月25日判時574号26頁）。

（4） 110条と112条との重畳適用

代理人と称する者が，代理権の消滅後にかつて有していた代理権限の範囲を超えて代理行為を行った場合には，先に110条と109条の重畳適用のところで述べたのと同様の理由で，110条と112条の複合的適用により表見代理の成立が認められる。判例では，甥であるAから実印を預けられ，数度にわたって金銭の借り受けをする代理権を与えられたことのある叔父Bが，代理権消滅後に保管中の印鑑を利用して，Cとの間にAを連帯保証人とする金銭消費貸借を結んだという事例で，110条と112条の両趣旨にのっとり，これを類推適用して本人の責任を認めるのが相当であるとしている（大連判昭和19年12月22日民集23巻19号626頁）。

（5） 112条と法定代理への適用

112条は110条と同様，法定代理にも適用があるとするのが判例・通説である。

5　表見代理の効果——本人と相手方

民法は，表見代理の効果について，若干異なる表現をしているが，意味するところは表見代理が成立すると本人は無権代理人の代理行為の効果が自分に及ぶのを回避することはできないということである。そこで相手方の表見代理の主張が認められると本人と相手方の間には，有権代理と全く同様の効果が発生することになる。本人は相手方に義務の履行をしなければならないが，同時に相手方への権利も取得することになる。

表見代理が成立しその主張がなされれば代理人と相手方との間にはなんら法律問題は生ぜず，その効果は全面的に本人に帰属することになる。しかし本人と表見代理人との間の法律関係は別に処理すべきものがある。すなわち本人と代理行為を行った表見代理人との間には事務管理あるいは不法行為の法関係の成立が検討されるべきであり，これらの法関係により，本人に損害が発生していれば，表見代理人はその賠償の責任を負わねばならない。

第5節　無権代理

　ここで検討される無権代理は，いわゆる狭義の無権代理である。つまり，広義の無権代理から表見代理の成立する無権代理を除いた無権代理を意味する。ここでは無権代理の意義とその効果である相手方の救済が，主な問題となる。なお，同一の代理行為で表見代理も成立する場合には狭義の意味での無権代理の効果を認めるべきか否かは，その理解をめぐって相手方の本人・無権代理人に対する責任追及として認められるべき効果に考え方の違いが見られることは第4節・1・(2)で述べたところである。

　民法は，契約上の無権代理と単独行為の無権代理を区別して規定しているので，ここでもそれに従って検討する。

1　契約の無権代理

（1）意　　義

　表見代理の要件を満たさない無権代理行為によってなされた契約は，本来，本人に対してはなんらの効果も生じないとするのが筋である。しかし，無権代理行為によっているとの一事でそれが本人に不利益しかもたらさないともいえないであろうし，また相手方にとっては，もともと本人と取引をしたものと認識していたのであるから，本人との間に法律関係が生ずれば好都合であるということになる。このようなことに配慮して，無権代理であっても，本人と相手方の間に効果が発生する余地を認めたのである。それが，無権代理人によってなされた契約であっても本人がその効果を引き受けたと考えた時には追認ができるとしたのである（113条1項）。一方，これによって無権代理行為は，有権代理と同様に本人に効果を及ぼす場合と，そうではない場合の可能性をもつことになる。言いかえればその確定を本人の追認があることだけにしておくと，相手方は不安定な状況におかれることになる。そこで，その安定を図るために，本人には追認拒絶権（113条2項）を認め，相手方からもその法関係の確定を求めて催告権（114条）と取消権（115条）を行使することを認めているのである。

（2）本人の追認

　（a）追認の方法　　ここでの追認というのは，無権代理行為ではあるが，

その効果を本人が自分に帰属させるという意思表示である。本人の単独行為であり，相手方や無権代理人の同意を必要とするものではない。追認は無権代理人に向かってしても，相手方にしてもよいと解されているが，無権代理人に対して追認をした場合は，相手方が追認のあったことを知るまでは，相手方には追認の効果を主張することができない（113条2項）。具体的には，追認のあったことを相手方が知らずにこの無権代理行為について取消権（115条）を行使してきたときには，この取消が有効になる。追認は通常意思表示によってなされるが，本人が相手方に無権代理行為による契約の履行を請求したような場合には，黙示の追認があったものとみなされよう。

　（b）　追認の効果　　本人による追認がなされると，原則として，正当な代理権があったのと同様に，代理行為当時に遡って代理の効果は本人に帰属する（116条本文）。このように追認には遡及効が認められるのであるが，これには2つの例外がある。①本人は相手方の同意を得て，たとえば追認のときから効果が発生するとすることができる（116条本文）。②追認には遡及効があるが，これによって第三者の権利を害することはできない（116条但書）。これは無権代理行為が行われた後に，追認がなされるまでの間に本人と第三者の間になされた行為が，追認の遡及効が働いた結果否定されてしまい，第三者が正当に取得した権利が侵害されるのを防ぐ趣旨であると解される。しかし，本人と第三者の間に発生している権利が債権の場合には，債権には排他性がないので，本条但書は適用にならないし，この権利が物権の場合もその優劣は対抗要件の具備に求められることになるので本条の適用の問題とはならない。したがって，本条但書が適用されるのは，無権代理行為の相手方が取得した権利も本人と第三者の間でなされた行為で第三者が取得した権利も，共に排他的効力を備えている場合に限られることになり，適用の余地は意外と少ない。判例には，Aの無権代理人BがAがCに対してもっていた債権の弁済を受けてしまった後に，Aの債権者Dがその債権を差し押さえて転付命令を得たという事例で，AはBの受領行為を追認してもDの権利を害することができないとしたものがある（大判昭和5年3月4日民集9巻299頁）。

　（3）　本人の追認拒絶

　本人は無権代理行為による契約について追認を拒絶することもできる。追認

の拒絶があると無権代理行為の効果は本人には帰属しないことが確定する。拒絶の方法・相手方およびその効果は追認の場合と同様である。

（4） 相手方の催告権

相手方は，無権代理人のした契約について，本人に対して相当の期間に追認するか否かの確答を促すことができる。本人がその催告を受けてその期間内に確答すれば，その確答に従ってその無権代理行為の効果が確定することになるが，仮にその期間に確答がなかったとしてもその場合は追認を拒絶したものとみなされ，本人との間では無効と確定する（114条）。

（5） 相手方の取消権

相手方は，契約当時，その契約をした代理人に代理権がないことを知っていた場合を除いて，本人が追認をしていない間はその契約を取り消すことができる（115条）。この取消がなされると，その無権代理行為からは効果が発生しないことになり，相手方はこの関係から離脱することができることになるのである。つまり，本人による追認の可能性がなくなるのと同時に，相手方は無権代理人にその責任を追及することもできなくなるのである。

（6） 無権代理人の責任

無権代理行為が本人の追認が得られないと，善意の相手方はこのために損害を被ったり，取引の安全が害される結果となる。そこで，先にも述べたように，民法は代理制度の信用を維持する観点からも無権代理人に特別の責任を負わせることにしているのである（117条）。

　（a） 契約の履行あるいは損害賠償責任（117条1項）　無権代理人が代理権のあることを証明できず，また本人の追認も得られない場合には，相手方の選択により，無権代理人は自分で行った契約についてその履行をするか，相手方の被った損害を賠償しなければならない。この責任は無権代理人に過失があったか否かを問わずに認められる無過失責任である。なお，損害賠償は，有効な契約の履行があったのと同一の利益いわゆる履行利益の賠償であるとするのが通説である。

　（b） 本条の責任追及ができない場合（117条2項）　本条は，取引の安全を保護するものであるから，悪意あるいは過失のある相手方まで保護するものではなく，また無能力者については，これを認めると無能力制度を回避する

手段として利用されかねない。そこで，無権代理人に代理権がないことを相手方が知っていたり，知らなかったことについて過失がある場合，また無権代理人が無能力者であった場合には，その相手方は本条による責任を無権代理人に追及することはできないとされている（117条2項）。

(7) 無権代理人の地位と本人の地位とが同一人に帰した場合の法的関係

相続などによって，無権代理人の地位と本人の地位とが同一人に帰属する場合が生ずる。この場合には，本人の有する追認・追認拒絶権の行使ができるか否かが問題となる。以下場合を分けて若干の検討をする。

(a) 無権代理人が本人を相続した場合　たとえば，Aの子供BがAに無断でA所有の不動産をCに売却し，その後Aが死亡したのでBがAを相続したといった事例がこれに当たる。無権代理行為をしたBは本人を相続し，本人が有していた追認・追認拒絶権も相続していることになる。この場合の法的関係の把握の仕方としては，①相続により本人と無権代理人の地位は融合して，Bは本人としての追認拒絶権を失い，B・C間の契約は有効に成立する，②相続により本人としての地位と無権代理人としての地位は併存することになるが，追認拒絶権は無権代理を行ったものに行使させるというのは信義則に反することになるから認められないので，結果的にB・C間の契約は有効であるとされねばならない，③本人の地位と無権代理人の地位とは併存しており，Bは追認拒絶権も行使でき，追認拒絶がなされた時は，CはBに117条の責任を追及することができる，とするものがある。判例は，②の立場を採るようであり（最判昭和40年6月18日民集19巻4号986頁），学説もおおむね契約が有効に成立すると解する点では一致している。ところで，この例でBの他にB₁，B₂のような共同相続人がいた場合には，法律関係は一層複雑なものとなる。この場合には無権代理行為を行ったB以外の相続人であるB₁，B₂については本人から相続した追認拒絶権の行使をはばむ理由が明確ではないからである。この点について判例は，「無権代理人が本人を他の相続人と共に共同相続した場合において，無権代理行為を追認する権利は，その性質上相続人全員に不可分的に帰属する」とし，共同相続人が全員で追認権を共同行使しなければ，無権代理行為は有効にならないとしている（最判平成5年1月21日民集47巻1号265頁）。

なお，判例は，無権代理人が相続する前に，本人が追認拒絶をしていたよう

な場合には，その後に本人を無権代理人が相続したとしても無権代理行為が当然に有効になるものではないとしている（最判平成10年7月15日民集52巻5号1296頁）。

　（b）　本人が無権代理人を相続した場合　　（a）で挙げた例で，AがBを相続しBの無権代理人としての地位を相続した場合については，①Aは追認拒絶権を行使しても信義則に反することもなく，Aが追認を拒絶した場合は，Cは117条の責任をAに追及することができる，②Aは追認拒絶をすることができ，また契約の履行をも拒むことができるので，Aが追認を拒絶し，履行も拒むときは，Cは損害賠償の請求ができるに止まる，とする考え方が主張されている。この点について判例は，基本的には相続人たる本人Aが被相続人Bの無権代理の追認を拒絶しても，なんら信義則に反するところはなく，相続によって無権代理行為が当然に有効になるものではないとの態度を示している（最判昭和37年4月20日民集16巻4号955頁）。しかし，この場合にもA以外にA_1，A_2のような共同相続人が存在する場合には，Aのような本人としての地位を有する相続人との関係が問題となる。これについては，無権代理行為によって特定物の給付ではなく債務を負担していた例で，本人は無権代理の追認を拒絶することができる地位にあることを理由に，その債務を免れることはできないし，まして無権代理人を相続した共同相続人のうちの一人が本人であるからといって，本人以外の相続人が無権代理人の債務を相続しないとか債務を免れると解すべきではないとしたものがある（最判昭和48年7月3日民集27巻7号751頁）。このような事例において，判例は，本人の追認拒絶権と無権代理人の債務との競合を認めながら，相手方が善意・無過失である場合には相手方の保護も配慮しつつ，共同相続人間の公平も考慮して，具体的に妥当な結論を得ようとしているものと考えられる。

　（c）　無権代理人と本人をともに相続した場合　　判例は，無権代理人のBが死亡して本人Aと共同相続人甲がBを相続したが，その後Aも死亡したので結局甲がAの地位も相続したような場合につき，甲は本人Aの資格で無権代理行為を追認拒絶する余地はなく，本人自らが法律行為をしたのと同様な法律上の効果を生ずるものとしている（最判昭和63年3月1日判時1312号92頁）。この例では，甲についてみれば，まず無権代理人Bを相続しその後に本人Aを相

続しているのだから，(a)にあげたのと同様に無権代理人が本人を相続したのと同じパターンであると解したものとみられる。それによれば，本人AをBと甲が相続し，その後に甲がBを相続したという例では，(b)にあげたパターンと同様に本人による無権代理人の相続と解すべきこととなろう。これについては，偶然の事情による相続の先後によって結果が異なるのは妥当ではないとの批判もある。

(d) **無権代理人が本人から譲渡により権利を取得した場合**　この場合には，本人がその無権代理行為を追認しない以上は，無権代理の効力が生じ，無権代理人は，相手方の選択により履行または損害賠償の責任を負うことになり，相手方が履行を選択した時は，無権代理行為による処分行為は有効な処分行為と同じ関係が生ずるとされる（最判昭和41年4月26日民集20巻4号826頁）。

2　単独行為の無権代理

単独行為の無権代理は，原則として無効とされる。単独行為については，契約の場合と異なり，本人の追認を認めると本人の利益にかたより，また代理人の責任を認めると代理人に不当な不利益を負わせることになるからである。したがって，本人の追認・追認拒絶も原則として，認められない。

しかし，取消・解除・相殺のような相手方のある単独行為については，契約の場合と似ているので，相手方の同意があれば必ずしも無効とする必要はない。そこでこれらについては，つぎの3つの場合に限って契約の場合と同様の効果を生ずる（118条）。しかし，117条の適用は問題とはならない。

① 相手方が，その行為の当時，代理人と称するものが代理権がないのに代理行為をすることに同意をしていた場合（能動代理）
② 相手方が，その行為の当時，代理人と称するものが無権代理行為をしたにもかかわらず異議を述べなかった場合（能動代理）
③ 相手方が，無権代理人に対して，その同意を得て単独行為をした場合（受動代理）

なお，寄附行為・相続の放棄など相手方のない単独行為については，絶対的に無効であり，本人の追認があってもなんら効力は生ぜず，無権代理人の責任も発生することはない。

第9章　無効・取消

第1節　無効・取消制度の意義・目的

1　無効・取消制度とは

　民法は，人の意思表示を中核とする法律行為は，何よりもその者が自分で意思決定を行ったものであるから，これを尊重しその実現に積極的に援助を与えるという態度を採っているのである（私的自治の原則）。それが法律行為に効果を与えるという意味である。しかし，法律行為の中には，法秩序の維持や社会的公平の実現，当事者間の公平の維持などの理由によりその実現を阻止した方がよいと判断されるものがある。そこに，当事者がその法律行為によって達成しようとした法律効果の発生を阻止する制度が必要とされる。それが無効・取消の制度である。具体的にどのような場合に法律行為の効果の阻止がなされるかは民法に規定されるが，例を挙げれば，公益；公序良俗違反（90条）・不法条件（132条）など，当事者の保護；未成年者の法律行為（4条）・成年被後見人の法律行為（9条）・詐欺・脅迫による法律行為（96条）など，効果意思の欠如；意思の欠缺（93条〜95条）などである。

　ところで，法律の規定により法律行為の効果を阻止する場合には，その行為の効力を全く否定してしまうものから，当事者の主張があった時にだけその効力を発生させないといったものまであり，またその効力の及ぶ範囲にしても当事者のみとするものから，社会の全体に対してその効力を失うとするものまで考えられる。この点は，効力の阻止の目的，効力阻止によって実現される結果と関連してくるものであるが，一定の政策・価値判断によることになり，必ずしも論理必然的なものでも，絶対的なものではない。そこで，民法は，無効・取消の規定の中でこの点に関する一定の政策・価値判断を示していると理解すべきである。

2 無効と取消の比較

(1) 無効と取消の差異

無効な行為と取り消し得べき行為との間には，基本的にはつぎのような違いがあるとされる。なお，特定の法律行為について，これを無効とするか取り消し得べきものとするかは，政策的・法的価値判断的問題であるが，一般的には，客観的あるいは社会的な理由によってその行為の効力を否定すべきであるという場合にはこれを無効とし，効力の否定を特定の人の意思にまかせてもよいと判断される場合はこれを取り消し得るものとしているといえよう。

① 無効な行為は，誰から主張されなくとも当然に効力がないものとされる（絶対的無効）のに対して，取り消し得べき行為は特定の者（取消権者という）からの取消の主張がなされた時に，行為時に遡ってその行為の効力が否定される（取消の遡及効）。

② 無効な行為は，最初から効力がないもの（確定無効）として扱われるが，取り消し得べき行為は，取消がなされるまでは一応有効なものとして扱われる。

③ 無効な行為は，追認という行為によって有効となることはないが（確定無効），取り消し得べき行為は，追認によって確定的に有効となる。

④ 無効な行為は時間が経過しても無効であることに変わりはないが，取り消し得べき行為は，取消権が時間の経過によって消滅するので（取消権の消滅時効），取り消すことが不可能になることがある。

(2) 無効と取消の多様性

無効と取消には，一応(1)①〜④に述べたような違いがあるとされるが，これはあくまで典型的な無効・取消について比較したものであり，民法の規定でもまた解釈上もさまざまな例外が認められることに注意しなければならない。ある行為につきこれを無効・取消の対象とするか否かについて，また否定するにしてもいかなる行為を無効とし，取り消し得るものとするかについても，いかなる程度までその行為の効力が否定されるべきかについても，政策的・法的価値判断的要素が働く余地があるからである。ここでは，無効・取消の基本的性質からすると例外と見られるものを若干挙げておく。

① 無効な行為であっても，無効の主張が制限される場合がある（相対的無

効)。取引の安全への配慮による虚偽表示における虚偽表示の当事者（94条2項），錯誤における重大な過失による表意者（95条但書）がこの例である。

② 無効な行為は追認によっても有効とはならないが，無権代理による行為のように本人の追認があれば，行為時に遡って有効とされる（116条）ものもある（未確定無効）。

③ 取り消し得べき行為は取り消されると行為時に遡ってその効力が否定されるが，この遡及効が働かず，将来に向かって効力が否定されるにすぎない場合がある（遡及効のない取消）。身分行為の特殊性による婚姻・縁組の取消（748条・808条）がその適例である。

④ 取り消し得る行為でも，その行為の取消の主張の効果の及ぶ範囲が制限されることがある（相対的取消）。詐欺による意思表示の取消は善意の第三者には主張することができないとされ（96条3項），夫婦間の契約取消権についても，第三者の権利を害することができないとされている（754条）。

第2節 無　効

1　無効とは

（1）　無効と不成立

無効とは法律行為の効果の発生を最初から認めないことをいう。最初から効力がないところでは法律行為の不成立と似ているが，法律行為の不成立は，成立要件を満たしていないのに対して，無効は，成立要件を満たして法律行為としては一応成立しているのであるが，効力要件を満たしていないので効力の発生が阻止されることになるのである。効力の発生阻止の態様には，多様性があることについてはすでに述べた。

（2）　無効原因

無効原因には，すべての法律行為を評価の対象としてこれを無効とする共通の無効原因——公序良俗違反（90条），意思の欠缺（93条〜95条），既成条件・不法条件・不能条件・純粋随意条件（131条〜134条）など——と一定の行為を

評価の対象とする特殊な無効原因——婚姻の無効（742条），縁組の無効（802条），遺言の無効（966条・965条）など——に分かれる。

（3） 無効の主張方法

無効の主張をするには，無効は当然無効が原則であるから特別な方式を必要とするものではない。しかし会社の設立無効（商136条以下），株主総会決議無効（商252条）など無効の主張は裁判によらなければならないとするものもある。

2　無効行為の効果

（1）　一部無効と全部無効

法律行為の一部について無効である場合には，これを全部の法律行為に及ぼし無効とするか否かが問題となる。民法の規定の中には一部無効の場合の扱いについて規定するものがあり（133条・278条・360条，利息制限法1条など），その場合には，規定に従って効力が決定されることになる。規定がない場合には解釈によるが，一部が無効になったとしても当事者の意思にそって解釈した場合に，残余の部分について有効性を維持することに理由があればその範囲で有効な法律行為として扱われるべきである。判例には，保証人が50円の連帯保証をしたところ主債務者が勝手に1,500円と証書を書き換えたケースで，50円の範囲での保証契約を有効としたものがある（大判昭和10年3月2日裁判例9民47）。

（2）　履行前の無効の効果

無効な法律行為例えば契約に基づく義務の履行がなされる以前であれば，無効な契約に基づく義務の履行を相手方が求めてきた時は，無効を理由に義務の存在を否定し履行の請求を拒絶（抗弁）すれば足り，無効を理由とする抗弁権の行使についても時間的制約を受けることはない。

（3）　履行後の無効の効果

無効な法律行為に基づいて履行がなされた後に無効が主張された場合には，法的根拠のない履行であるから，元の状態に戻すことつまり原状回復が行われるべきこととなる。その原状回復を求める法的根拠は，どのような内容について原状回復を求めるかという請求の内容によって異なってくる。

（a）　金銭の返還請求　　無効な法律行為に基づいて履行した後に金銭の

返還を求める場合，たとえば売買代金の支払い後にその返還を求める場合には，不当利得の返還請求権の行使（703条）により原状回復を求めることになる。この返還請求権は一般債権と解されているので，10年の消滅時効にかかることになり，実質的に無効の主張もその期間的制限を受けることになる。

　（b）　物の返還請求　　無効な法律行為に基づいて物の引渡を行い，後に自己の所有権により返還請求をする場合には，所有権自体は時効にかかることはないが，無効な取引による者でも物の引渡を受けた者は取得時効を主張することができるので，多くの場合は，10年ないし20年の時効期間の経過によって返還請求ができなくなることがある（162条）。したがって，この場合にも無効の主張には実質的に期間制限があることになる。たとえば，A・B間の無効な行為によってAからBに動産が引き渡され，さらにCがその動産を取得した場合には，Cが即時取得（192条）の要件を備えるとAは返還請求ができないことになり，Aの無効の主張は返還請求では意味をもたないことになる。また，A・B間で，虚偽表示により不動産の売買が行われ，さらにBとその登記を信頼したC間でその不動産の取引が行われCが登記を受けた場合には，AはCに対して無効の主張をすることができないから（94条2項），この場合もAの無効の主張は制限されることになる。

3　無効行為の追認

（1）　無効行為の追認

　無効な法律行為は，確定的に無効なのであるから，それを追認しても有効とすることはできないというのが，民法の原則である（119条本文）。当事者が無効であることを承知の上でこれを追認したときは，新たな法律行為をしたものとみなされ，追認のあったときから効力が発生する（119条但書）。ただし，公序良俗違反（90条），強行法規違反（91条）の行為は追認によって新たな行為があったとして有効になることはない。

（2）　無効行為の追認と遡及効

　119条但書により，追認により新たな法律行為があり追認のときから効力が発生するというのは，たとえば，A・B間の契約でBの承諾が無効であるときに，A，Bがこれを知って，Bがこれを追認した場合にはBが追認をしたときからその契約が有効になるのであって，Aの申込みとBの無効な承諾がなされ

たときまで遡って契約が成立するわけではない。つまり無効行為の追認には遡及効が認められない。しかし一方，無権代理の本人による追認では，第三者の権利を害しないかぎり追認には遡及効が認められている（116条）。そこで，判例も可能な場合には，この無権代理の追認の遡及効を類推適用するとの立場を採用している。たとえば，Aとは無関係のCがAの土地を自分のものとしてDに売却し登記の移転を済ませていたところ，Aは後にCの行為を追認した。ところがBがその土地上の木を伐採したのでAがBに対して侵害行為の禁止と損害賠償を求めたところ，Aの追認以前の部分についてはAの請求は認められるべきであるが，この場合には追認はC・Dの売買が行われた時に遡及するとしてAの請求を棄却している（大判昭和10年9月10日民集4巻17号17頁，同旨，最判昭和37年8月10日民集16巻8号1700頁）。またAの内縁の妻BがAの知らないうちに婚姻届を出し，Aは後にこれを知ったがそのまま共同生活を続け，納税，共済組合の保険証にBを妻と記載していた事例で，婚姻の効力はAの追認によりその無効な婚姻届のなされたときから有効となり，116条の類推適用を婚姻のような身分行為の場合にも認めている（最判昭和47年7月25日民集26巻6号1263頁）。

4 無効行為の転換

（1）無効行為の転換とは

無効行為の転換とは，ある法律行為（甲）が無効である場合に，これが他の法律行為（乙）の要件を満たしている場合には，甲としては無効でも乙としての法律効果を認めることをいう。民法の中でも明文でこの趣旨を認めるものがある。遅延した承諾や変更を加えた承諾は新たな申込みとしての効力が認められること（523条・528条），遺言について秘密証書遺言の方式を欠いていても，自筆証書遺言の方式を具備していれば自筆証書遺言の効力が認められること（970条・968条）などである。しかし，わが国では，ドイツ民法のように一般的に無効行為の転換を認める規定がないところから，明文の規定のない場合にも，一般的にこれを認めるべきか否かについては問題とされてきた。しかし現在では，ドイツ民法と同様に，当事者が当初の法律行為が無効であったなら第二の法律行為としての効果を欲したであろうという客観的事情があれば，無効行為の転換を認めてよいとするのが通説と考えてよかろう。

（２）　要式行為と無効行為の転換

　無効行為の転換は，不要式行為では比較的容易に認められるが，要式行為ではその要式性をどこまで緩和できるかということと関連し，要式性を求められることの多い身分行為について問題となる。判例では，Aとその妾Bとの間に生まれた子CをAが自分の妻Dとの間に生まれた子として嫡出子出生届をしたというケースで，この嫡出子出生届は認知届として有効でありA・C間には父子関係が発生しているとしている（大判大正15年10月11日民集5巻702頁，現在の戸籍先例の扱いも同様である）。つまりこの場合には無効な嫡出子出生届は，有効な認知届に転換してもよいとされるのである。一方，他人甲の子AをB・C夫婦がたとえ養子にするつもりであったとしてもB・C間の嫡出子として嫡出子出生届をして場合には，この嫡出子出生届をもって養子縁組届があったものとすることはできず，B・CとAとの間には親子関係の存在を認めることができないとするものがある（最判昭和49年12月23日民集28巻10号2098頁，同旨，最判昭和25年12月28日民集4巻13号701頁）。また，事実上の父Aが自分の子Dについて，いったんB・C間の子としてDの嫡出子出生届をした後，B・Cの代諾でAとDとの間に養子縁組届をしたというケースでは，この養子縁組には認知届の効力も認められないとしている（大判昭和4年7月4日民集8巻686頁）。養子縁組という要式行為についてはその要式性を厳格に解し，容易に転換が認められないとの態度をとっているものと見られる。しかし，後者の例に関連して，甲が出産した子乙をA・Bの嫡出子として届出をし，A・Bの代諾でC・Dと乙との間に養子縁組がなされたという事例では，無権代理の追認の規定を類推適用し，乙が15歳に達した後に追認すればその養子縁組は有効となるとの判断を示している（最判昭和27年10月3日民集6巻9号753頁）。これらについては，身分行為の特殊性（とくに事実関係の形成の重要性）も考慮すべきであり，それとの関連で検討すべきである。

第3節　取　　消

1　取消とは──無効，撤回との差異

　取消とは，法律行為の有効性を一応認め，特定の者の意思表示によって，そ

の効力を行為時に遡って消滅させることをいう。取消がなされるとその法律行為は効力を失うのであるから，結果的には無効と同様であるが，取消は取消権が行使されなければ無効とはならず，当事者のこれを有効なまま維持することができるという選択の余地がある点で無効とは異なる。また取消は一応有効と扱われている法律行為の効力を失わせるものであるから，まだ効力の発生していない法律行為の効力を事前に阻止する行為とは区別される。後者を「撤回」というが，民法はこれを区別せず，同様に取消の用語によっていることに注意すべきである。たとえば無権代理行為の相手方の取消（115条），選択債権の選択の意思表示の取消（407条），懸賞広告の取消（530条），契約申込みの取消（521条・524条），遺言の取消（1022条～1027条）などが挙げられる。撤回には120条以下の規定の適用が制限される。

2　取消の当事者

（1）取消権者

取消権をもつのは，制限能力者もしくは詐欺・脅迫を受けた者，それらの代理人または承継人である（120条）。制限能力者が単独で行った取消も，取消し得る取消となるのではなく完全有効な取消とみるべきである。法律関係が複雑になるからである。また，制限能力者の取消権については，成年被後見人について9条，被保佐人につい12条3項，被補助人について16条4項に規定されている。その代理人については，未成年の法定代理人としての親権者については，824条，未成年後見人について839条1項，成年被後見人の法定代理人としての成年後見人，代理権を付与された保佐人・保佐監督人，補助人・補助監督人について876条の4第1項，876条の9第1項に規定がおかれている。また保佐人，補助人には同意権が認められる（12条1項・16条1項）。詐欺と脅迫とでは第三者に対する効果が異なることにも注意を要する。

（2）取消の相手方

取消の相手方は取り消される法律行為の相手方である。判例はこの相手方を取り消し得べき法律行為の相手方とし，未成年者Aが法定代理人の同意なくBと契約を結び，BがAに対する債権をCに譲渡したというケースでは，Aは取消の意思表示をCではなくBに対してしなければならないとするものがあるが（大判昭和6年6月22日民集10巻440頁），Cに対する取消も有効であるとする説

もあり，相手方について若干の考え方の違いが見られる。
3　取消の方法
　取消は取消権者の一方的意思表示であり，特別な方式による必要はない。ただ，これを内容証明郵便・配達証明郵便ですれば，後に，取消をしたことの立証を容易にすることになる。
4　取消の効果
（1）　取消の遡及効
　取消がなされるとその法律行為は，行為時に遡って無効とされる。取消には，遡及効が認められるが，遡及効のない将来に向かって効力を失わせる取消もあることは既に述べた。
（2）　取消後の原状回復
　取消によりそれまで一応有効であった法律行為は無効となるから，未だ履行していない債務があっても取消後は履行する必要がない。しかし，すでに履行された債務については，不当利得の規定に従い，受領者は返還しなければならない。ただし，制限能力者については，「現存利益」を限度に返還すればよいとされている（121条但書）。ここにいう現存利益とは，取り消された行為によって制限能力者が得た利益が，そのままの形であるいは形を変えて現に存在していることを意味する。したがって，制限能力者が浪費したり紛失したりした部分は返還する必要はないが，自己の債務の弁済や自己の生活費に当てた部分については，本来減少すべきであったものが減少を免れたのであるから，現存利益があるものとして返還しなければならない（大判昭和7年10月26日民集11巻1920頁）。
（3）　取消と第三者
　取消による無効の効果は，原則として第三者にも及ぶが，詐欺による取消は善意の第三者には主張できない（96条3項）。
5　取り消し得べき行為の追認
（1）　追認の意義
　追認とは，有効か無効か不安定な状態にある取り消し得べき行為を有効と確定する意思表示であり，取消権を放棄することを意味する。
（2）　追認権の要件および方法

追認権をもつのは，取消権をもつ者と同様である（122条・120条）。追認権者は，取消と同様に相手方に対する意思表示によって追認をするが（123条），追認は，取消の原因となった状況がなくなった後になされなければならない（124条1項）。したがって，制限能力者は能力が回復しなければ追認をすることができない。ただし未成年者は法定代理人の同意を得て，有効な追認をなし得る（19条参照）。また詐欺を受けて法律行為をした者は，詐欺を受けた法律行為であることを認識した後に，脅迫を受けて法律行為をした者は脅迫から逃れた後でなければ追認できない。さらに，追認は，その法律行為が取り消し得べき行為であることを認識してなされなければならない（124条2項）。124条2項は，成年被後見人についてのみ規定しているが，他の制限能力者について別に解すべき理由はないので同様である。なお法定代理人は何時でも追認をすることができる（124条3項）。

（3）　追認の効果

追認をすると取り消し得べき行為は，行為時に遡って有効な行為として確定する。追認はもともと有効であると取り扱われていた行為の不安定性を取り除くにすぎないのであるから，第三者を害するおそれはないので，122条但書は意味のない規定である。

（4）　法 定 追 認

取消権をもつ者が，追認ができる状況になってから，一定の行為をすると追認をしたものとみなされ，取消権の行使ができなくなる（125条）。これを法定追認という。取り消し得べき行為は，不安定なものなので，できるだけ早期にその安定をはかるのがその趣旨である。125条には，全部または一部の履行（1号），履行の請求（2号），更改（3号），担保の供与（4号），取り消し得べき行為により取得した権利の譲渡（5号），強制執行（6号）が列挙されている。このうち，1号の履行，4号の担保の供与には，取消権者がこれを行う場合ばかりでなく，これを受領する場合も含まれる（大判昭和8年4月28日民集12巻1040頁）。強制執行について，判例は，取消権者が強制執行をした場合であるとしているが（大判昭和4年11月22日新聞3060号16頁），学説には債務者として強制執行を受け，異議の主張をしなかった場合も含まれるべきであるとするものが多い。

（5）　取消権の消滅

　取消権は，追認をすることができる時から5年間，行為の時から20年経過すると消滅する（126条）。この期間を経過すると取消権は，追認あるいは法定追認がなくても消滅することになる。この5年間，20年間の性質については，消滅時効と見るか，除斥期間と見るか議論があるが，少なくとも，取消がなされた場合に生ずる原状回復請求権や現存利益の返還請求権の存続期間も126条の制限を受けるものとされねばならない。つまり取消権が行使されると原状回復請求権や現存利益の返還請求が発生するが，これらの請求権は取消権の5年の存続期間と切り離してさらに10年の消滅時効にかかると考えるべきではなく，これらの請求権も5年の取消権の存続期間の限定を受けるべきものと解すべきである。そうでなければ，取消権を5年の短期存続期間とし法律関係の早期安定を図ったことが無意味となってしまうからである。

第10章　条件・期限・期間

第1節　条　件

1　法律行為の付款

　法律行為の当事者は，私的自治の原則から，単にその内容の自由だけでなく，法律行為の効力の発生または消滅について，任意に制限を加えることができる。たとえば，「司法試験に合格したら自動車を買ってあげる」といった契約や，「仕送りは来年の誕生日まで行う」という契約である。すなわち，実際に自動車を購入してもらえたり，仕送りが終了するといった契約の効力の発生や消滅は，通常は契約の成立と同時であるが，これを特に当事者の意思によって，「司法試験に合格したら」といった将来発生することが不確実である事実や，「来年の誕生日」といった将来到来することの確実である事実にかからしめることができるのである。前者を条件といい，後者を期限という。

　なお，条件・期限のことを法律行為に付加された約款（あらかじめ一方の当事者が定めている契約条項）という意味で，付款と言われる場合もある。

　また，付款の一種に負担がある。たとえば，「土地を贈与する代わりに老後の面倒をみてもらう」ような場合であり，「老後の面倒をみる」ことが負担となる。しかし，負担は，条件と異なり，積極的に負担の内容を果たさねばならない。ちなみに，民法典では条件や期限と共通の取扱いをしていない。

2　条件の種類と条件付法律行為の効力

（1）　条件の意義

　条件とは，法律行為の効力または消滅を，将来発生することが不確定な事実にかからしめる場合の付款である。たとえば，AからBが借りている金銭を，弁済期に弁済しないときは，B所有の土地をAに移転する契約（このようにお金の代わりに土地という物で弁済するということを代物弁済という）や，仕送りを

するが，もし大学院の入試に不合格であった場合，送金をストップするという契約などを条件付法律行為という。上記の例の場合，「BがAから借りている金銭を弁済しなかった場合」という部分や「大学院の入試に不合格になった場合」という部分が条件となる。そして，将来，その不確定な事実が実現することを，条件の成就といい，実現しないことに確定することを条件の不成就という。

条件付法律行為に関しては，以下の点に注意すべきである。

（a）条件は，法律行為の成立を制限するものではない。たとえばマンション購入のための売買契約（法律行為）が成立するためには，「売る」と「買う」という意思表示が合致すればよい。しかし，もしその売買契約に「大学に合格した場合」という条件が付されていると，売買契約自体は既に成立はしているが，実際に大学に合格しなければ，その効力は発生しない。すなわち，債権債務が発生し，マンションの所有権が移転しないのである。このように，条件は契約の効力の発生または消滅を制限ないし限定するといった効力発生要件であるといわれる。

（b）条件にすることのできる事実は，将来の事実であり，かつその発生が客観的に不確実であることが必要である。すでに発生すること，あるいは発生しないことが確定している事実は，それをたとえ当事者が知らなかったとしても，条件とはならない。

（c）条件は，効果意思の一体的内容をなし，当事者が任意に定めるものであるから，法律の規定によって，ある法律行為の効力が発生するために，当然に必要とされている条件（法定条件）とは異なる。法定条件とは，たとえば，農地を売買する際に必要とされる官庁の許可（農地法3条・5条）や民法994条に定める遺言者死亡の際の受遺者の生存などである。

（2）条件の種類

条件には，停止条件と解除条件がある。

（a）停止条件　停止条件とは，その条件が成就するまで，法律行為の効力の発生を停止させる条件のことである（127条1項）。たとえば，大学に合格したら，乗用車を買ってあげる（贈与する）という場合である。乗用車の贈与を受けるためには，大学に合格するという条件を成就させねばならないこと

（b）解除条件　解除条件とは，その条件が成就すると，すでに発生している法律行為の効力が消滅してしまう条件のことである（127条2項）。たとえば，300万円の奨学金を贈与するが，大学を卒業するまでに司法試験に合格しなかったら，300万円を返還するという場合である。この場合，大学を卒業するまでに合格をしなかったということが，条件の成就ということになる。

(3)　条件成就・不成就の効果

停止条件付法律行為は，条件が成就すると，そのときに，かつ当然に法律行為の効力が生じる。法律行為の効力が生じるとは，たとえば，商品売買契約であれば，売主と買主に債権債務が生じ，売主から買主に商品の所有権が移転することになる。反対に停止条件の不成就が確定すると，法律行為は無効となる。

また，解除条件付法律行為の条件が成就すると，法律行為は，そのときより当然に効力を失うことになる。たとえば，判例は，戦時中に土地と温泉使用権を陸軍傷病兵療養所として利用する目的で寄付する際に，将来，陸軍省がその療養所を用途廃止したときは無償返還をするとの条件が付けられていた場合，戦後，陸軍省が廃止され，たとえ国立病院がその業務を引き継いでいたとしても，条件は成就したものと解されている（最判昭和35年10月4日民集14巻12号2395頁）。反対に解除条件が不成就に確定すれば，解除条件付法律行為の効力は消滅しないことに確定することになる。

ただし，いずれの場合も，当事者が法律行為の効力を，遡求して発生または消滅させる意思表示をしていれば，その意思により，法律行為成立時まで遡求する（127条3項）。

さらに，条件が物権行為に付けられた場合において，条件成就による物権の取得あるいは物権の消滅を第三者に対抗するためには，その旨の本登記をせねばならない（177条）。

3　条件が成否未定の間における効力

(1)　期待権の保護

停止条件付法律行為の条件が成否未定の間は，法律行為がついに効力を生じないことに確定するかもしれないし，または効力を生じるかもしれないという不確定な状態に置かれる。また，解除条件付法律行為の条件が成否未定の間は，

すでに生じている法律行為の効力が，もしかしたら消滅するかもしれないという不確定な状態に置かれる。

しかし，このように法律行為の効力が発生または消滅していない不確定な状態にあったとしても，条件が成就した場合に利益を受ける当事者は，もしかしたら現実に利益を受けることができるかもしれないという期待は持っているといえる。法律は，この期待を一種の権利として認めた。この期待権が条件付権利であり，それに対応する義務が条件付義務である。そして，条件付法律行為の各当事者は，相手方の条件付権利を害してはならない（128条）。

たとえば，Bの大学卒業を条件としてBに乗用車を贈与する契約をしたAは，その乗用車を毀滅したり他人に売ったりしてはならない義務を負う。

（2） 期待権の処分・相続・保存・担保

条件付権利・義務は，その条件の成就によって取得される権利・義務に関すると同様の規定に従って，これを処分，相続，保存または担保することができる（129条）。

たとえば，司法試験に合格したら，マンションを贈与するというという停止条件付の契約の場合，試験に合格した場合には，マンションを取得できるという期待を有することになる。民法はこのような条件付権利（期待権）を仮登記によって保全できると定めている（129条，不登2条）。これは，期待権が経済的に独立した財産権としての価値を有することにある。したがって，AとBとの契約で，BがAに1,000万円を弁済しない場合，B所有の家屋の所有権をAに移転する旨が定められ（代物弁済予約），Aがこの所有権を移転すべき請求権を保全するための仮登記をしておけば，もし，Bが弁済期前に，この家屋をCに譲渡し，C名義で登記をしても，Aは条件成就の際に既に済ませておいた仮登記に対応する所有権移転の本登記を行うことにより，AはCから家屋の引渡しを受けることができるのである。

（3） 条件成就の擬制

条件の成就によって不利益を受ける当事者が，故意に条件の成就を妨げたときは，相手方は，その条件が成就したものとみなすことができる（130条）。相手方が，条件が成就したものとみなし得るためには，①その条件成就を妨げる行為がなかったならば，条件が成就したであろうと認められる場合，②条件成

就を妨げる行為をした当事者が，その行為によって条件の成就が妨げられることを知って（故意に），その行為をなした場合，そして，③条件成就を妨害する行為が，信義則に反している場合，でなければならない。

たとえば，Bが不動産の仲介業者Cに土地購入のあっせんを依頼し，土地の売買契約が成立したら，Cに一定の報酬を支払うという契約（仲介契約）をした場合において，BがCを排除してCが探してきた土地についてAとBが直接取引をすることで契約を成立させてしまった場合，CはBに条件成就の妨害があったとして報酬を請求できるかが問題となる。裁判所は，Bは故意に条件を妨げたものとして，業者に報酬請求権を認めている（最判昭和39年1月23日民集18巻1号99頁，最判昭和45年10月22日民集24巻11号1599頁）。

また，逆に条件成就によって利益を受けるべき者が，不正行為によって条件を成就させたような場合は，どうなるのか。このような場合は，真の意味の条件成就とは言えないので，130条が類推適用され，相手方は条件の不成就とみなすことができるだろう。

たとえば，A（アデランス）とB（アートネイチャー）との間で，「特許権侵害品かどうか問題とされた部分かつら（侵害品）の製造販売をしない。Bがこれに違反した場合には，Aに対して1,000万円の違約金を支払う」という契約を結んでいた場合において，BがAにその侵害品を積極的に販売させるように誘引したことは，Bが故意に条件を成就させたものとされた（最判平成6年5月31日民集48巻4号1029頁）。

4　仮装条件

条件のような外観を呈するが，実際は条件といえないものを仮装条件といい，民法は4種類を規定している。

（1）既成条件（既定条件・確定条件）

法律行為がなされるとき，すでに客観的に確定している事実が条件とされた場合，それを既成条件と呼ぶ。この既成条件付法律行為は，当事者が条件が成就していることを知らない場合，それが停止条件であれば，法律行為成立の時から無条件に有効であり，解除条件の場合は当初から無効である（131条）。本来の意味の条件は，将来の事実であり，かつ客観的に不確定な事実でなければならない。

たとえば、「沖縄が日本に返還されたならば」といった条件が既成条件である。

(2) 不法条件

条件が付けられることにより、法律行為全体が、公序良俗（90条）、または私法の強行規定に反する性格を持つようになる条件を不法条件という。不法条件付の法律行為は無効である（132条）。

ただし、「不法の条件」といっても、条件そのものだけを取り上げ、その不法性を問題とすることは無意味である。なぜなら、条件とはそれを含んでいる法律行為の一部だからである。したがって、たとえば、AとBとの間で、BがCに暴行を加えた場合に（停止条件）、AはBに金銭を贈与するという契約は無効である。これは民法90条を具体化したものである。ところが、AがBに金銭を贈与し、もしBがCに暴行を加えた場合に（解除条件）、BはAに金銭を返還するといった契約のように、法律行為が全体として不法性をおびない場合は有効と考えられる。したがって、妾関係の持続を条件とした遺贈は無効（大判昭和18年3月19日民集22巻185頁）であるが、妾契約を終了させるための手切れ金の支払契約は有効（大判昭和12年4月20日法律新聞4133号12頁）となる。

(3) 不能条件

実現することが不可能な停止条件を付した法律行為は無効である（133条1項）。不能というのは、単に物理的に不能である場合だけではなく、社会的・経済的に不能な場合も含まれる。たとえば、「海に落としてしまった携帯電話を探してくれたら」というような場合である。また、実現不可能な解除条件を付けた法律行為は、無条件なものとなる（133条2項）。

(4) 純粋随意条件

一方当事者の意思によって停止条件の成否が定まるものを随意条件といい、特に条件の成否が、純粋に、一方当事者の意思のみによって決まるものを、純粋随意条件という。たとえば、Aの気が向いた時にBに金銭を贈与するという契約であり、このような条件が付けられた法律行為は無効となる（134条）。なぜなら、このような法律行為には、法的拘束力を発生させる当事者の意思が認められないからである。

5　条件に親しまない法律行為

　条件を付けることは，契約自由の原則から自由に認められるが，法律行為に条件が付けられると，その効力の発生や存続が不安定なものとなるので，もし，それが社会的に問題となるような場合は，法律行為に条件を付けることは認められないだろう。このような法律行為を条件に親しまない法律行為といい，公益と私益の2つの観点から認められる

（1）　公益上の禁止

　身分法上の行為（婚姻，離婚，養子，相続放棄等）の効力は，確定的に発生したり消滅したりせねばならないため，原則として条件を付けることはできない。たとえば，司法試験に合格したら，あるいは今の配偶者と離婚したならば，結婚するという約束は認められない。また，手形や小切手などの支払約束文句に条件を付けることは，取引秩序を混乱させることになるので認められない（手形法1条2号・75条2号，小切手法1条2号）。

（2）　私益上の禁止

　単独行為のうち，条件を付けることによって相手方に不利益となるもにも条件が付けられない。たとえば，法律行為の取消，追認，契約の解除，相殺（506条1項但書）などである。

第2節　期　　限

1　期限の意義

　期限とは，法律行為の発生，消滅または債務の履行を，それが到来することの確実な将来の事実の発生まで延期する法律行為の付款である。条件の内容は，将来発生するか否かが不確実な事実であるのに対し，期限の内容は必ず発生する将来の事実である。

2　期限の種類

（1）　始期と終期

　始期とは，借りたお金を来月末に返済するとか，来月からアパートを賃貸するというように，法律行為の効力の発生または債務の履行に関する期限をいう。終期とは，賃貸借契約が建物の借家人が生きている限り存続し死亡した時に終

了する (「終身建物賃貸借契約」高齢者法56条) というような法律行為の効力を消滅させる期限をいう (135条2項)。

(2) 確定期限と不確定期限

確定期限とは，期限の内容である事実が到来する時期まで確定している期限であり，たとえば，2005年4月3日までアパートを賃貸するとか，3カ月後に借りたお金を返すといった場合である。不確定期限とは，期限の内容である事実が必ず到来はするが，その到来の時期までは確定していない期限である。前述の例の終身建物賃貸借やつぎの出世払約款などがそうである。

(3) 出世払約款

仕事に成功したとき，出世したとき，あるいは結婚したときや大学を卒業したときに，100万円を贈与するとか仕送りをやめるというような法律行為の効力の発生または消滅が，不確定期限であるか，それとも条件であるかということは，当事者の意思表示の解釈の問題となる。

たとえば，BがAから借りた50万円をBが出世したときに返済するという契約をしていた場合，Bがもし出世しなかった場合は50万円を返済しなくてもよいという趣旨であるならば，停止条件付の契約となるだろう。ところが，いずれは返済せねばならないのだが，それを出世のときまで猶予する（出世不能が確定した場合も返済せねばならない）という趣旨であれば不確定期限付の契約となる（大判大正4年3月24日民録21輯439頁）。

(4) 期限に親しまない法律行為

条件の場合と同様に，婚姻や養子縁組などの身分行為に始期や終期を付けることはできないし，相殺（506条）や取消のように，遡及効ある行為に期限を付けることは無意味であるので許されない。

3 期限付法律行為の効力

期限が到来することにより，当然に，法律行為の効果が発生したり，履行請求権が発生したり (135条1項)，法律行為の効果が消滅したりする。

期限到来によって認められる，これらの効果に遡及効（期限到来後に効力を認めるのではなく，契約成立時期に遡って効力を認めること）は認められない。期限を定めた意味を失わせることになるからである。

また，期限は必ず到来するものであるから，不確定な事実の到来を履行期と

定めた場合に，その事実の到来が不発生に確定したときにも期限が到来したことになる。

期限については，その性質が許す限りにおいて，条件に関する既定が類推適用される。

4 期限の利益
（1）利　　益

期限の利益とは，期限が到来しないことによって，その間に当事者が有する利益を指す。つまり，期限が到来するまで権利を保有したり，履行を請求されなかったりすることによって，当事者が有することになる利益のことである。

たとえば，AがBから年利10％とし，1年後に返済する約束で100万円を借り受けたような場合，Aは1年後の期限までは，100万円の返還要求を受けずに，それを自由に使うことができるという利益である。

（2）期限の利益を有する者

期限の利益をいずれの当事者が有するかは，期限付法律行為の性質や当事者の意思によって定まるが，それがはっきりしないような場合は，期限の利益は債務者が有するものと推定される（136条1項）。

（3）期限の利益の放棄

期限の利益は，権利と呼ばれないが，権利と同様に放棄することが可能である。

　　（a）当事者の一方のみが，期限の利益を有するときは，その当事者は，これを放棄することができる。もし，その放棄によって相手方が損害を受けた場合，放棄した者は，その損害を填補せねばならない。

たとえば，無利息の金銭消費貸借の借主は，いつでも借りたお金を返還でき（592条），保管料なしに家財道具などを預かってもらうような無償寄託における寄託者は，いつでも返還請求することができる。

　　（b）当事者の双方が，期限の利益を有するときは，その一方は，相手方の利益を害さないときにのみ，放棄が認められる（136条2項）。

たとえば，利息付金銭消費貸借の借主が期限前に弁済をするには，期限までの利息を支払わねばならないし，定期預金を預かっている銀行が，期限前に弁済したい場合は，期限までの利息をつけなければならない（大判昭和9年9月

15日民集13巻1839頁)。また，反対に貸主は，損害賠償金を払ったとしても，借主が有する期限の利益を一方的に奪うことはできない。たとえば，利息付の金銭消費貸借の場合，たとえ貸主Aが期限までの利息を放棄し，さらに借主Bに損害賠償をしたとしても，借主Bが期限まで元本を利用することができる利益を奪うことはできないのである。

(4) 期限の利益の喪失

期限の利益を有する債務者について，①債務者が破産の宣告を受けるとか，②債務者が担保を毀滅し，またはこれを減少させたとか，③債務者が担保を提供する義務を負うのにこれを提供しないといった事実が発生したときは，債務者は期限の利益を主張できなくなる。その結果，期限が到来し，直ちに弁済をせねばならない（137条）。

たとえば，AがBから300万円の乗用車を60回払いで購入するという割賦払契約において，1回でも弁済がなされなかった場合に，期限の利益を失うとの特約がなされていた場合がそうである。この場合，5回目の支払期限にBに5万円が弁済されなかった場合は，Aの残り275万円を55回に分割して支払えばよいという利益を失ってしまう。したがって，AはBに対して，5回目の支払分5万円と残金275万円を合わせて合計280万円を直ちに弁済せねばならないことになる。

また，当事者間で，期限の利益を失うべき事由を特約によって決めることは契約自由の原則のもとで可能である。このような条項を「期限の利益喪失約款」と呼び，銀行取引約款の多くに認めることができる。

第3節　期　　間

1　期間の意義

期間とは，時間が法律上の意味を持つ場合で，ある時点から他の時点までの時間の流れを継続したものとしてとらえたものをいう。たとえば，アパートを2年間借りる契約（賃貸借契約）や100万円を3年間借りる契約（金銭消費貸借契約）において定めた「2年間」や「3年間」という時の区分が期間である。

民法では，期間の計算に関する通則を設けているが，法律の規定（たとえば，失踪期間や時効期間など）や裁判上の命令（196条2項），さらに契約当事者の特約によっても定められる（138条）。したがって，特別の規定がない限り，公法関係にも民法の期間に関する規定が適用される。たとえば，大判昭和5年5月24日民集9巻468頁は，解散後の総選挙期日の起算日に初日不算入の原則（140条）を適用している。

2　期間の計算法

自然的計算法と暦法的計算法がある。自然的計算法は，即時から起算して，日，時，分，秒の端数に至るまで，正味の時間を算出する方法であり，暦法的計算法は，日を単位にして，週，月，年を暦にしたがって計算する方法である。前者は正確な計算が可能であるが，その計算方法が複雑である。しかし，近年は秒単位の正確な時間の計測・把握が可能であり，ネットオークションなどインターネット上の取引が増加していることから，自然的計算法の必要性は増しているのではないかと思われる。

（1）　時以下を単位とする短期間の計算法

時・分・秒を単位として期間を定めたときは（民法の条文は，「時」のみを規定するが，分と秒も含むと解される），即時から起算し（139条），瞬間から瞬間までを計算する自然的計算法によって計算する。

（2）　日，週，月または年をもって定めた長期間の計算法

民法は，日，週，月または年をもって定めた長期間の計算法について，自然法的計算法より便宜性で勝る暦法的計算法を採用している（140条）。

　　（a）　起算点　　日，週，月または年をもって期間を定めた場合は，その初日は算入せず（140条本文），その翌日から起算する（初日不算入の原則）。なぜなら，たとえば，初日の午後5時に期間を定めた契約をした場合，初日を算入してしまうと，契約日の残りが7時間しかないのに1日として計算されてしまい適当ではないからである。ただし，初日が端数にならないような場合，たとえば，3月25日に「4月1日から3カ月」という契約がなされたような場合は，4月1日は完全に24時間あるため，起算点は4月1日となる（140条但書）。

なお，年齢の計算においては，「年齢計算ニ関スル法律」により，出生の日

から起算し，初日不参入の原則は適用されない。また戸籍法による届出期間は，届出事件発生の日から起算する（戸籍43条）。たとえば，出生の届出は14日以内にこれをしなければならないとされるが，この場合，出生した日が届出事件発生の日である。

　（ｂ）　満了点　　日，週，月または年をもって期間を定めたときは期間の末日の終了（午後12時）をもって期間の満了とする（141条）。そして，その満了点は以下の基準により決定される。

　①　日，週をもって期間を定めた場合は，起算日から日数を数えて，その最後の日が末日となる（143条１項）。

　②　月または年をもって期間を定めた場合は，日に換算はせず，月の大・小や年の平・閏に関係なく暦にしたがって計算し，末日を算出する（143条１項）。この場合，月や年のはじめから起算するのであれば，たとえば，７月１日から１カ月という場合は，７月31日，４月１日から１年間という場合は，翌年の３月31日が期間の末日となる（143条１項）。月や年の初日以外の日から起算する場合は，最後の月または年における応当日（起算日と同じ数字の日）の前日をもって期間の末日とする。たとえば，１月14日の午後３時に「今日から３カ月」という契約を締結した場合，起算日は１月15日であり，最後の月の応当日である４月15日の前日の４月14日が期間の末日となる。同様に期間が１年であった場合は，翌年が平年であるか閏年であるかに関係なく，翌年の１月14日が期間の末日となるのである（143条２項本文）。

　また，もし，最後の月に応当日がない場合は，その月の末日が期間の末日となる（143条２項但書）。たとえば，１月30日に「今日から１カ月」という契約をした場合，最後の月である２月に応当日（30日）はないが，その月の末日である28日（平年の場合）が期間の末日となるのである。

　③　上記の①と②のいずれにあっても，期間の末日が，大晦日（現在では国民の祝日に関する法律で規定されている祝日），日曜日，その他の休日（全国的または地方的な臨時の祝休日）に当たり，かつその日に取引をしない慣習がある場合には，その翌日をもって末日となる（142条）。

　（ｃ）　過去に遡って計算する場合の計算方法　　逆算の場合，すなわち一定の起算日から過去に遡って計算される期間については，民法に規定はない。

しかし，民法に規定される期間の計算方法が，この場合にも準用されると解されている（判例・通説）。たとえば，社団法人の社員総会招集の通知は，総会の日の，少なくとも5日前にしなければならないとなっているが（62条），総会が4月20日に開かれるとしたならば，5日前という期間は，19日が起算日となり，15日が末日に当たるので，総会招集の通知は，4月14日中に発せねばならないことになる。

第11章 時　効

第1節　序　説

1　時効の意義と時効制度の構造

（1）時効とは何か

　　（a）時効の二類型　　時効には二つの類型がある。具体的事例で示そう。まず，（イ）Aが長期間にわたりある土地を自分の土地のように占有・使用していたところ（たとえば，その土地を耕作したり，資材置場や駐車場として利用したり，家屋を建てて居住するなどして），突如右土地の所有権を主張するBが現れ，Aを相手に土地明渡の訴えを提起したという場合，裁判所は，Aが上記土地の所有権につき取得時効が完成している旨を主張しさえすれば，Aは時効により所有権を取得したとして，Bを敗訴させる。また，（ロ）CがDに対して何らかの債務（たとえば，代金債務や貸金債務など）を負っていたが，Dからの催促がなかったこともあって放置していたところ，Dが一定期間経過後に債務の履行を求めて訴えを提起したという場合，裁判所は，CがDの債権につき消滅時効が完成している旨を主張しさえすれば，Dの債権は時効により消滅した（したがってCの債務も消滅した）として，Dを敗訴させる。

　このように，時効とは，一定の事実状態（上の例でいうと，Aが所有者であるかのような状態，あるいは，C・D間に債権債務が存在しないかのような状態）が一定期間を越えて継続すれば，その事実状態が真実の権利関係と一致するか否かを問うことなく，そのまま権利関係として認める（結論的には，Aを所有権者として扱い，あるいは，C・D間に債権債務関係が存在しなかったものとして扱う）という制度である。すなわち，上記（イ）は，「あたかも権利者であるかのごとく権利行使しているという事実状態」を根拠に真実の権利者とみなすもの──取得時効制度──であり，（ロ）は，「権利があるにもかかわらず権利を行

使していないという事実状態」を根拠に権利の消滅を認めるもの——消滅時効制度——である。

　（b）　時効制度の適用範囲　　時効制度は，所有権や債権など一定の財産権に関して適用をみるものである。これに対し，夫婦・親子などの身分関係については，取得時効も消滅時効も適用の余地はない。たとえば，内縁の夫婦に対しては，実質的な夫婦共同生活の継続という事実関係に立って（つまり「準婚関係」ととらえて），法律上の夫婦に認められる効果を付与することがあるが，これは時効制度に基づくものではない。ただし，身分関係に基づいて取得する権利であっても，それ自体財産権として観念することが可能なものについては，その身分関係から切り離して処理することが認められる。たとえば，相続回復請求権（884条）などについては，消滅時効が正面から適用される。

　（2）　時効制度の構造

　　（a）　時効の効果の発生過程　　時効の効果は，どのような過程を経て生ずるか。時効によって権利の取得や消滅が認められるためには，たんに一定の事実状態（占有または権利不行使）が存在するだけでは足りず，そうした事実状態が何らの障害（中断事由など）なくして一定期間継続すること——これを「時効の完成」という——が，まず前提となる。そして，この時効完成の要件に加えて，時効の利益を受けようとする当事者が取得時効または消滅時効が完成していることを主張すること——これを「時効の援用」という——が必要である。これを簡略化すれば，つぎのごとくである。

	時効完成の要件			時効完成の直接的効果	時効の本体的効果	
	一定の事実状態	一定期間	継続			
取得時効	占有または準占有	10年〜20年（短期消滅時効は別）	中断等がないこと	援用権発生（145条）	権利の取得	遡及効（144条）
消滅時効	権利不行使				権利の消滅	

　このように，時効完成の要件が備わっても，直ちに時効の効果が発生するわけではない。すなわち，時効完成のいわば直接的効果として時効援用権が発生し，それが行使されることによって初めて時効の本体的効果（権利の取得または消滅）が生じるのである。そうした意味で，時効の援用は，時効完成の要件と時効の本体的効果とを媒介する機能を営んでいる。

　（b）　時効の効果の発生時期をめぐる見解の対立　　もっとも，上に述べ

たような時効の完成・援用と時効の効果発生との関係については，判例・学説上必ずしも共通の理解がなされているわけではない。というのは，民法は一方で，時効の完成によって権利の得喪を生ずると定めつつも（162条・163条・167条～174条），他方で，当事者が時効を援用しないかぎり時効に基づく裁判をすることはできないと定めており（145条），これらの互いに矛盾するかのような規定をどのように調和的に理解すべきかに関して解釈論上の争いがあるからである。すなわち，上記の162条等を重視して時効の完成のみで時効の効果は確定的に発生するとみる見解（＝確定効果説）と，上記の145条や時効利益の放棄に関する146条を重視して時効の完成のみでは時効の効果は確定的には発生しないとみる見解（＝不確定効果説）とが対立し，後者はさらに，時効の援用がないか，または時効利益の放棄がなされることを解除条件として時効の効果が生ずるとする見解（＝解除条件説）と，時効を援用することによってはじめて時効の効果が生ずるとする見解（＝停止条件説）とに分かれる。今日では，最後の停止条件説が通説的見解と目されており，上記（a）の叙述もこれに従っている。

（3）　本章の構成

本章では，まず，時効制度の基礎理論（本節2・3），および，時効の認められる権利（第2節）について説明する。ついで，時効完成の要件（第3節），時効完成の直接的効果（第4節），時効の本体的効果（第5節）について説明し，最後に，消滅時効類似の制度（第6節）について触れる。

2　時効制度の存在理由

（1）　伝統的な考え方

われわれが土地や建物などの所有権を取得するのは，売買や贈与などの契約を通じるか，あるいは相続によるというのが，通常かつ本来的である。また，債権が消滅するのは，弁済・相殺・免除などによるというのが，一般的な態様である。これに対し，時効制度は，一定期間の経過によって権利の得喪を生じさせるものであり，権利の変動原因としては，いわば異質かつ例外的なものだといえよう。なぜなら，他人の所有物をいかに長期間占有していようとも，最終的には真実の所有者に返還すべきであり，また，債権などの権利は，権利者自身が放棄しないかぎり，たとえ何年経過しようとも存続する（換言すれば，

借金などの債務は，返済しないかぎりは，何年経過しようとも消滅しない）と考えるのが，むしろわれわれの常識ないし道徳観に合致するし，かつそれが法の原則でもあるはずだといいうるからである。しかし，時効制度が設けられているが故に，結果的には，他人の所有物を返還したり借金を返済しなくてもよい（少なくとも，法的にはそれを強制されない），ということになる。

そこで，民法がこのような反道徳的ともいいうる時効制度を設けたのはなぜなのか——すなわち，時効制度の存在理由は何か——が，問題となる。従来，時効制度の存在理由として伝統的に挙げられてきたのは，（ⅰ）法律関係安定の要請，（ⅱ）立証困難救済の必要性，および，（ⅲ）権利の上に眠る者は保護に値しない，の三点である。これらは，一般に，以下のように説明される。

まず，（ⅰ）は，「取引関係における第三者保護」を重視するものである。たとえば，Aがある土地を所有権なしに占有していたとしても，社会の人々がAの所有地と信ずるようになれば，BがAからその土地を借りて建物を築造したり，あるいは，Cがその土地を担保にAに金銭を貸し付けたりすることがあろう。しかし，後日Aに関する事実関係が真実に反することが明らかになったとして，BあるいはCとの間で築き上げられた法律関係をも消滅させることは，社会秩序を害し，混乱をもたらすことになろう。そこで，社会の法律関係の安定のためには，一定期間継続した事実状態はそのままこれを法律関係とみなし，これを覆さないことが至当であると考えるのである。

（ⅱ）は，「法定証拠の考え方」に基づくものである。すなわち，あらゆる権利関係は最終的には裁判所の判断を通して確定されるが，訴訟当事者は必ずしも真実を陳述せず，また裁判官もその判断を誤る危険性があるため，裁判所の判断は客観的な証拠に基づくことが要求される。しかし，長期間の経過に伴って（証拠書類の散逸や証人の死亡などにより）証拠資料が欠乏すれば，残存する古い証拠資料だけで裁判所が権利関係の存否を判定することは危険である。そこで，証拠力に乏しい古い証拠資料よりも時の経過そのものにより強い証拠力を認め，長期間にわたる占有者を権利者とし，また長期間行使されない権利を消滅したものと認定すべし，と考えるのである。

（ⅲ）は，時効によって所有者や債権者などの権利者が権利を失う点に着目し，権利を有しながらも長期間にわたりその行使を怠っている者（＝権利の上

に眠る者）はもはや法の保護に値しない、と考えるものである。

（2） 近時の学説の動向

これに対して、近時の学説は、時効制度の存在理由として、従来の伝統的な考え方をそのまま並列的に挙げるものは少ない。むしろ、（イ）それらのいずれかに力点を置いて考えるもの、（ロ）取得時効と消滅時効とで別異の存在理由を考えるもの、および、（ハ）従来とは異なる存在理由を挙げるものなど、学説はさまざまな見解を展開している。

しかし、これらの学説は、時効制度の有する目的・機能の一面を的確にとらえているものの、それぞれ法理論上の問題点を含んでおり、時効制度の存在理由を十分に説き尽くしているとはいい難い。その背景には、第一に、民法典自体が必ずしも一つの原理に貫かれた統一体となっていないこと、すなわち、旧民法においては時効の効果は権利の存否についての「法律上の推定」（証拠編89条本文）であったが、現行民法ではこれを修正して権利得喪原因としたものの、旧民法の規定の多くをそのまま受け継いだことが指摘されよう。第二に、わが民法が取得時効と消滅時効とを、ドイツ民法のように用語上も区別して法典中の別々の箇所に規定する方式をとらず、総則編中にまとめて配列し、両者に共通の通則的規定を置いていること——換言すれば、①所有権の取得時効とその他の財産権の取得時効、②短期取得時効と長期取得時効、③債権の消滅時効と債権・所有権以外の財産権の消滅時効、および、④短期消滅時効と一般消滅時効といった、必ずしも同一の機能を営むとはいい難い各種の時効をひとまとめにしていること——も挙げられよう。

こうした状況を踏まえ、今日では、時効制度における法的構成（＝法的処理の技術）と制度本来の目的・機能とは分けて論じるべきであり、時効一般を通じての存在理由を求めようと腐心することは無意味であるとする見解、あるいは、制度の統一的な存在理由を追求することをやめ、各種の時効制度ごとにあるべき存在理由や機能を考えていくべきであるとする見解が唱えられている。

3　時効観の対立——実体法説と訴訟法説

上に述べたように、時効制度の存在理由についてさまざまな見解が対立しているのは、その底辺に、そもそも時効制度をどのようにみるべきかという時効観の対立があるからだといわれている。時効観は、つぎの二つに大別される。

その一つは、実体法説である。これは、時効の基礎となる事実状態（＝占有・準占有，権利の不行使）と真の権利関係との不一致（つまり、占有者は権利者ではない、また権利は消滅していない）を前提に置きつつ、時効を権利得喪の効果を生ずる実体法上の制度とみる立場である。この立場からは、時効制度の存在理由として、前記（ⅰ）の「法律関係安定の要請」に重点を置く傾向がみられる。

もう一つは、訴訟法説である。これは、事実状態と真の権利関係とが一致する（つまり、占有者は権利者である、また権利は消滅している）蓋然性が高いことを前提に置きつつ、時効を、権利の存在（取得時効）あるいは権利の不存在ないし消滅（債務の弁済による消滅）の法定証拠とみて、訴訟上の制度とみる立場である。このように、時効をもって所有者あるいは弁済者であることの証拠とみる立場からは、前記（ⅱ）の「立証困難救済の必要性」こそが時効制度の存在理由であるとの考え方が導かれることになる。

このように、両説は時効に関する基本的な考え方において対立するが、それぞれ以下のような難点を有している。すなわち、実体法説は、民法が時効の効果として権利の得喪を定めていることと合致するものの、非権利者が権利を取得し義務者が義務を免れるという結果をどのように説明するかについて苦慮し、他方、訴訟法説は、そのような不道徳的側面を回避しうるメリットをもちつつも、「法定証拠」の訴訟上の曖昧さや、起草者の意思および民法の文言に反するという難点を有している。

時効観	事実状態と真の権利関係	時効の効果	制度の位置づけ	時効の利益を受ける者	存在理由
実体法説	不一致	権利の得喪	実体法上の制度	非権利者，未弁済者，第三者	法律関係の安定
訴訟法説	一致	権利の存在や債務の弁済の推定	訴訟法上の制度	真の権利者，弁済者	立証困難の救済

第2節　時効の認められる権利

1　取得時効について

取得時効は、財産権についてのみ認められる。身分権については時効制度は

なじまないとされており，原則として認められない。たとえば，扶養を受ける権利は，それ自体は財産権の性格を有しかつ継続的に行使しうる権利ではあるが，一定の親族的身分に付随する権利であり，親族的身分が時効取得されえないものである以上，取得時効の対象になりえない（なお，前節1(1)(b)参照）。

財産権のうち所有権が取得時効の主要な対象であることは，規定（162条）から明らかである。また，所有権以外の財産権も時効により取得される（163条）が，例外もあり，個別的な検討を要する。

（a）用益物権　地上権・永小作権・地役権などの用益物権は，取得時効の対象となる。たとえば，土地の非所有者から地上権等の設定を受けた者は，時効により右権利を取得しうる。ただし，地役権については，「継続且表現ノモノ」に限られる（283条）。継続地役権とは，たとえば通路を開設する通行地役権のように，権利の内容が間断なく実現されているものをいい，また，表現地役権とは，たとえば地上の溝渠による排水地役権のように，権利の内容が外部から認識されるものをいう。

（b）担保物権　まず，法定担保物権（留置権・先取特権）は，当事者の意思表示を要することなく直接に法律の規定に基づいて成立する権利であるために，取得時効の対象にはならない。また，約定担保物権のうち抵当権については，占有を伴わない権利であるため，取得時効の成立を否定ないし疑問視するのが学説の大勢である。結局，占有を伴う質権についてのみ取得時効の成立が認められる余地がある（ただし，その実益は少ないとされている）。

（c）債権　債権の取得時効を一般に認めるべきかについては，争いがある。多数説は積極に解するものの，一回的給付を目的とする債権は原則として取得時効の対象になりえず，継続的給付を目的とする債権（定期金債権など）のみが対象になるとする。これに対し，不動産賃借権は占有を不可欠とし，地上権とほぼ同様の機能を有することから，取得時効の対象になると解されている。

たとえば，裁判例には，①A所有の甲土地を賃借しているBが，A所有の乙土地をも賃借の意思をもって占有・使用しかつ賃料を支払っていた場合に，Bが乙土地の賃借権を時効取得する可能性がある旨判示したもの（最判昭和43年10月8日民集22巻10号2145頁），②賃貸人A所有の不動産をAに無断で賃借人B

から転借したCが，右不動産を占有してBに賃料を支払い続けた場合に，Cの転借権につき時効取得を認めたもの（最判昭和44年7月8日民集23巻8号1374頁），③法令に違反する寺院境内地の賃貸借契約に基づいて占有を継続し賃料を支払い続けた場合に，賃借権の時効取得を認めたもの（最判昭和45年12月15日民集24巻13号2051頁），および，④管理人と称する無権限者を権限者と信じ，その者から賃借し賃料を支払い続けた場合に，賃借権の時効取得を認めたもの（最判昭和52年9月29日判時866号127頁），などがある。

　　（d）　その他の財産権　　無体財産権ないし知的所有権（著作権・特許権・実用新案権など）および準物権（鉱業権・漁業権など）については取得時効が認められるが，1回の行使で直ちに消滅する形成権（取消権・解除権など）は取得時効の対象になりえない。

2　消滅時効について

　消滅時効の対象も財産権であり，身分権は原則として消滅時効にかからない。ただし，身分権でも財産権的色彩の強いものについては，例外的に消滅時効が認められる（884条・919条2項など参照）。財産権のうち債権が消滅時効にかかるのは，規定上明らかである（167条1項など）。これに対し，所有権は，たんに権利不行使という消極的状態が継続するだけでは，たとえそれが長期間に及ぼうとも，時効により消滅することはありえない（「所有権絶対の思想」の現れである）。なお，他人によって所有権が時効取得されると，その反射的効果として旧来の所有権が消滅する（たとえば，AがBの所有地を時効取得すれば，その結果Bは所有権を失う）が，これは所有権の消滅時効の問題ではない。

　債権・所有権以外の財産権も消滅時効にかかる（167条2項）が，以下のように例外もある。

　　（a）　用益物権　　地上権などの用益物権は，債権・所有権以外の財産権で消滅時効に服する典型的なものといえる。なお，用益物権は「所有権の完全性」を制限する他物権であるから，その不行使によって消滅するということは，所有権をその制限から解放するという特別の意味を有する。

　　（b）　占有権および担保物権　　占有権や法定担保物権（留置権・先取特権）は，一定の事実状態または法律関係があるかぎり存続するから，独自には消滅時効にかからない。相隣関係上の権利（209条以下）や共有物分割請求権

（256条）も同様である。また，約定担保物権（質権・抵当権）も，被担保債権に従属する権利であるから，それ自体では消滅時効にかからない（抵当権につき396条参照）。ただし，抵当権は，債務者・抵当権設定者以外の者（抵当不動産の第三取得者や後順位抵当権者）との関係では，被担保債権から独立して20年の消滅時効にかかり（大判昭和15年11月26日民集19巻2100頁），また，抵当不動産の所有権が時効取得される効果として消滅することはある（397条）。

（c）物権的請求権　物権的請求権（所有権に基づく返還請求権・妨害排除請求権など）は，物権から派生する権利ないし物権の効力であるから，それ自体が時効消滅することはない。もっとも，基礎となる物権が時効消滅するときは，それに基づく物権的請求権も当然に消滅するが，所有権については，（前述したように）それが消滅時効にかからない以上，所有権に基づく物権的請求権も時効消滅することはない（大判大正11年8月21日民集1巻493頁）。

（d）形成権　形成権については，判例・学説上の争いがある。判例および一部学説は，民法自体が，形成権に属する取消権を「時効ニ因リテ消滅ス」と定めていること（126条）を根拠に，消滅時効に服することを認める。これに対して，近時の有力学説は，形成権は権利者の一方的な意思表示のみで法律効果を生じるものであり，権利不行使の事実状態とか時効の中断を論じる余地のないことを理由に，消滅時効の対象にはならない（つまり，形成権に対する期間制限は除斥期間である），と解している（この点につき，本章第6節1参照）。

（e）抗弁権　抗弁権ないし抗弁的に行使される権利，すなわち，保証人に認められる催告の抗弁権（452条）や検索の抗弁権（453条）あるいは同時履行の抗弁権（533条）などは，相手方からの請求がなされてはじめて行使しうる権利（履行拒絶の抗弁権）であるから，それ自体では独自に消滅時効にかからない（抗弁権の永久性）。たとえば，売買契約における売主Aの「代金債権」と買主Bの「目的物引渡請求権」は同時履行の関係にあるから，Bが目的物の引渡を求めてきた場合，Aとしては（代金債権が消滅時効にかかっていないかぎり）単純に同時履行の抗弁権を主張すればよい。

第3節　時効完成の要件

1　取得時効完成の要件

(1) 事実状態の存在

　(a) 所有権の場合　　所有権の取得時効の要件としての「事実状態の存在」とは,「所有ノ意思ヲ以テ平穏且公然ニ他人ノ物ヲ占有」すること,である(162条)。以下,個別的にみていこう。

　(イ)自主占有　　占有とは,一般に「自己ノ為メニスル意思ヲ以テ物ヲ所持スル」ことをいうが(180条),所有権の取得時効の要件としての占有は,これよりも限定され,「所有ノ意思ヲ以テ」する占有(＝自主占有)であることを要する。「所有ノ意思」とは,所有者と同じような排他的支配を事実上行おうとする意思であり,その有無は,占有取得の原因たる事実(＝権原)により客観的に決せられる(最判昭和45年10月29日判時612号52頁,最判昭和58年3月24日民集37巻2号131頁など)。たとえば,買主や盗人による占有は自主占有であるが,賃借人や受寄者による占有は,他人の所有権の存在を認めながら物を支配する占有(＝他主占有)であって,自主占有ではない。

　自主占有における「所有の意思」の有無に関する近時の裁判例によれば,①所有の意思は,占有取得の原因たる権原または占有に関する事情により外形的客観的に決せられるから,兄名義の土地を占有していた弟が,兄に対して所有権移転登記手続を求めなかったり,固定資産税を負担しなかったなどの事情をもって所有の意思がなかったとすることはできないし(最判平成7年12月15日民集49巻10号3088頁),また,②農地を農地以外のものにするために買い受けた者は,農地法5条所定の許可を得るための手続がなされなかったとしても,特段の事情なきかぎり,代金を支払って農地の引渡しを受けた時に,所有の意思をもって当該農地の占有を始めたものと解しうる(最判平成13年10月26日民集55巻6号1001頁),とされている。

　(ロ)他主占有から自主占有への転換　　上記したように,所有権の取得時効は自主占有についてのみ認められるが,民法上,他主占有が自主占有に転換する場合のあることが認められており(185条参照),この点は注意を要する。

すなわち，他主占有から自主占有への転換とは，第一に，占有者が「自己ニ占有ヲ為サシメタル者ニ対シ所有ノ意思アルコトヲ表示」した場合，第二に，占有者が「新権原ニ因リ更ニ所有ノ意思ヲ以テ占有ヲ始」めた場合，である。たとえば，第一のケースに関しては，①農地所有者Aが，小作人Bが地代等を支払わずに右農地を自由に耕作し占有することを容認していた場合には，BはAに対し右農地につき所有の意思のあることを表示したものと解しうる（最判平成6年9月13日判時1513号99頁），とされている。第二のケースに関しては，②賃借人Bが賃貸人Aから賃貸借の目的物を買った場合は，右契約が無効であっても，Bにおいて新権原による自主占有が始まる（最判昭和52年3月3日民集31巻2号157頁）とされ，③賃貸人Aから目的物を賃借していた賃借人Bが死亡し，Bの相続人Cが所有の意思をもって占有している場合には，Cは新権原により所有の意思をもって占有を始めたものというべきである（最判昭和46年11月30日民集25巻8号1437頁）とされ，また，④相続人の一人であるBが，被相続人Aから土地の贈与を受けたものと信じて事実的支配を継続し，かつ共同相続人のCらがこれに異議を述べなかった場合は，Bの占有は所有の意思に基づくものである（最判平成8年11月12日民集50巻10号2591頁）とされている。

　（ハ）「平穏かつ公然」の占有　　「平穏」とは暴力によらないことであり（平穏性は，実際上，主として動産について問題とされる），また，「公然」とはひそかに隠したりしないことである。なお，自主占有および平穏・公然であることは，推定される（186条1項）。

　（ニ）「他人の物」の占有　　規定上は「他人の物」の占有とされているが，この点につき，学説は見解が分かれる。実体法説の立場（＝非所有者である占有者が所有権を時効取得すると解する立場）からは，占有の客体が「他人ノ物」であるのは当然のこととされる。これに対して，訴訟法説の立場（＝占有者イコール所有者であることの証拠と解する立場）からは，「他人ノ物」であることを要しないと解されている――すなわち，民法が「他人ノ物」と規定しているのは，自己所有物につき所有権を時効取得することが無意味であるからにすぎず，取得時効制度の存在理由の一つが権原に関する立証困難を救済する点にあることからすれば，自己の物の所有権の立証を時効の援用によって行うことは許されてよい，とする――。

判例は、訴訟法説と同様の立場に立っている（大判大正9年7月16日民録26輯1106頁）。たとえば、①不動産の買主Aが10年以上経過後に売主Bに対して、主位的には売買契約、予備的には時効に基づいて移転登記を請求したときは、所有権に基づいて占有するAも、占有を理由とする所有権の時効取得を主張しうるし（最判昭和44年12月18日民集23巻12号2467頁）、また、②AがBに不動産を譲渡した（ただし未登記）後に第三者のために抵当権を設定したところ、抵当権の実行により競落人となったCからBに対し所有権の確認ないし当該不動産の引渡請求がなされた場合、法律行為によって所有権を取得し未登記であるBであっても、Cに対して時効取得を主張することは妨げられない（最判昭和42年7月21日民集21巻6号1643頁）、とする。

　（ホ）「物の一部」の占有　　取得時効の対象である「物」は、物の一部でもよいとされている。判例は、一筆の土地の一部（大連判大正13年10月7日民集3巻509頁）や、他人の土地上に権原によらずに植えつけた樹木（最判昭和38年12月13日民集17巻1696頁）につき、取得時効を認める。また、公物については、かつては公用廃止処分のないかぎり時効取得しえないと解していたが（大判大正10年2月1日民録27輯160頁、大判昭和4年12月11日民集8巻914頁）、近時、公共用財産としての形態・機能を欠くに場合については時効取得を肯定するにいたった（公園予定地に関する最判昭和44年5月22日民集23巻993頁、国有水路に関する最判昭和51年12月24日民集30巻11号1104頁）。

　（b）　所有権以外の財産権の場合　　所有権以外の財産権の場合における「事実状態の存在」とは、所有権以外の財産権を「自己ノ為メニスル意思ヲ以テ平穏且公然ニ行使スル」こと、である（163条）。「自己ノ為メニスル意思」をもって行使するというのは、事実上権利者であるかのような行動ないし状態を続けることであり、占有を伴う場合（地上権や賃借権など）もあれば、権利行使の外観たる準占有の場合（定期金債権など）もある。ただし、あくまでも「占有」ではなく「（権利の）行使」が要件とされているから、占有を伴う権利については、たんに占有するだけでなく、現実に当該権利の内容をなす行為をすることが必要である。判例も、地上権や賃借権については、賃料支払の事実をもって「（権利の）行使」の基準としている（本章第2節1（c）に挙げた裁判例参照）。

(2) 時 効 期 間

　(a) 所有権の場合　　所有権の取得時効については，2種類の時効期間が定められている。すなわち，上記の事実状態が「占有ノ始善意ニシテ且過失ナカリシ」（つまり善意・無過失の）場合は10年（162条2項），それ以外（つまり悪意または善意・有過失）の場合は20年（同条1項），である。前者は短期取得時効，後者は長期取得時効といわれる。以下，重要な点に触れておこう。

　(イ) 善意・無過失　　「善意」とは，自分に所有権があると信ずることであり，他人の所有物であることを知らない（一般に善意はこの意味で用いられる）というだけでは不十分である。「無過失」とは，善意であることについての無過失（＝自分に所有権があると信ずることについて過失がないこと）である。善意については推定を受けるが（186条），無過失は推定を受けない。善意・無過失は占有の始めに存在すればよく，その後悪意に変じてもよい（大判明治44年4月7日民録17輯187頁）。

　裁判例によれば，①登記簿上の名義人を所有者と信じて不動産を買った場合は原則として無過失とされ（大判大正15年12月25日民集5巻897頁），また，②土地の売主Aが6年余にわたり一部隣地所有者Cの土地を含む同地を所有者として占有し，その間Cとの間で境界紛争もないままに同地の買主Bが自主占有を開始した場合は，たとえBが買受けに際し登記簿等を調査しなかったとしても，Bに過失はなかったとされる（最判昭和52年3月31日判時855号57頁）。これに対し，③売主と登記名義人が異なる場合に登記簿や名義人にあたって調査しなかったり（大判大正5年3月24日民録22輯657頁），④未成年者に代わって取引する者の法定代理権に欠缺がないかを調査しなかった場合（大判大正2年7月2日民録19輯598頁）には過失ありとされ，また，⑤農地の贈与につき知事の許可がないのに受贈者が所有権を取得したと信じたとしても，許可が必要なことは知りえたはずだから，特段の事情なきかぎり過失がなかったとはいえない（最判昭和59年5月25日民集38巻7号764頁）とされる。

　(ロ) 短期取得時効についての動産の除外　　162条2項の短期取得時効は，不動産についてのみ規定し，動産を除外している。これは，民法起草者が，動産には即時取得（192条）の適用があるから10年の取得時効は不要であると考えたことに基づく。しかし，取引行為によらずに動産を取得した（たとえば，

自己の山林であると誤信して樹木を伐採した）場合には，本規定が適用される余地がある——通説は，即時取得の適用のない動産については，本規定が類推適用されると解している——。

　(ハ) 占有の継続　　占有は，上記の期間（10年または20年）継続されることを要する。占有者が「任意ニ其占有ヲ中止」し，または「他人ノ為メニ之ヲ奪ハレタ」場合は，時効は中断される（つまり，すでに経過した占有期間は無に帰する）。これを自然中断という（164条）。また，占有の継続については，ある二つの時点において占有があったことの証明があれば，占有はその間継続したものと推定される（186条2項）。

　(ニ) 占有の承継　　二人以上の者の間に占有の承継があった場合は，占有の承継人は，その選択により，自己の占有期間のみを主張してもよいし，または前主の占有期間を合算して主張してもよいが（187条1項），後者の場合には，前主の占有の瑕疵（悪意または有過失）をも承継する（同条2項）。たとえば，土地がA～B～Cと順次売買され引き渡されたが，A・B間の売買が無効なことをBは知り（＝悪意），Cは知らなかった（＝善意・無過失）という場合，①Cの占有だけで10年を経過していれば，Aからの返還請求に対しCは時効取得を主張できる（162条2項）。これに対し，Cの占有がまだ7年しかたっていない場合は，その前のBの占有期間と合算して主張しうるが，Bの瑕疵（悪意）をも承継するから，②Bの占有期間が13年に及んでいれば合計20年の悪意占有として時効取得が認められる（162条1項）が，③Bの占有が12年にしかならないときは（合算しても20年にならないため）時効取得を主張できないことになる。

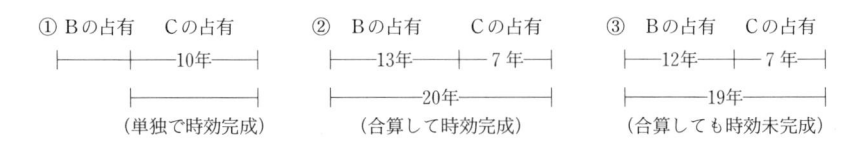

① Bの占有　Cの占有	② Bの占有　Cの占有	③ Bの占有　Cの占有
├──10年──┤	├──13年──┼─7年─┤	├──12年──┼─7年─┤
	├────20年────┤	├────19年────┤
（単独で時効完成）	（合算して時効完成）	（合算しても時効未完成）

　なお，占有は，売買や贈与などによって承継される（特定承継）ほか，相続によっても承継される（包括承継）。ただし，後者の場合に「占有権の相続」（現実の占有をせずに，被相続人の占有権を観念的に承継する）にとどまるときは，相続人は被相続人の占有の瑕疵をそのまま承継するが，相続人が相続を契機に現実の占有をも取得したときは，187条の適用を受ける（最判昭和37年5月18日

民集16巻5号1073頁)。

　（b）　所有権以外の財産権の場合　　権利行使を始めるさいに善意・無過失である場合は10年，しからざる場合は20年である（163条）。その他，権利行使という事実状態が平穏・公然なものであることを要すること，右事実状態が継続すること，および，右事実状態について自然中断のありうることなどは，所有権の取得時効の場合に準ずる。

2　消滅時効完成の要件

（1）　事実状態の存在

　（a）　権利の不行使　　消滅時効完成の要件としての「事実状態の存在」とは，債権の場合も債権・所有権以外の財産権の場合も，権利の不行使（権利を行使しうるのに行使しない状態が継続すること）である。とくに債権の消滅時効については，その種類や発生原因別に数種の時効期間が定めらているほか，いつから時効期間を計算するかという起算点の問題がある。後者から説明していこう。

　（b）　消滅時効の起算点に関する原則　　民法は，債権を含む権利一般につき，その消滅時効は「権利ヲ行使スルコトヲ得ル時」から進行すると定めている（166条1項）。「権利を行使しうる」とは，権利行使につき法律上の障害（その典型例は，期限の未到来）のないこと，を意味する。したがって，たとえば債権者が病気または渡航中であるとか，権利を行使しうることを知らなかった場合は，事実上の障害にすぎず，時効は進行する（大判昭和12年9月17日民集16巻1435頁，最判昭和49年12月20日民集28巻10号2072頁）。ただし，①法律上の障害があっても，権利者がそれを除去しうる場合（たとえば，債権に同時履行の抗弁権が付着している場合や，債権者が先履行義務を負っている場合）には，時効の進行は妨げられないし，また，②一定の事由についての債権者の認識をまって時効を進行させる特別の規定がある場合（426条前段・724条前段・884条前段など）には，それに従う。

　なお，近時の裁判例では，真実の権利者を保護するという観点から，消滅時効の起算点を遅らせて解釈する傾向があることに留意すべきである。たとえば，いずれも「じん肺訴訟」に関するものだが，①静岡地浜松支判昭和61年6月30日判時1196号20頁は，安全配慮義務違反を理由とする損害賠償請求権の消滅時

効の起算点につき，「権利を行使しうることを知るべかりし時」，すなわち「権利を行使することを現実に期待または要求することができる時期」とし，また，②最判平成6年2月22日民集48巻2号441頁は，損害発生時に損害賠償請求権が成立し，同時に権利行使ができるとしつつ，その消滅時効の起算点は，じん肺に罹患したという行政上の最終的な決定を受けた時である，とする。

　　（c）各種の権利の起算点　　各種の権利の消滅時効の起算点，すなわち「権利を行使しうる時」について，具体的にみておこう。

　　（イ）期限付債権および停止条件付債権　　まず，期限付債権の場合は，期限到来の時から進行する。たとえば，「本年8月以降に売買代金を支払う」と約束したとき（確定期限付債権の場合）は，代金債権の消滅時効は8月1日から進行し，「自分の父が死んだら借金を返済する」と約束したとき（不確定期限付債権の場合）は，貸金債権の消滅時効は父の死亡時から進行する（この場合，期限到来つまり父死亡についての債権者の知・不知は問わない）。また，停止条件付債権の場合は，条件成就の時から進行する。たとえば，「A大学に合格したら時計を贈与する」と約束したときは，時計の引渡請求権の消滅時効はA大学の合格発表があった時から進行する。

　　（ロ）期限の定めのない債権　　期限の定めのない債権の場合は，債権者は債権成立後はいつでも請求できるから，その消滅時効は，原則として債権成立の時から進行する。ただし，債務者が履行遅滞の責任を負う時期は，「履行の請求を受けた時」からであり（412条3項），債権成立の時からでないことに注意すべきである。

　　（ハ）割賦払債権　　割賦払債権（代金等を数回に分割して支払わせる債権）において，「1回でも支払を怠れば残額全部を直ちに請求されても異議を述べない」旨の特約（＝期限の利益喪失約款）がある場合，1回分の支払いを怠れば，残り全額につきいつから時効が進行すると考えるべきか。判例は当初，右特約の趣旨に応じ，全額についての期限利益喪失（つまり時効の進行開始）が，債権者の意思表示を条件として生ずる場合もあれば，当然生ずる場合もあると解していたが（大連判昭和15年3月13日民集19巻544頁），その後，「一回の不履行があっても，各割賦金額につき約定弁済期の到来毎に順次消滅時効が進行し，債権者が特に残債務全額の弁済を求める旨の意思表示をした場合に限り，その

時から右全額について消滅時効が進行する」と解している（最判昭和42年6月23日民集21巻6号1492頁）。これに対し，多数説は，原則として全額につき当然に時効が進行すると解している。

　　(ニ)　その他の権利　　損害賠償請求権は，債務不履行に基づく場合には，本来の債務の内容が変更されただけで同一性を失っていないから，「本来の債務の履行を請求しうる時」から進行を開始する（最判平成10年4月24日判時1661号66頁）。不法行為に基づく損害賠償請求権については明文の規定（724条）があり，「損害および加害者を知った時」から（短期3年の場合），または「不法行為の時」から（長期20年の場合），それぞれ進行を開始する（ただし，判例および従来の通説は，20年期間の性質については，消滅時効ではなく除斥期間であるとする。この点につき，本章第6節参照）。

　　上記以外の権利の起算点については，裁判例によれば，①裁判離婚による慰謝料請求権の消滅時効は，「離婚判決が確定した時」（最判昭和46年7月23日民集25巻5号805頁），②他人の農地の売主に対して買主が有する農地移転許可申請協力請求権の消滅時効は，「売主が他人から当該農地の所有権を取得した時」（最判昭和55年2月29日民集34巻2号197頁），③継続した地代不払を一括して一個の解除原因とする賃貸借契約の解除権の消滅時効は，「最後の地代の支払期日が経過した時」（最判昭和56年6月16日民集35巻4号763頁），④無断転貸を理由とする借地契約の解除権の消滅時効は，「転借人が転貸借契約に基づきその土地の使用収益を開始した時」（最判昭和62年10月8日民集41巻7号1445頁），⑤預託金会員制ゴルフクラブの施設利用権の消滅時効は，「ゴルフ場経営者が会員に対してその資格を否定して施設の利用を拒絶し，あるいは会員の利用を不可能な状態とした時」（最判平成7年9月5日民集49巻8号2733頁），⑥自賠法3条責任を負うべき自動車保有者が明らかでない場合に認められる同法72条による請求権の消滅時効は，保有者について争いがあったときは，「同法3条による請求権が存在しないことが確定した時」（最判平成8年3月5日民集50巻3号383頁），および，⑦弁済供託における供託金取戻請求権の消滅時効は，「供託者が免責の効果を受ける必要が消滅した時」（最判平成13年11月27日民集55巻6号1334頁），とされている。

　(2)　時 効 期 間

債権およびその他の権利の消滅時効期間は，以下のとおりである。

（a）一般の債権　債権の消滅時効期間は，民法上の他の規定（169条〜174条）または他の法令（商事債権に関する商法522条など）に特別の定めがないかぎり，10年である（167条1項）。

（b）定期金債権　定期金債権とは，年金債権や地代債権のように，長期間にわたって存続する性質をもつ債権であるが，年金または地代を受領できる基本権としての債権であって，毎年・毎月の具体的給付を対象とするものではない。その時効期間は，第1回の弁済期から20年（ただし，数回支払われた場合には，各回の支払が承認となって時効の中断を生ずることになるから，最後の支払の時から20年経過して時効が完成する），または，最後の弁済期から10年である（168条1項）。

（c）定期給付債権　定期給付債権とは，上記の定期金債権（基本権）から発生する支分権であり，家賃・地代・利息・給料などのように，1年以内の定期に支払われる債権である。その時効期間は，5年である（169条）。時効期間が定期金債権の半分に短縮されているのは，①定期的に給付を受けるべきものを放置しておいて債務者に一挙に弁済を迫れば債務者を破産に陥れるおそれがあること，②権利の不行使は定期給付が生活上必要でないことを示している可能性があること，③支払を怠れば債権者に支障を生ずるおそれがあるため，一般に債務者が支払を怠ることは稀なこと，および，④1年以内の定期給付であるため通常は支払額も少額であること，などによる。

（d）短期の時効にかかる債権　日常生活から生ずる債権で通常すみやかに弁済されることが慣行化し，かつ領収書等の証拠書類の作成・保存を必ずしも期待しえないものについては，3年以下の短期の時効期間が定められている。この短期消滅時効の存在理由としては，短期の事務処理の必要性（具体的には，領収書の長期間の保存の不都合など）が挙げられる。時効期間は，医師の治療費，大工の工事費用などは3年（170条・171条），学校・塾の授業料，理髪店の整髪料，弁護士の手数料・謝礼金，小売商人の売却代金などは2年（172条・173条），鉄道・タクシーの運賃，旅館・ホテルの宿泊代，料理店の飲食代などは1年（174条），である。

（e）債権・所有権以外の財産権　債権・所有権以外の財産権（地上権

などの用益物権がその代表例）は，20年の時効にかかる（167条2項）。物権的な権利について，債権よりも厚く保護するために，時効期間を長くしたものである。

（f）形成権　形成権に関しては，前述したように（本章第2節2参照），その権利行使に対する期間制限の性質を消滅時効とみるか除斥期間とみるかにつき，判例・学説上の争いがある。判例および一部学説は，形成権についても消滅時効を認めたうえで，その時効期間については，①民法に期間の定めがある場合は，それによるが（126条など参照），②定めがない場合は，それぞれの性質に応じて判断すべきであるとしつつ，大体において債権に準ずるものとして扱っている。すなわち，売買予約完結権（大判大正10年3月5日民録27輯493頁），再売買予約完結権（大判大正4年7月13日民録21輯1384頁），建物買取請求権（最判昭和42年7月20日民集21巻6号1601頁），および，無断転貸による賃貸借契約の解除権（東京地判昭和49年3月28日判時750号66頁，最判昭和62年10月8日民集41巻7号1445頁）などについては，債権に準じて10年——ただし，商事契約の解除権については5年（大判大正6年11月14日民録23輯1965頁）——と解している。

（g）確定判決などにより確定した権利　確定判決および確定判決と同一の効力を有するもの（裁判上の和解や調停など）によって確定した権利は，短期時効期間の定めのあるものについても，一様に10年とされる（174条ノ2第1項）。ただし，確定の当時まだ弁済期が到来していないものについては，この原則は適用されない（同条2項）。

3　時効の中断

以上みたように，一定の事実状態が一定期間継続すれば，時効は完成する。しかし，民法は，この時効完成にとって妨げとなる制度（時効障害）として，時効の中断および時効の停止を定めている。したがって，このような時効障害のないことは，時効完成の消極的要件ともいいうる。

（1）中断の意義

時効の中断とは，時効の進行中に時効をくつがえすような事情が発生したことを理由に，それまで進行してきた時効期間を法的に無意味なものにする制度である。取得時効における自然中断（本節1（2）（a）（ハ）参照）と区別するため

に，法定中断とも呼ばれる。自然中断も，一定の事情の発生をもって進行中の時効期間を無意味なものにするという点では法定中断と共通するが，そこでの「中断」事由は，取得時効の要件である物理的な継続的事実状態が消滅することであり，この点で法定中断とは異なる。以下，中断というときは，とくに断りのないかぎり，法定中断を意味する。

（２）　中断の根拠

民法は，中断事由として，①請求，②差押・仮差押・仮処分，および③承認の三つを定める（147条）。これらが中断事由とされる根拠は，時効制度の本質をどうみるかによって異なる。実体法説は，時効が認められるのは，一方で占有や未弁済の状態が継続し，他方でそれにもかかわらず権利者が権利を行使しない場合であることを前提に，①・②については権利者が真実の権利を主張したこと，③については占有者や義務者が真実の権利を承認したこと，および，すべてに共通することとして権利の行使を怠るものとはいえないことを，根拠に挙げる。これに対し，訴訟法説は，これらの中断事由によって権利が確定される（権利の存在・不存在の蓋然性がなくなる）ことを，根拠に挙げる。

（３）　中 断 事 由

　（a）　請求　　請求とは，権利者が自己の権利を主張することであり，（イ）〜（ニ）のような裁判上の行為（裁判所の手続を踏むもの）のほか，（ホ）のような裁判外の行為をも含む（ただし，後者の場合は中断力が弱い）。なお，（ロ）・（ニ）・（ホ）は，消滅時効にのみ適用される。

　（イ）裁判上の請求（149条）　　給付の訴え（代金支払や土地明渡しを求めるものなど）や，確認の訴え（相手方が債務を負っていること，あるいは自己に所有権があることの確認を求めるものなど）が，その典型例である。これらが中断事由とされるのは，それ自体権利の主張になるだけでなく，裁判所によって権利の存在が確定されることになるからである。したがって，訴えを提起しても，却下された場合やその後訴えを取り下げた場合は，中断の効力を生じない。

判例は，まず，「裁判上の請求」については，比較的緩やかに解する傾向にある。たとえば，①AがBを相手に債務不存在確認の訴えを起こしたのに対し，Bがこれに応訴し債権の存在を主張して請求棄却の判決を求めたときは，裁判上の請求として中断の効力を生じる（大連判昭和14年3月22日民集18巻238頁），

②Aが所有権に基づく登記抹消請求訴訟において取得時効を主張したのに対し，Bが自己の所有権を主張して請求棄却の判決を求めた場合において，Bの右主張が認められたときは，裁判上の請求に準ずるものとしてAの取得時効を中断する効力を生ずる（最大判昭和43年11月13日民集22巻12号2510頁），③Aの提起した抵当権設定登記抹消請求訴訟において，債権者Bが請求棄却を求め被担保債権の存在を主張したときは，Bの主張は裁判上の請求に準ずるものとして時効中断の効力を生ずる（最判昭和44年11月27日民集23巻11号2251頁），とする。ただし，近時の裁判例では，④民事執行法50条の規定に基づき抵当権者が行った債権の届出は，「裁判上の請求」や「破産手続参加」に該当せず，これらに準ずる中断事由にも該当しない（最判平成元年10月13日民集43巻9号985頁）とし，また，⑤連帯保証債務を担保するために物上保証人が設定した抵当権が実行されて競売が申し立てられても，「裁判上の請求」とはいえず，主たる債務の消滅時効は中断されないとする（最判平成8年9月27日民集50巻8号2395頁）。つぎに，中断の効力を生じる範囲については，当初は，⑥一個の債権の数量的な一部についてのみ請求する旨を明示して訴えを提起した場合，訴え提起による時効中断の効力は，その一部の範囲においてのみ生じ残部には及ばない（最判昭和34年2月20民集13巻2号209頁）と解していたが，その後は，⑦一部請求の趣旨が明確でない場合には，一部請求であっても同一性のある債権全額について時効中断の効力を生ずる（最判昭和45年7月24日民集24巻7号1177頁）とする。

　　（ロ）支払督促（150条）　　裁判所が，債権者の申立に基づき，金銭その他の代替物または有価証券の支払督促をなすこと（民訴法382条参照。なお，かつては支払命令と称されていた）も，中断事由となる。

　　（ハ）和解のための呼出し・任意出頭（151条）　　和解の申立（民訴法275条）や任意出頭（同法273条）が中断事由となるのは，権利不行使の状態に変更を生ぜしめること，および，和解調書が確定判決と同一の効力を有すること（同法267条）による。ただし，相手方が期日に出頭しなかったり，和解が不成立のときは，和解期日後1ヵ月以内に訴えを提起しないかぎり，中断の効力は失われる。

　　（ニ）破産手続参加（152条）　　債務者が破産したとき配当を申し出ることによって，時効は中断する。ただし，参加を取り消したり，その請求が却下

されたときは，中断の効力は失われる。

　（ホ）催告（153条）　裁判外の行為である催告も一応は中断の効力をもつが，それのみでは独立の（ないし確定的な）中断事由とはなりえない。すなわち，催告後6ヵ月内に他の強力な中断事由（裁判上の請求など）の手続をとらなければ，中断の効力を失う。

　（b）差押・仮差押・仮処分（154条）　これらが中断事由とされるのは，権利の現実的実行行為であること，および，これらの手続を通じて権利の存在が公的にある程度確認されること，による。しかし，(イ)権利者の方からこれらの行為を取り下げたり，法律違反により取り消されたときなどは，中断とならない。たとえば，執行債権者から債務者の動産に対する強制執行の委任を受けた執行吏が，執行債務者の所在不明のために執行不能に終わった場合は，当該債権につき時効中断の効力は生じない（最判昭和59年4月24日民集38巻6号687頁）。また，(ロ)これらの手続の相手方が当該権利の義務者以外の者（物上保証人など）であるときは，義務者本人に対して通知しなければ中断とはならない（155条）。たとえば，①債権者から物上保証人に対し，その被担保債権の実行として任意競売の申立がなされ，競売裁判所がその競売開始決定をしたうえ，競売手続の利害関係人である債務者に対する告知方法として同決定正本を当該債務者に送達した場合には，債務者は155条により，当該被担保債権の消滅時効につき中断の効果を受ける（最判昭和50年11月21日民集29巻10号1537頁），また，②物上保証人に対する不動産競売の申立がされた場合，それによる被担保債権の消滅時効の中断は，155条により，競売開始決定正本が債務者に到達された時に生ずる（最判平成8年7月12日民集50巻7号1901頁），とされている。

　（c）承認（156条）　承認とは，時効の利益を受ける者が，時効により権利を失う者に対し，自己の権利の不存在もしくは相手方の権利の存在を認めることである。たとえば，占有者が自己に所有権がないことを認めたり，債務者が債権の存在を認めることなど，である。承認するさいに「相手方ノ権利ニ付キ処分ノ能力又ハ権限アルコトヲ要セス」というのは，承認は，①処分能力のない者，つまり行為能力がない者（＝制限能力者）でもなしうるし（たとえば，大判大正7年10月9日民録24輯1886頁は，準禁治産者が保佐人の同意なしに

承認した場合につき中断力を認める）——ただし，管理能力もない未成年者や成年被後見人は承認もできない——，また，②処分権限のない者，つまり不在者の財産管理人（28条）や権限の定めのない代理人（103条）でもなしうることを意味する。

（4）　中断の効果

中断の効果は，中断事由の発生によって時効の完成が阻止され，それまでの時効期間が無意味になること，である。そして，後述するように，中断事由の終了と同時にあらためて時効が進行を開始することになる（157条1項）。

　　（a）　中断の効力を生ずる時点　　権利行使による中断の場合でいえば，権利が行使された最初の時点である。たとえば，①裁判上の請求の場合は，訴え提起の時，②応訴の場合は，訴訟で自分の権利の存在を主張した時，である。

　　（b）　中断の効力が消滅する時点　　すなわち，新たな時効が進行を開始する時点は，①裁判上の請求の場合は，裁判確定の時（157条2項），②支払督促や和解などの場合は，確定判決と同一の効力を生じた時，③破産手続参加の場合は，破産手続の終了した時，④差押・仮差押・仮処分の場合は，その手続きの終了した時，である。また，⑤承認の場合は，その中断に持続性がないことから，中断の効力を生ずると同時に終了する（そして，そこから新たな時効が進行する）ことになる。

　　（c）　中断の効力を生ずる人的範囲　　当事者およびその承継人（相続人など）との間においてだけである（148条）。たとえば，AとBの共有地をCが占有している場合に，AがCを訴えて勝訴したとしても，Bに対しては中断の効力は生じない（大判大正8年5月31日民録25輯946頁参照）。ただし，これについては，若干の例外がある（155条・284条2項・292条・434条・457条など参照）。

4　時効の停止

（1）　停止の意義および効果

時効の停止とは，時効の完成まぎわになって，権利者が時効を中断するのを不能または著しく困難ならしめるような事情が発生した場合に，その事情の消滅後一定期間が経過するまで時効の完成を延期すること，である。権利の不行使が権利者の怠慢とはいえない場合に権利者を保護する制度であり，それまでに経過した時効期間を無意味にするのではない（つまり，時効完成を一定期間猶

予するにすぎない）点で，時効の中断と区別される。
（2）停止事由
停止事由は，人的障害ある場合（158条～160条）と外部的障害ある場合（161条）とに分けられる。

（イ）未成年者・成年被後見人に対する時効の停止（158条）　時効期間満了前6ヵ月内に未成年者または成年被後見人が法定代理人を有していない場合には，その者が能力者となるか，または法定代理人がついた時から6ヵ月内は，時効は完成しない。

（ロ）財産管理者に対する権利の時効停止（159条）　未成年者または成年被後見人がその財産を管理する法定代理人に対して権利を有する場合には，その者が能力者となるか，または後任の法定代理人が就任した時から6ヵ月内は，時効は完成しない。

（ハ）夫婦間の権利の時効の停止（159条ノ2）　夫婦の一方が他方に対して権利を有する場合には，婚姻解消の時から6ヵ月内は，時効は完成しない。

（ニ）相続財産に対する時効の停止（160条）　相続人の選定・相続財産管理人の選任または破産宣告のいずれかがあった時から6ヵ月内は，時効は完成しない。

（ホ）天災・事変による時効の停止（161条）　時効期間の満了にさいし，天災などの不可避の事変（たとえば，地震・水害などによる交通途絶，あるいは裁判事務の休止など）のために時効の中断をなしえないときは，事変による妨害が止んだ時から2週間内は，時効は完成しない。

第4節　時効完成の直接的効果

1　時効の援用
（1）援用の意義・法的性質
時効の援用とは，時効の利益を受ける者が，時効完成の事実——したがって，その結果として自分が所有権等を取得したこと，または債務等を免れるべきこと——を主張すること，である。

ところで，冒頭でも触れたように，民法は，一方で時効完成により権利の得

喪を生ずるとしつつ（162条など），他方で当事者の援用がないかぎり時効に基づく裁判ができないとしている（145条）。そのため，時効の効果（権利の得喪）の発生時期をめぐって法理論上の争い（＝確定効果説と不確定効果説の対立）があること，および，その前提としてそもそも時効制度全体をどのように位置づけるかについて争い（＝実体法説と訴訟法説の対立）があることも，すでに指摘したとおりである（本章第1節1(2)(b)および3参照）。これらの対立は，援用の法的性質をめぐる問題にも大きな影響を及ぼしている。そこで，最初に，援用の法的性質をめぐる判例・学説の見解を整理しておくことにする。

　（ａ）　援用の法的性質　　まず，学説はおおむね，以下の見解に大別される（なお，確定効果説・不確定効果説および実体法説・訴訟法説についての説明は，上記箇所を参照のこと）。

時効の効果の発生時期	援用の法的性質	145条の存在理由	時効全体の位置づけ・存在理由
確定効果説 （時効完成時に発生）	①法定証拠提出説	民訴法上の 弁論主義の要請	訴訟法説……法律関係の安定
	②攻撃防御方法説		
不確定効果説 （時効援用時に発生）	③停止条件説	良心規定	実体法説……立証困難の救済
	④解除条件説		
	⑤法律要件説		折衷説

　すなわち，確定効果説の立場からは，①援用は法定証拠の提出であるとする見解（法定証拠提出説），および，②援用は訴訟上の攻撃防御方法であるとする見解（攻撃防御方法説）があり，不確定効果説の立場からは，③援用を時効の効果発生の停止条件であるとみる見解（停止条件説），④援用のないこと（もしくは時効利益の放棄があること）を時効の効果発生の解除条件であるとみる見解（解除条件説），および，⑤援用を時効の効果発生の法律要件であるとみる見解（法律要件説），がある。ちなみに，実体法説と訴訟法説の区別からすれば，②・③・④は前者の立場から，①は後者の立場から説くものであり，⑤は折衷的な立場から説くものといえよう。これらのうち中心的な対立は，実体法説の立場からの「不確定効果説＝停止条件説」（③＝今日の通説的見解）と，訴訟法説の立場からの「確定効果説＝法定証拠提出説」（①）の対立といってよい。

　他方，判例は，かつては「確定効果説＝攻撃防御方法説」（②）の立場をとっていたが（大判明治38年11月25日民録11輯1581頁，大判大正7年7月6日民録24

輯1467頁，大判大正8年7月4日民録25輯1215頁），近時にいたり，「不確定効果説＝停止条件説」（③）の立場を明らかにしたようである。すなわち，最判昭和61年3月17日民集40巻2号420頁（農地売買にかかわる知事に対する所有権移転許可申請協力請求権の消滅時効の成否が争われた事案に関する）は，「145条および146条は，時効による権利消滅の効果は当事者の意思をも考慮して生じさせることとしていることは明らかであるから，時効による債権消滅の効果は時効期間の経過とともに確定的に生ずるものではなく，時効が援用されたときにはじめて生ずるものと解するのが相当である」と述べる。

かくして，今日では，援用の法的性質をめぐる法理論上の対立は，判例上も学説上も，「不確定効果説＝停止条件説」（③）が一応主流を形成しているとみてよかろう。もっとも，以上のような判例・学説上の対立は，個別・具体的な問題への適用結果という点では，ほとんど差異がなく，たぶんに観念的な対立であると評するむきもある。

（b）援用規定の存在理由　では，時効の効果発生のために当事者の援用が必要とされるのは，なぜなのか。すなわち，援用規定（145条）の存在理由については，二つの見解が対立している。その一つは，「弁論主義からの要請」に基づくとの見解である。すなわち，145条は，事実の確定に必要な資料の提出を当事者の権能および責任とする民事訴訟法上の弁論主義からの当然の帰結を示したものである，とする（上記の確定効果説の立場からの主張である）。もう一つは，145条をもって「良心規定」と解する見解である。すなわち，145条は，時効の利益を受けるか否かを当事者の良心に委ねた規定である，とする。後者の見解が今日の多数説である。

（2）援用権者

145条は，援用権者につき単に「当事者」と定めているにすぎないが，所有権の取得時効完成の要件をみたした占有者や，消滅時効が完成した債権の債務者がこれに含まれることは明らかである。問題は，右以外の者でも援用につき法律上の利益を有する者は，本条に基づいて援用しうるかである。

判例は当初，本条にいう当事者を「時効により直接に利益を受ける者およびその承継人」と解して，援用権者の範囲を限定していた（大判明治43年1月25日民録16輯22頁）。その理由は，145条は時効の利益の享受を当事者の意思に委

ねており，その直接の当事者が時効の利益を受けるのを欲しない場合に，間接的に利益を受ける者が時効の利益に浴するというのでは，同条の趣旨に反するから（大判大正 8 年 6 月19日民録25輯1058頁），だとする。他方，学説は，判例の態度（制限説）は厳格にすぎると批判し，援用権者の範囲を拡大してとらえる傾向にある。

　近時の判例は，従来の一般的基準を堅持しながらも，時効により間接的に利益を受ける者も援用しうるとし，その範囲を広く認めつつある。すなわち，連帯債務者をはじめ，保証人（大判昭和 8 年10月13日民集12巻2520頁），連帯保証人（大判昭和 7 年 6 月21日民集11巻1186頁），物上保証人（最判昭和42年10月27日民集21巻 8 号2110頁），および，抵当不動産の第三取得者（最判昭和48年12月14日民集27巻11号1586頁）や仮登記担保不動産の第三取得者（最判昭和60年11月26日民集39巻 7 号1701頁）など，である。さらに，最近の裁判例によれば，①売買予約に基づく所有権移転請求権保全の仮登記に後れる抵当権者（最判平成 2 年 6 月 5 日民集44巻 4 号599頁）や，②売買予約に基づく所有権移転請求権保全の仮登記がなされた不動産につき所有権移転登記を経由した第三取得者（最判平成 4 年 3 月19日民集46巻 3 号222頁）は，仮登記された予約完結権の消滅時効を援用することができる，③詐害行為の受益者は，債権者の債権（被保全債権）の消滅時効を援用することができる（最判平成10年 6 月22日民集52巻 4 号1195頁），④譲渡担保の目的不動産を譲渡担保権者から譲り受けた第三者は，譲渡担保権設定者が有する清算金支払請求権の消滅時効を援用することができる（最判平成11年 2 月26日判時1671号67頁），とされている。

（3）　援用の方法

　（a）　援用の場所　　援用は，裁判上でなすべきか，それとも裁判外でもなしうるか。援用を訴訟上の行為と解する立場（法定証拠提出説・攻撃防御方法説）からは，援用は裁判上でなされねばならないことになる。これに対し，援用を実体法上の行為と解する立場（停止条件説・解除条件説）からは，裁判外でもよいということになる。この点に関する判例の態度は明確ではないが，援用があったことを裁判所が当事者の主張を通じて知りえなければ時効に基づく裁判をなしえないのであるから，実際上は大差はないといってよい。

　（b）　援用の時期　　援用すべき時期については，民法上明文の規定はな

いが，判例は，第一審で援用しなかったとしても第二審で援用することは妨げない（大判大正7年7月6日民録24輯1467頁）が，上告審で初めて援用することは認められない（大判大正12年3月26日民集2巻182頁），とする。つまり，事実審の口頭弁論終結時までならば，いつでも援用しうるということになる。なお，時効の援用がないままに裁判が確定した後，当事者が別訴で時効を援用することは許されない（大判昭和9年10月3日新聞3757号10頁，大判昭和14年3月29日民集18巻370頁）。

(4) 援用の撤回

時効をいったん援用した後，これを撤回することは許されるか。援用を実体法上の行為と解する立場からは，撤回は許されないこととなろう。これに対して，援用をもって訴訟上の攻撃防御方法にすぎないとみる立場（攻撃防御方法説）からすれば，撤回は自由であるとの結論が導かれよう。判例は，撤回の可能性を肯定する（大判大正8年7月4日民録25輯1215頁）。

(5) 援用の効果

援用がなされた場合の効果は，相対的なものにとどまる。すなわち，援用権者が二人以上いてそのうちの一人が援用したという場合，援用の効果は他の援用権者には及ばない（大判大正8年6月24日民録25輯1095頁は，遺産相続人Aが被相続人の取得時効を援用しても，他の相続人Bの持分には及ばないとする）。ただし，法規上または理論上，一人の援用が自動的に他の者の立場に影響を及ぼす特別の場合のあることに注意する必要がある（たとえば，連帯債務者の一人が時効を援用すると，その者の負担部分に関しては他の連帯債務者もその義務を免れることになる。439条参照）。

2 時効利益の放棄

1でみたように，時効が完成しても当事者（＝時効の利益を受ける者）が援用しないかぎり，時効は完全な効果を生じない。援用するかどうかは当事者の自由な意思にまかせられており，また，時効によって利益を受けることをいさぎよしとしない者に対して，時効の効果を押しつけることは妥当でないからである。民法は，さらに一歩を進めて，当事者に時効の利益を放棄することを認めている。時効利益の放棄とは，時効の援用と逆の概念（つまり援用権の放棄）であり，「時効の利益を受ける者が，その利益を受けないという意思を表示す

ること」である。
　（1）　時効完成前の放棄
　146条は,「時効ノ利益ハ予メ之ヲ抛棄スルコトヲ得ス」と定めている。その根拠は,①時効制度は公益上の制度であり,私人があらかじめこれを排除することは許されないこと,②事前の放棄を認めてしまうと,権利者が自己の怠慢による権利不行使から生ずる不利益を免れようとして,弱者たる義務者に時効利益の放棄を強いるおそれがあること,にある。
　法文中の「予メ」というのは,時効完成前という意味である。したがって,時効完成前であるかぎり,時効の進行開始前であろうと時効の進行中であろうと,将来ありうべき時効完成につきその効果の不発生を事前にとり決めておくことは本条にいう放棄となり,認められない。ただし,過去に進行してきた期間についての放棄は,承認（147条3号）として時効中断の効果を生ずる（通説）。なお,本条は,時効の完成を困難ならしめるような意思表示（たとえば,時効期間を延長する特約,時効の起算点を遅らせる特約,中断や停止の事由を追加する特約など）についても,適用される（通説）。
　（2）　時効完成後の時効利益の放棄
　146条の反対解釈として,一般に時効完成後に時効利益を放棄することは許される（判例・通説）。
　　（a）　放棄の性質　　時効利益の放棄の性質については,援用の場合と同様に,時効完成と権利の得喪との関係をどのように解するかにより異なる。すなわち,不確定効果説＝停止条件説によれば,時効利益の放棄によって権利得喪の効果は確定的に生じないことになり,また,法定証拠提出説によれば,時効という法定証拠を提出しないという意思表示を意味することになる。
　　（b）　放棄の方法　　時効利益の放棄の方法については,①黙示の意思表示としてなされたものでもよく（大判昭和6年4月14日新聞3264号10頁）,また,②裁判外で行ってもよく,③単独行為であり相手方の同意は要しないが,相手方に対してなす必要がある,と解されている（前掲大判大正8年7月4日,大判大正9年11月9日民録26輯1654頁）。
　　（c）　時効完成後の債務の承認・弁済など　　問題は,時効完成後に債務者が債務の承認・弁済・一部弁済・延期証の差入れなどをした場合に,これら

をもって時効利益の放棄といいうるか——とくに、時効完成を知らずにこれらの行動に出た場合はどうか——、である。判例は当初、放棄は時効完成を知ってこれをなすのでなければならないとの前提をとりつつ（大判大正3年4月25日民録20輯342頁），時効完成後の弁済や債務承認は，時効完成を知ってなしたものと推定されるから，とくに反証（＝知らなかったことの立証）がないかぎり、時効利益の放棄があったものとし、その後で援用することは許されないとした（大判大正6年2月19日民録23輯233頁）。

　しかし、その後、最高裁は、従来の不自然な推定理論に代え、信義則に基づいて援用権を制限するにいたっている。すなわち、最大判昭和41年4月20日民集20巻4号702頁は、「債務者が商人の場合でも、消滅時効完成後に当該債務の承認をした事実から右承認は時効が完成したことを知ってなされたものであると推定することは許されない」として、従来の判例理論を改めたうえで、「債務の承認をした以上、時効完成の事実を知らなかったときでも、爾後その債務についてその完成した時効の援用をすることは許されない」とし、その理由として、第一に信義則、第二に時効制度の存在理由である「永続した社会秩序の維持」を挙げている。

　（d）放棄の効果　　放棄の効果は、時効の援用ができなくなることである。ただし、この効果は、すでに経過した期間に及ぶにすぎず、放棄後に新たな時効が中断なしに経過した場合には、新たな時効が完成する。すなわち、時効の利益の放棄は、新たな時効の進行を妨げるものではない（最判昭和45年5月21日民集24巻5号393頁）。また、放棄の効果は相対的なものであるから、たとえば、債務者が時効利益を放棄しても、保証人（大判大正5年12月25日民録22輯2494頁）や物上保証人（前掲最大判昭和42年10月27日）は、時効の援用を妨げられない。

第5節　時効の本体的効果

1　権利の得喪

　時効の本体的効果は、権利の得喪（取得または喪失）である。すなわち、時効が完成し、それに基づいて時効の援用がなされると、取得時効にあっては、

占有者が所有権その他の財産権を取得し，消滅時効にあっては，債権その他の（所有権以外の）財産権が消滅することとなる。そして，そこではもはや相手方の反証は問題とされない。

（1） 取得時効の効果

上に述べたように，取得時効の効果は，占有者が所有権その他の財産権を取得することであるが，現実的・具体的には，所有権の取得時効にあっては，原所有者からの物返還の請求に対してこれを拒絶することができるのみならず，より積極的には，所有権の登記名義人に対して登記請求権を行使できることを意味する（大判昭和2年10月10日民集6巻558頁）。以下，所有権の取得時効の場合に関する問題点にふれておく。

（a） 所有権取得の形態　一般に，占有者は，所有権を承継取得するのではなく，原始取得すると解されている（通説）。したがって，たとえば土地所有権の取得時効にあっては，右権利に付着していた制限や負担（地上権・地役権・抵当権など）は消滅することになる。

（b） 時効取得の対抗要件としての登記の要否　民法上，不動産物権についての取得時効の要件としては，占有または準占有が要求されているだけであり，登記名義の存在は要求されていない。そこで，時効取得を第三者に対抗しうるためには登記を必要とするか否か，が問題になる。これについて，判例は，時効完成時の前後によって登記の要否を判断している。たとえば，①A所有の不動産をBが占有して時効が進行中に，Aが当該不動産をCに譲渡して登記も移転し，その後Bについて時効が完成した場合（大判大正7年3月2日民録24輯423頁，同旨・最判昭和41年11月22日民集20巻9号1901頁），あるいは，②右と同じくCがBの時効完成前に当該不動産の所有権を取得したが，時効完成後に移転登記を経由したという場合（最判昭和42年7月21日民集21巻6号1653頁）には，BとCは取得時効完成時には物権変動の当事者関係にある（Cは177条の第三者に該当しない）から，Bは登記がなくてもCに対抗しうる，しかし，③以上の場合と異なり，Bについて時効が完成した後にCがAから不動産の譲渡を受けた場合は，AからB・Cに二重譲渡した関係になり，Bは時効取得に基づく登記をしないかぎりCに対抗しえない（大連判大正14年7月8日民集4巻412頁），ただし，④その場合でも，Bがなお占有を続け，Cの登記後に新たに取

得時効の要件を具備すると，BはCに対抗しうる（最判昭和36年7月20日民集15巻7号1903頁），とする。

（2）消滅時効の効果

冒頭で述べたように，消滅時効の効果は，債権その他の（所有権以外の）財産権が消滅することであるが，時効の利益を受ける者の側からすれば，債務や負担から解放されていることを主張しうることを意味する。すなわち，現実的・具体的には，債権の消滅時効にあっては，債権者からの履行請求に対してこれを拒絶しうることを意味する。なお，財産権たとえば債権が消滅するといっても，「債権が不存在である」というのと全く同じことになるわけではない。たとえば，時効消滅した債権の債権者Aが，時効消滅前に債務者Bに対して債務を負っていた場合には，債権者Aは，時効消滅した債権を自働債権として反対債権との相殺を主張しうるからである（508条参照）。

2 時効の遡及効

「時効ノ効力ハ其起算日ニ遡ル」とされている（144条）——これを時効の遡及効という——。これによれば，たとえば，所有権の取得時効にあっては，起算点である占有開始の時に占有者が取得（原始取得）したものとされ（大判大正13年10月7日民集3号509頁），債権の消滅時効にあっては，その弁済期に消滅したものとされる。さらにいえば，取得時効にあっては，①時効期間中の果実は元物の時効取得者に帰属し，②時効取得者が時効期間中になした目的物の法律上の処分（賃借権の設定など）は有効なものとなり，③時効取得された所有権を時効期間中に侵害した者は，時効取得者に対して不法行為責任を負うことになる。また，消滅時効にあっては，①消滅時効により債務を免れた者は，起算日以降の利息支払義務をも免れ（大判大正9年5月25日民録26輯759頁），②時効により権利を失った者が時効期間中になした処分は無効となる。

第6節 消滅時効類似の制度

1 除斥期間

（1）除斥期間の意義

除斥期間とは，学説上一般に，「ある期間内に権利を行使しないと，その後

はいっさい権利行使ができなくなる期間」と説明されている——ただし，民法の規定中に「除斥期間」という用語は存在しない（すなわち，除斥期間が講学上の概念といわれる所以である）——。このように，除斥期間も，消滅時効と同様に，一定期間の経過によって権利消滅の効果を認める制度であるが，消滅時効におけるような権利消滅の蓋然性とはかかわりなく，もっぱら権利それ自体の性質に基づき，あるいは権利関係をとくに速やかに確定しようという公益上の目的から，権利の行使期間を限定するものである。

　（2）　消滅時効との差異

　除斥期間と消滅時効の差異は，一般的には，つぎのような点にあるとされている。すなわち，除斥期間においては，①消滅時効における中断なるものは認められず，固定的な期間であること，②期間経過による権利消滅の効果は当然かつ絶対的に生じ，当事者の援用を必要としないこと，③「権利を行使しうる時」（166条1項）ではなく，「権利の発生した時」を起算点とすること，および，④権利消滅の効果は遡及しないこと，である。ただし，多数説によれば，時効の停止に関する規定は除斥期間にも類推適用され（これを認めないと権利者に酷であるとの理由による），また，判例によれば，除斥期間の経過した債権も，消滅時効にかかった債権の場合に準じて（508条参照），これを相殺の自働債権となしうると解されている（最判昭和51年3月4日民集30巻2号48頁）。

　（3）　除斥期間における権利保全の方法

　除斥期間の場合，権利者としては，どのように権利行使をすれば権利を保全しうるのであろうか——なお，ここでいう権利とは，①行使された請求権，または，②行使された形成権から発生する請求権をいう——。裁判上行使すべき旨を定められている場合はともかく（201条・747条2項など参照），その旨の定めのない場合にとくに問題となる。この点につき，判例は，裁判外の権利行使によっても保全されると解している（622条・600条の有益費用償還請求権に関する大判昭和8年2月8日民集12巻60頁，564条の代金減額請求権に関する大判昭和10年11月9日民集14巻1899頁など）。なお，これに対し，有力学説は，期間内に裁判上請求することを要する，と主張する。すなわち，裁判外の行使によっても権利が保全されると解すると，保全された権利（請求権）は時効消滅まで存続することになり，権利関係を速やかに確定するという除斥期間の制度趣旨に反

すること，を理由に挙げる。

（4）　権利の期間制限とその性質決定基準

では，民法の定める期間制限が消滅時効と除斥期間のいずれであるかを判断する基準は，何に求められるであろうか。かつての通説は，法文中に「時効ニ因リテ消滅ス」または（それに続けて）「亦同シ」という文言を用いている場合は消滅時効，しからざる場合は除斥期間と解していた。しかし，近時では，法文の文言からの形式的な区別ではなく，権利の性質や規定の趣旨・目的にしたがって実質的に判断すべきであるとの主張がなされ，これが今日の通説的見解となっている（これに対し，判例の態度は微妙であり，必ずしも明確とはいい難い）。もっとも，学説も，民法中の個々の規定についての具体的判断にさいしては，必ずしも見解が一致しているわけではない。期間制限の性質決定がとくに問題となっているものについて，説明しておこう。

　　（a）　請求権に期間制限がある場合　　債権等の請求権に期間制限がある場合には，原則として消滅時効であると解されている。ただし，規定の趣旨から，請求権（債権）の期間制限であっても除斥期間と解するのが適当な場合もある。たとえば，盗品・遺失物の回復請求権（193条），売買の担保責任における損害賠償請求権（564条），賃貸人の損害賠償請求権や賃借人の費用償還請求権（622条・600条），および，請負の担保責任における瑕疵修補請求権（637条）などは，民法が比較的短期の期間制限を定め，かつ「時効ニ因リテ」という文言もないことから，除斥期間と解されている。

　　（b）　形成権に期間制限がある場合　　取消権・解除権などの形成権に期間制限がある場合はどうか。これらに関する規定の中には「時効ニ因リテ消滅ス」と明言する例もあり（126条・426条・865条・1042条など），従来の判例は消滅時効と解していたが（たとえば，126条の取消権に関する大判昭和15年6月1日民集19巻944頁など），近時では，除斥期間と解する態度をも示している（たとえば，1042条の遺留分減殺請求権に関する最判昭和41年7月14日民集20巻6号1183頁）。これに対し，学説は，除斥期間と解するのが一般的な傾向である。形成権は，権利者の一方的な意思表示のみで法律関係の変動を生じさせるものであり，論理上中断はありえないからというのが，その理由である。

　　（c）　形成権行使の結果として請求権が発生する場合　　たとえば，取消

権行使の結果生じた不当利得返還請求権，あるいは解除権行使の結果生じた原状回復請求権の期間制限についてはどのように解すべきか，が問題となる。判例は，形成権の期間制限は形成権自体に関するものであり，形成権行使の結果生じる請求権については別個の期間制限に服する（原則として10年，167条参照）——つまり，前段階の形成権行使については除斥期間，後段階の請求権については消滅時効と解すべきである——として，二段構成をとっている（大判昭和12年5月28日民集16巻903頁，最判昭和35年11月1日民集14巻13号2781頁）。これに対し，学説においては，請求権は形成権と別個の期間制限に服するのではなく，両者共に形成権の期間制限に服するとみる見解が有力である。

（d）一つの権利について長期・短期の期間制限がある場合　たとえば，取消権（126条），詐害行為取消権（426条），不法行為に基づく損害賠償請求権（724条），相続回復請求権（884条），遺留分減殺請求権（1042条）などの場合において，長期および短期の期間制限を消滅時効とみるか除斥期間とみるかが問題となる。このうち形成権に関しては上記（b）の問題に帰着するが，長期の期間制限については除斥期間と解すべしとするのが，近時の判例・学説の一般的傾向である——たとえば，不法行為に基づく損害賠償請求権（724条）に関する最判平成元年12月21日民集43巻12号2209頁など——。

2　権利失効の原則
（1）意　義

「権利者が権利を長期間にわたって行使しないでいると，消滅時効や除斥期間の経過をまつまでもなく，権利の行使を阻止される」という原則であり，ドイツの判例法によって確立されたものである。すなわち，権利不行使の状態が長期間続けば，相手方はもはや権利を行使されることはあるまいと信じ，それに基づいて他の行為をなすかもしれないのに，その後になって権利を行使して相手方の信頼を裏切るようなことは信義に反し，法律上許しえないものとされるのである。

この原則は，時の経過によって権利の行使ができなくなるという点では，消滅時効に類似するが，①消滅時効のように画一的にではなく，当事者間の具体的な利益状況に基づいて信義則を適用する個別的制度であること，②権利の消滅ではなく，権利の行使を阻止する抗弁権を生じさせるにすぎないこと，およ

び，③裁判所は職権をもって権利の失効を認定すべきとされていることなどにおいて，消滅時効と異なるとされている。そして，この原則の実益は，消滅時効の対象にならない権利にも適用しうる点，および，消滅時効の完成前に権利の行使を阻止できる点にある，とされている。

　（２）　わが国の判例・学説

　問題は，ドイツ民法上の「権利失効の原則」がわが国でも承認されうるかである。この原則が，わが民法上の信義誠実の原則（1条2項）の一適用例であるとするならば，少なくとも法理論上は，わが国においても承認される余地があるといいうる。実際，わが国の最高裁判例の中には，かつて，この原則を認めたと思われるものもみられる。すなわち，最判昭和30年11月22日民集9巻12号1781頁は，一般論としてであるが，「権利の行使は，信義誠実にこれをなすことを要し，その濫用の許されないことはいうまでもないので，解除権を有する者が，久しきにわたりこれを行使せず，相手方においてその権利はもはや行使せられないものと信頼すべき正当の事由を有するに至ったため，その後にこれを行使することが信義誠実に反すると認められるような特段の事由がある場合には，もはや右解除は許されないものと解するのを相当とする」と判示する（このほか，最判昭和51年4月23日民集30巻3号306頁は，契約締結から7年余を経過した後における売主からの売買契約無効を理由とする物件の返還請求およびこれに代わる損害賠償請求について，信義則上許されない旨を述べる）。

　しかし，わが国の学説は，第一に，ドイツの消滅時効がその対象を請求権に限定し（BGB194条）――したがって，その対象外である形成権について「権利失効の原則」を適用することの実益が大きい――，かつ，期間も30年と長い（BGB195条）のに対して，わが民法上の消滅時効は，その対象を財産権一般に広げ，かつ期間も比較的短いこと，第二に，権利の期間制限として消滅時効と除斥期間を設けているわが国において「権利失効の原則」を一般的に承認することは，一定期間が経過するまでは権利は消滅しないと期待している権利者の利益を害することになるとの理由から，慎重な態度を示すものが多い。上記の最高裁判決も「権利失効の原則」という表現を用いているわけではなく，右判決に対する学説の評価も微妙である。「権利失効の原則」をわが国において採用すべきかどうかは，今後なお検討を要する課題といえよう。

索　引

あ

悪　意 …………………………… 113

い

意思主義 ………………………… 110
意思通知 ………………………… 88
意思能力 ………………………… 38
意思の欠缺 ……………………… 111
意思表示 …………………… 107, 108
　　――の効力発生時期 ……… 134
　　――の受領 ………………… 134
　　――の受領能力 …………… 134
　　――の撤回 ………………… 136
　　――の到達 ………………… 134
　　瑕疵ある―― ………… 111, 128
　　公示による―― …………… 136
　　承諾の―― ………………… 109
　　申込みの―― ……………… 109
板付基地事件 ………………… 27, 28
一部不能 ………………………… 99
一部無効 ………………………… 178
一部露出説 ……………………… 35
一物一権主義 ………………… 79, 80
一般法 …………………………… 1, 3

う

宇奈月温泉事件 ………………… 27
雲州蜜柑事件 …………………… 84

え

営利法人 ………………………… 63
NPO法人 ………………………… 63

お

公ノ秩序 ………………………… 102

か

外観法理（レヒツシャイン）… 161
外国法人 ………………………… 76
解除条件 ………………………… 189
拡張解釈 ………………………… 12
確定期限 ………………………… 194
瑕疵担保責任 …………………… 93
果　実 …………………………… 83
過失責任の原則 ………………… 22
仮装条件 ………………………… 191
仮装譲渡 ………………………… 115
家族法 …………………………… 4
カフェー丸玉事件 ……………… 108
仮住所 …………………………… 55
監　事 …………………………… 71
慣習（事実たる慣習） ……… 6, 94
慣習法 ………………………… 6, 95
間接代理 ………………………… 143
観念通知 ………………………… 88
元　物 …………………………… 83

き

期　間 …………………………… 196
　　――の計算法 ……………… 197
期　限 …………………………… 193
　　――の利益 ………………… 195
期限に親しまない法律行為 …… 194
起算点 …………………………… 198
期待権 …………………………… 189
禁反言（エストッペル）の原則 … 161

寄附行為 …………………………65,70
基本代理権（基本権限）……………163
義務の履行…………………………25
欺罔行為…………………………128
強行法規………………………96,99
強制執行……………………………32
共通錯誤…………………………126
共同代理…………………………148
強　迫……………………………128
　――による意思表示 ………………132
強迫行為…………………………133
共　有……………………………75
虚偽表示……………………115,118
居　所……………………………55
緊急避難……………………………33
近代的個人主義………………………3

く

組　合……………………………74
クリーン・ハンズの原則………………25

け

形式的意義における民法 ………………3
形成権………………………………20
契　約………………………………91
契約自由の原則 ……………4,21,89
契約上の無権代理 …………………168
検索の抗弁権………………………20
原始的不能…………………………99
現存利益返還義務……………………58
顕名主義…………………………154
権　利………………………………16
　――の客体……………………16,35,77
　――の行使…………………………25
　――の主体……………………16,35,77
　――の得喪………………………230
　――の得喪変更……………………87

　――の変動…………………………87
　――の濫用………………………27,28
権利失効の原則……………………235
権利能力……………………………35
　――なき社団………………………74
　――の消滅…………………………37
　――の平等………………………140
権利変動の原因………………………87
権利濫用禁止の原則…………………27

こ

行為能力……………………………38
公益法人……………………………63
効果意思…………………………108
公共の福祉の原則……………………22
公　権………………………………19
後見登記制度………………………50
後見人………………………………42
公示送達…………………………136
公序良俗…………………………102
公序良俗違反行為の類型 ……………102
公信力……………………………116
合同行為……………………………91
後発的不能…………………………99
抗弁権………………………………20
公　法………………………………1
公法人………………………………62
合　有……………………………75
効力法規…………………………100
婚姻による成年擬制……………………40

さ

催　告……………………………222
　――の抗弁権………………………20
催告権…………………………52,170
財産権………………………………19
財産法………………………………4

財団法人……………………63	社員総会……………………71
──の設立…………………65	社会規範………………………1
裁判規範………………………3	借地法………………………13
詐　欺……………………128	借家法………………………13
──による意思表示………129	社団法人……………………63
錯　誤……………………121	──の機関…………………69
──の効果…………………126	──の設立…………………64
詐　術………………………53	受遺能力……………………36
	終　期……………………193
し	住　所………………………53
始　期……………………193	重大な過失…………………125
私　権……………………19, 22	従　物………………………82
──の実現…………………31	──の随伴性………………83
──の種類…………………19	縮小解釈……………………12
時　効……………………200	授権行為……………………145
──の援用…………………224	出　生……………………35, 36
──の遡及効………………232	出世払約款…………………194
──の中断…………………219	受動代理……………………141
──の停止…………………223	取得時効……………………206
時効完成の要件……………202	取得時効完成の要件………210
時効期間…………………213, 217	取得時効制度………………200
時効制度……………………202	主　物………………………82
──の構造…………………202	純粋随意条件………………192
──の存在理由……………203	準法律行為…………………88
時効利益の放棄……………228	条　件……………………187
自己契約……………………148	条件成就・不成就…………189
自然人………………………16	──の擬制…………………190
自然的計算法………………198	条件付権利（期待権）……190
示　談………………………32	条件付法律行為…………187, 188
失　踪………………………55	条件に親しまない法律行為……193
失踪宣告…………………37, 56	召　集………………………71
──の効果…………………57	消滅時効……………………208
──の取消…………………57	消滅時効完成の要件………215
私的自治の原則…………89, 139	条　理………………………8, 97
支配権………………………20	除斥期間……………………232
私　法………………………1	初日不参入の原則…………198
私法人………………………62	所有権絶対の原則…………21

所有権の濫用……………………27
自力救済の禁止…………………33
人格権……………………………20
信義誠実の原則（信義則）……24,89,97
信玄公旗掛松事件………………29
親権の濫用………………………30
新法は旧法を改廃する…………14
心裡留保…………………………111

せ

生活の本拠………………………54
制限能力者の詐術………………52
清算法人…………………………73
性状の錯誤………………………127
制限能力者………………………38
正当の事由………………………23
正当防衛…………………………33
成年後見…………………………43
成年後見制度（法定後見制度）……43
成年後見登記制度………………50
成年被後見人……………………43,45
善意の第三者……………114,116,120,130
善意無過失………………………113
全部不能…………………………99
全部無効…………………………178
全部露出説………………………35
善良ノ風俗………………………102
先　例……………………………8
先例拘束性………………………8

そ

総会の決議………………………71
相続能力…………………………36
双方代理の禁止…………………148
総　有……………………………75
即成条件（即定条件・確定条件）……191

た

対抗要件必要説…………………117
対抗要件不要説…………………117
第三者の詐欺……………………130
第三者のためにする契約………143
第三者の保護……………………51
胎児の権利能力…………………36
太政官布告………………………9
代　理……………………………139
　──の種類……………………143
代理意思の表示…………………154
代理権……………………………144
　──の消滅……………………150,166
　──の消滅原因………………150
　──の制限……………………148
　──の発生原因………………145
　──の範囲……………………147
　──の濫用……………………155
代理権授与の表示………………161
代理行為…………………………153
代理における三面関係…………141
代理人……………………………139
　──の能力……………………154,156
代理類似制度……………………142
諾成契約…………………………7
脱法行為…………………………100
建物保護ニ関スル法津…………13
短期取得時効……………………205
単独行為…………………………90
　──の無権代理………………168,173
単独代表の原則…………………69

ち

中間法人…………………………63
長期取得時効……………………205
賃貸借契約………………………7

つ

追　認 …………………168, 171, 183
追認拒絶 ……………………………169
追認拒絶権 …………………………171
通謀虚偽表示 ………………………116

て

定　款 …………………………………65
停止条件 ……………………………188
定着物 …………………………………79
転得者 ………………………………117
天然果実 ………………………………84

と

登記の公信力 ………………………119
動機の錯誤 …………………………122
動　産 ……………………………79, 81
同時死亡の推定 ………………………58
同時履行の抗弁権 ……………………20
到達主義 ……………………………134
道徳上の義務 …………………………6
特別失踪 ………………………………56
特別法 …………………………………4
　　──は一般法を破る ……………5
独立呼吸説 ……………………………35
土地の定着物 …………………………80
富田浜病院事件 ………………………29
取　消 …………………………175, 181
　　──の相手方 …………………182
　　──の安全 ………………………51
取消権者 ……………………………182
取消権の消滅 ………………………184
取り消し得べき行為 ………………176

に

日照・通風妨害事件 …………………30

任意後見契約 ……………………48, 49
　　──の終了 ………………………50
任意後見契約法 ………………………48
任意後見制度 ……………………48, 140
任意代理 …………………………141, 144
任意代理権 …………………………145
任意的記載事項 ………………………64
任意法規 ………………………………96
認定死亡 ………………………………38

の

能動代理 ……………………………141

は

排他的支配可能性 ……………………78
発信主義 ……………………………135
反対解釈 ………………………………12
パンデクテン体系 ……………………15
判例（先例） …………………………8
判例法 …………………………………7

ひ

非人格性 ………………………………78
必要的記載事項 ………………………64
被保佐人 ………………………………45
被補助人 ………………………………47
表権代理 ……………………………158
表示意思 ……………………………108
表示行為 ……………………………108
　　──の錯誤 ……………………122
表示主義 ……………………………110

ふ

夫婦の日常家事債務 ………………165
不確定期限 …………………………194
付　款 ………………………………187
復代理 ………………………………152

復代理人 …………………………153
復任権 ……………………………152
附合契約 …………………………90
不在者の財産管理 ………………55
不実の登記 ……………………121
不成就 …………………………189
普通失踪 …………………………56
不動産 …………………………79, 80
不当利得の返還請求権 ………179
不能条件 ………………………192
不法原因給付 …………………105
不法行為能力 ……………………67
不法条件 ………………………192
不要式行為 ………………………92
文理解釈 …………………………11

ほ

法源 …………………………………5
暴行行為 ………………………104
法人 ………………………………61
　——の解散 ……………………72
　——の監督 ……………………72
　——の権利能力 ………………65
　——の行為能力 ………………66
　——の種類 ……………………62
　——の設立 ……………………64
　——の登記 ……………………72
法人格の平等の原則 ……………21
法人擬制説 ………………………62
法人実在説 ………………………62
法人否認説 ………………………62
法定果実 …………………………84
法定代理 …………………141, 144
法定代理権 ……………………145
法定代理人 ………………………42
法定追認 ………………………184
法の欠缺 …………………………10

法律以外の法源（裁判基準）……6
法律関係 …………………………87
法律行為 …………………………87
　——の解釈 ……………………93
　——の自由の原則 ……………89
　——の目的 ……………………97
法律効果 ………………………9, 87
法律事実 …………………………87
法律不遡及の原則 ………………13
法律要件 ………………………9, 87
保佐 ………………………………45
保佐開始の審判 …………………47
保佐監督人 ………………………46

ま

満了点 …………………………198

み

未成年後見制度 …………………39
未成年者 …………………………40
身分から契約へ …………………21
身分権 …………………………19, 30
民法出デテ忠孝亡ブ ……………3
民法典 ……………………………3
民法の解釈 ………………………10
民法の効力 ………………………13
民法の指導原理 …………………11
民法の法源 ………………………5

む

無権代理 ……………158, 159, 168
無権代理人 ……………………171
無効 …………………175, 177, 179
無効原因 ………………………177
無効行為 ………………………178
　——の追認 …………………180
　——の転換 …………………180

無効な行為 …………………………176
無能力者……………………………38

め

明認方法……………………………81

も

黙示の追認 …………………………169
勿論解釈……………………………13
物……………………………………77
　　――の種類………………………79

ゆ

有責配偶者の離婚請求………………26
有体性………………………………78
有体物………………………………77

よ

要式行為……………………………92

要素の錯誤 …………………………123

り

利益相反行為 ………………………150
理　事………………………………69
立　木………………………………81
領土主義……………………………14

る

類推解釈……………………………12

れ

例文解釈……………………………97
暦法的計算法 ………………………198

ろ

論理解釈……………………………11

講説　民法総則

1998年4月10日　第1版第1刷発行
2001年4月20日　第1版補遺訂正第2刷発行
2003年5月15日　新版第1刷発行

Ⓒ著　者　江口幸治　田口文夫
　　　　　久々湊晴夫　野口昌宏
　　　　　木幡文德　山口康夫
　　　　　髙橋　敏

発行　不磨書房
〒113-0033 東京都文京区本郷6-2-9-302
TEL 03-3813-7199／FAX 03-3813-7104

発売　㈱信山社
〒113-0033 東京都文京区本郷6-2-9-102
TEL 03-3813-1019／FAX 03-3813-0344

制作：編集工房INABA　印刷・製本／図書印刷株式会社
2003　Printed in Japan
ISBN4-7972-9081-1 C3332

初学者にやさしく、わかりやすい、法律の基礎知識

―― 石川明先生のみぢかな法律シリーズ ――

みぢかな法学入門【第2版】　慶應義塾大学名誉教授　石川　明 編

有澤知子 (大阪学院大学)／神尾真知子 (尚美学園大学)／越山和広 (香川大学)
島岡まな (大阪大学)／鈴木貴博 (東北文化学園大学)／田村泰俊 (東京国際大学)
中村壽宏 (九州国際大学)／西山由美 (東海大学)／長谷川貞之 (駿河台大学)
松尾知子 (京都産業大学)／松山忠造 (山陽学院大学)／山田美枝子 (大妻女子大学)
渡邊眞男 (常磐大学短期大学)／渡辺森児 (平成国際大学)　　009203-2　■ 2,500 円 (税別)

みぢかな民事訴訟法【第2版】　慶應義塾大学名誉教授　石川　明 編

小田敬美 (松山大学)／小野寺忍 (山梨学院大学)／河村好彦 (明海大学)／木川裕一郎 (東海大学)
草鹿晋一 (平成国際大学)／越山和広 (香川大学)／近藤隆司 (白鷗大学)／坂本恵三 (朝日大学)
椎橋邦雄 (山梨学院大学)／中村壽宏 (九州国際大学)／二羽和彦 (高岡法科大学)／福山達夫 (関東学院大学)
山本浩美 (東亜大学)／渡辺森児 (平成国際大学)　　009223-7　■ 2,800 円 (税別)

みぢかな倒産法　慶應義塾大学名誉教授　石川　明 編

岡伸浩 (弁護士)／田村陽子 (山形大学)／山本研 (国士舘大学)／草鹿晋一 (平成国際大学)
近藤隆司 (白鷗大学)／栗田陸雄 (杏林大学)／宮里節子 (琉球大学)／本田耕一 (関東学院大学)
波多野雅子 (札幌学園大学)／芳賀雅顕 (明治大学)　　649295-4　■ 2,800 円 (税別)

みぢかな商法入門　酒巻俊雄 (元早稲田大学)＝石山卓磨 (日本大学) 編

秋坂朝則 (日本大学)／受川環大 (国士舘大学)／王子田誠 (東亜大学)／金子勲 (東海大学)
後藤幸康 (京都学園大学)／酒巻俊之 (日本大学)／長島弘 (能能短期大学)
福田弥夫 (武蔵野女子大学)／藤村知己 (徳島大学)／藤原祥二 (明海大学)／増尾均 (松商学園短期大学)
松崎良 (東日本国際大学)／山城将美 (沖縄国際大学)　　9224-5　■ 2,800 円 (税別)

みぢかな刑事訴訟法　河上和雄 (駿河台大学)＝山本輝之 (帝京大学) 編

近藤和哉 (富山大学)／上田信太郎 (岡山大学)／津田重憲 (明治大学)／新屋達之 (立正大学)
辻脇葉子 (明治大学)／吉田宣之 (桐蔭横浜大学)／内田浩 (岩手大学)／臼木豊 (小樽商科大学)
吉弘光男 (久留米大学)／新保佳宏 (京都学園大学)　　9225-3　■ 2,600 円 (税別)

みぢかな刑法(総論)　内田文昭 (神奈川大学)＝山本輝之 (帝京大学) 編

清水一成 (琉球大学)／只木誠 (中央大学)／本間一也 (新潟大学)／松原久利 (桐蔭横浜大学)
内田浩 (岩手大学)／島岡まな (大阪大学)／小田直樹 (広島大学)／小名木明宏 (熊本大学)
北川佳世子 (海上保安大学校)／丹羽正夫 (新潟大学)／近藤和哉 (富山大学)
吉田宣之 (桐蔭横浜大学)　　9275-X　　(近刊)

不磨書房

導入対話シリーズ

導入対話による民法講義（総則）【新版】 9070-6 ■ 2,900円（税別）
橋本恭宏（明治大学）／松井宏興（関西学院大学）／清水千尋（立正大学）
鈴木清貴（帝塚山大学）／渡邊力（摂南大学）

導入対話による民法講義（物権法） 9212-1 ■ 2,900円（税別）
鳥谷部茂（広島大学）／橋本恭宏（明治大学）／松井宏興（関西学院大学）

導入対話による民法講義（債権総論） 9213-X ■ 2,600円（税別）
今西康人（関西大学）／清水千尋（立正大学）／橋本恭宏（明治大学）
油納健一（山口大学）／木村義和（大阪学院大学）

導入対話による刑法講義（総論）【第2版】 9083-8 ■ 2,800円（税別）
新倉修（青山学院大学）／酒井安行（青山学院大学）／高橋則夫（早稲田大学）／中空壽雅（獨協大学）
武藤眞朗（東洋大学）／林美月子（神奈川大学）／只木誠（中央大学）

導入対話による刑法講義（各論） 9262-8 ★近刊 予価2,800円（税別）
新倉修（青山学院大学）／酒井安行（青山学院大学）／大塚裕史（岡山大学）／中空壽雅（獨協大学）
信太秀一（流通経済大学）／武藤眞朗（東洋大学）／宮崎英生（拓殖大学）
勝亦藤彦（海上保安大学校）／北川佳世子（海上保安大学校）／石井徹哉（奈良産業大学）

導入対話による商法講義（総則・商行為法）【第2版】 ■ 2,800円（税別）
中島史雄（金沢大学）／末永敏和（大阪大学）／西尾幸夫（関西学院大学） 9084-6
伊勢田道仁（金沢大学）／黒田清彦（南山大学）／武知政芳（専修大学）

導入対話による国際法講義 9216-4 ■ 3,200円（税別）
廣部和也（成蹊大学）／荒木教夫（白鷗大学）共著

導入対話による医事法講義 9269-5 ■ 2,700円（税別）
佐藤司（亜細亜大学）／田中圭二（香川大学）／池田良彦（東海大学）／佐瀬一男（創価大学）
転法輪慎治（順天堂医療短大）／佐々木みさ（前大蔵省印刷局東京病院）

導入対話によるジェンダー法学 9268-7 ■ 2,400円（税別）
浅倉むつ子（都立大学）／相澤美智子（東京大学）／山崎久民（税理士）／林瑞枝（駿河台大学）
戒能民江（お茶の水女子大学）／阿部浩己（神奈川大学）／武田万里子（金城学院大学）
宮園久栄（東洋学園大学）／堀口悦子（明治大学）

導入対話による刑事政策講義 9218-0 ■ 2,800円（税別）
土井政和（九州大学）／赤池一将（高岡法科大学）／石塚伸一（龍谷大学）
葛野尋之（立命館大学）／武内謙治（九州大学）

不磨書房

———— 講説 シリーズ ————

講説 民法総則　　9081-1　■ 2,800円（税別）
久々湊晴夫（北海道医療大学）／木幡文徳（専修大学）／高橋敏（国士舘大学）／田口文夫（専修大学）
野口昌宏（大東文化大学）／山口康夫（流通経済大学）／江口幸治（埼玉大学）

講説 民法（債権各論）　　9208-3　■ 3,600円（税別）
山口康夫（流通経済大学）／野口昌宏（大東文化大学）／加藤輝夫（日本文化大学）
菅原静夫（帝京大学）／後藤泰一（信州大学）／吉川日出男（札幌学院大学）／田口文夫（専修大学）

講説 民法（親族法・相続法）【改訂第2版】　　9251-2　■ 3,000円（税別）
落合福司（新潟経営大学）／小野憲昭（北九州市立大学）／久々湊晴夫（北海道医療大学）
木幡文徳（専修大学）／桜井弘晃（埼玉短期大学）／椎名規子（茨城女子短期大学）
高橋敏（国士舘大学）／宗村和広（信州大学）

講説 民法（物権法）　　9209-1　■ 2,800円（税別）
野口昌宏（大東文化大学）／庄菊博（専修大学）／小野憲昭（北九州市立大学）
山口康夫（流通経済大学）／後藤泰一（信州大学）／加藤輝夫（日本文化大学）

講説 民法（債権総論）　　9210-5　■ 2,600円（税別）
吉川日出男（札幌学院大学）／野口昌宏（大東文化大学）／木幡文徳（専修大学）／山口康夫（流通経済大学）
後藤泰一（信州大学）／庄菊博（専修大学）／田口文夫（専修大学）／久々湊晴夫（北海道医療大学）

講説 民事訴訟法【第2版】　　9277-6　■ 3,400円（税別）
遠藤功（日本大学）＝文字浩（神戸海星女子学院大学）編著
安達栄司（成城大学）／荒木隆男（亜細亜大学）／大内義三（沖縄国際大学）／角森正雄（富山大学）
片山克行（作新学院大学）／金子宏直（東京工業大学）／小松良正（国士舘大学）／佐野裕志（鹿児島大学）
高地茂世（明治大学）／田中ひとみ（元関東学園大学）／野村秀敏（横浜国立大学）
松本幸一（日本大学）／元永和彦（筑波大学）

講説 商法（総則・商行為法）　　9250-4　［近刊］
加藤徹（関西学院大学）／吉本健一（大阪大学）／金田充広（関東学園大学）／清弘正子（和歌山大学）

不磨書房